CD付《つ》き

まんが 楽《たの》しく覚《おぼ》える！ 百人一首《ひゃくにんいっしゅ》

監修
谷知子
フェリス女学院大学教授

ナツメ社《しゃ》

百人一首《ひゃくにんいっしゅ》の世界《せかい》へようこそ！

なっ 何《なに》!?
ぎょっ
コホン、私《わたし》は藤原定家《ふじわらのていか》
ささっ
ぽんぽんっ
にっこり。
誰《だれ》?…
がーん
百人一首《ひゃくにんいっしゅ》を撰《えら》んだのはこの私《わたし》なのに…
しくしく
えっ そうなの!?
ポン
藤原定家《ふじわらのていか》
1162年《ねん》生《う》まれ
職業《しょくぎょう》：歌人《かじん》
『新古今和歌集《しんこきんわかしゅう》』の撰者《せんじゃ》。
「定家流《ていかりゅう》」と呼《よ》ばれる
書道《しょどう》でも有名《ゆうめい》
そう 和歌《わか》を撰《えら》ぶのは誰《だれ》にでもできることじゃない。私《わたし》のセンスが買《か》われたんだ
あれは今《いま》からおよそ八百年前《はっぴゃくねんまえ》…、親《しん》せきに別荘《べっそう》のふすまを飾《かざ》る和歌《わか》を撰《えら》んでほしいと言《い》われたのが始《はじ》まりだった
八百年前《はっぴゃくねんまえ》…?
どんだけ昔《むかし》なんだ
ふすまに飾《かざ》る和歌《わか》? 今《いま》のインテリアみたいなものかしら…

私《わたし》はそれまでに
まとめられた勅撰和歌集《ちょくせんわかしゅう》から
すぐれた和歌《わか》を撰《えら》んだのだ。
恋《こい》の歌《うた》や季節《きせつ》の和歌《わか》…
飛鳥時代《あすかじだい》 ←およそ600年間《ねんかん》→ 鎌倉時代《かまくらじだい》
①天智天皇《てんじてんのう》
⑩⑩順徳院《じゅんとくいん》
10冊《さつ》の勅撰和歌集《ちょくせんわかしゅう》
『古今和歌集《こきんわかしゅう》』
『新古今和歌集《しんこきんわかしゅう》』など
ところで和歌《わか》って何《なに》?
ガーン!
そこから…
「和歌《わか》」は5・7・5・7・7の31音《おん》でつくる詩《し》の形《かたち》で、明治時代《めいじじだい》からは「短歌《たんか》」と呼《よ》ばれるようになりました
奥山《おくやま》に 5
紅葉踏《もみぢふ》み分《わ》け 7
鳴《な》く鹿《しか》の 5
声聞《こゑき》く時《とき》ぞ 7
秋《あき》は悲《かな》しき 7

百人一首《ひゃくにんいっしゅ》の作者達《さくしゃたち》は有名人《ゆうめいじん》ぞろいなのだよ
あの方《かた》とかあの方《かた》とか。
この絵《え》の人達《ひとたち》ね
えっ
この人達《ひとたち》本当《ほんとう》にいた人達《ひとたち》なの？
在原業平朝臣《ありわらのなりひらあそん》 ちはやぶる 神代も聞かず 竜田川 からくれなゐに 水くくるとは
◀六歌仙《ろっかせん》のひとり。イケメンのモテ男《お》。
天智天皇《てんじてんのう》 秋の田の かりほの庵の 苫をあらみ わが衣手は 露に濡れつつ
◀第《だい》38代天皇《だいてんのう》。皇太子《こうたいし》時代《じだい》の名《な》は中大兄皇子《なかのおおえのおうじ》。
小野小町《おののこまち》 花の色は 移りにけりな いたづらに わが身世にふる ながめせし間に
▲六歌仙《ろっかせん》のひとり。絶世《ぜっせい》の美女《びじょ》として有名《ゆうめい》。
清少納言《せいしょうなごん》 夜をこめて 鳥のそら音は はかるとも よに逢坂の 関はゆるさじ
▲『枕草子《まくらのそうし》』の作者《さくしゃ》。宮中《きゅうちゅう》に仕《つか》えていた。
権中納言定家《ごんちゅうなごんていか》 夕なぎに 焼くや藻塩の 身もこがれつつ
◀百人一首《ひゃくにんいっしゅ》を撰《えら》んだ藤原定家《ふじわらのていか》。
鎌倉右大臣《かまくらのうだいじん》 世の中は 常に もがもな渚漕ぐ 海人の小舟の 綱手かなしも
▶鎌倉幕府《かまくらばくふ》第《だい》3代将軍《だいしょうぐん》、源《みなもとの》実朝《さねとも》。
ちゃっかり自分《じぶん》も入《い》れてるし

定家《ていか》ブランドって
～言《い》うのかな
えっへん。
えーと最初《さいしょ》は
ふすまのインテリアで
その次《つぎ》は
和歌《わか》の入門書《にゅうもんしょ》…
百人一首《ひゃくにんいっしゅ》は
もともとかるたじゃ
なかったのね？
その後《ご》、百人一首《ひゃくにんいっしゅ》は
和歌《わか》の入門書《にゅうもんしょ》として
広《ひろ》まっていったのだ。
私《わたし》が撰《えら》んだ
和歌《わか》ということで、
きっと
信頼《しんらい》があったのだね
今《いま》のような紙《かみ》の
かるたがさかんに
つくられるように
なったのは、百人一首《ひゃくにんいっしゅ》が
登場《とうじょう》してから
およそ四百年《よんひゃくねん》もたった
江戸時代《えどじだい》の
ことなのだ
①平安貴族《へいあんきぞく》の間《あいだ》で流行《りゅうこう》した「貝《かい》おおい」。
ハマグリの殻《から》を分《わ》けてトランプの神経衰弱《しんけいすいじゃく》の
ように、ぴったり合《あ》うものを選《えら》ぶ遊《あそ》び。
②16世紀初《せいきはじ》めにポルトガル船員《せんいん》が
トランプのもとの形《かたち》の「カード」を持《も》ってきた。
カルタはポルトガル語《ご》でカードのこと。
③百人一首《ひゃくにんいっしゅ》＋「貝《かい》おおい」の遊《あそ》び＋
カードの３つが合《あ》わさって
紙製百人一首《かみせいひゃくにんいっしゅ》かるたが登場《とうじょう》！
初期《しょき》は貝《かい》や扇《おうぎ》の形《かたち》をしていた。
最初《さいしょ》は上流階級《じょうりゅうかいきゅう》の
お嬢《じょう》さんの嫁入《よめい》り
道具《どうぐ》に使《つか》われたり
したのだよ
カルタって
ポルトガル語《ご》だったんだ！

木版印刷《もくはんいんさつ》が発達《はったつ》してかるたが安《やす》くつくれるようになると、百人一首《ひゃくにんいっしゅ》かるたはたくさんの人《ひと》に広《ひろ》まって札《ふだ》を早《はや》く取《と》る競技的《きょうぎてき》な遊《あそ》びに変《か》わったのだ
へえ〜!!
私《わたし》が八百年《はっぴゃくねん》も前《まえ》に撰《えら》んだ和歌《わか》が今《いま》でもこんな風《ふう》に人気《にんき》だなんて！
しみじみ
でも大会《たいかい》で全然札《ぜんぜんふだ》が取《と》れないんだよね。意味《いみ》もわかんないし
昔《むかし》の言葉《ことば》で書《か》かれているから、最初《さいしょ》から意味《いみ》がわからないのは当《あ》たり前《まえ》！
でも、歌《うた》が詠《よ》まれた時代《じだい》のことや、歌《うた》の意味《いみ》を知《し》ると百人一首《ひゃくにんいっしゅ》がもっと面白《おもしろ》くなって札《ふだ》もどんどん取《と》れるようになるぞ！
さあ！私《わたし》が心《こころ》をこめて撰《えら》んだ和歌《わか》！百人一首《ひゃくにんいっしゅ》の世界《せかい》に招待《しょうたい》するぞ！

もくじ

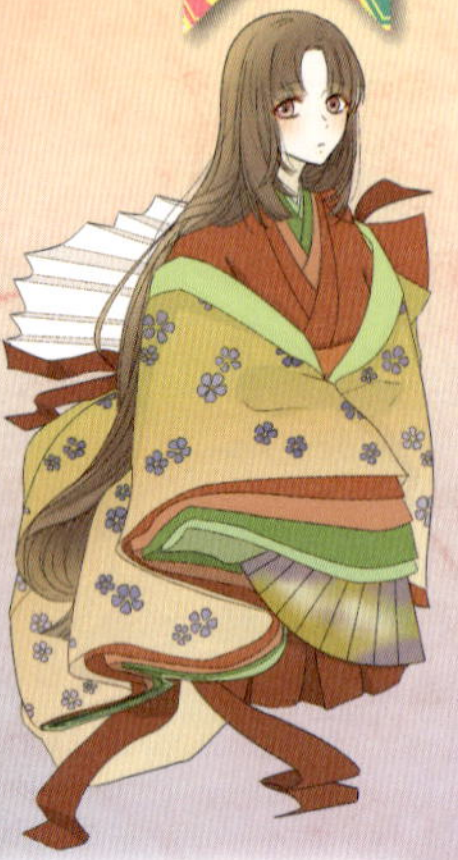

百人一首《ひゃくにんいっしゅ》の世界《せかい》へようこそ！……2

この本《ほん》の見方《みかた》……14

CD《シーディー》の使《つか》い方《かた》……16

第《だい》1章《しょう》 百人一首《ひゃくにんいっしゅ》のはじまりはじまり

飛鳥時代《あすかじだい》～平安時代初期《へいあんじだいしょき》

教《おし》えて小野小町《おののこまち》さん！～平安時代《へいあんじだい》の暮《く》らし～……18

1 秋《あき》の田《た》のかりほの庵《いほ》の苫《とま》をあらみ　わが衣手《ころもで》は露《つゆ》に濡《ぬ》れつつ（天智天皇《てんじてんのう》）……24

2 春過《はるす》ぎて夏来《なつき》にけらし白妙《しろたへ》の　衣《ころも》ほすてふ天《あま》の香具山《かぐやま》（持統天皇《じとうてんのう》）……26

3 あしびきの山鳥《やまどり》の尾《を》のしだり尾《を》の　ながながし夜《よ》をひとりかも寝《ね》む（柿本人麿《かきのもとのひとまろ》）……28

4 田子《たご》の浦《うら》に打《う》ち出《い》でてみれば白妙《しろたへ》の　富士《ふじ》の高嶺《たかね》に雪《ゆき》は降《ふ》りつつ（山辺赤人《やまべのあかひと》）……30

5 奥山《おくやま》に紅葉《もみぢ》踏《ふ》み分《わ》け鳴《な》く鹿《しか》の　声《こゑ》聞《き》く時《とき》ぞ秋《あき》は悲《かな》しき（猿丸大夫《さるまるたいふ》）……32

6 鵲《かささぎ》の渡《わた》せる橋《はし》に置《お》く霜《しも》の　白《しろ》きを見《み》れば夜《よ》ぞ更《ふ》けにける（中納言家持《ちゅうなごんやかもち》）……34

7 天《あま》の原《はら》ふりさけ見《み》れば春日《かすが》なる　三笠《みかさ》の山《やま》に出《い》でし月《つき》かも（安倍仲麿《あべのなかまろ》）……36

8 わが庵《いほ》は都《みやこ》の辰巳《たつみ》しかぞ住《す》む　世《よ》をうぢ山《やま》と人《ひと》はいふなり（喜撰法師《きせんほうし》）……38

9 花《はな》の色《いろ》は移《うつ》りにけりないたづらに　わが身世《みよ》にふるながめせし間《ま》に（小野小町《おののこまち》）……40

10 これやこの行《ゆ》くも帰《かへ》るも別《わか》れては　知《し》るも知《し》らぬも逢坂《あふさか》の関《せき》（蟬丸《せみまる》）……42

11 わたのはら八十島《やそしま》かけて漕《こ》ぎ出《い》でぬと　人《ひと》には告《つ》げよ海人《あま》の釣《つ》り舟《ぶね》（参議篁《さんぎたかむら》）……44

12 天《あま》つ風雲《かぜくも》の通《かよ》ひ路《ぢ》吹《ふ》きとぢよ　乙女《をとめ》の姿《すがた》しばしとどめむ（僧正遍昭《そうじょうへんじょう》）……46

13 筑波嶺《つくばね》の峰《みね》より落《お》つるみなの川《がは》　恋《こひ》ぞ積《つも》りて淵《ふち》となりぬる（陽成院《ようぜいいん》）……48

14 陸奥《みちのく》のしのぶもぢずり誰《たれ》ゆゑに　乱《みだ》れそめにし我《われ》ならなくに（河原左大臣《かわらのさだいじん》）……50

15 君《きみ》がため春《はる》の野《の》に出《い》でて若菜《わかな》摘《つ》む　わが衣手《ころもで》に雪《ゆき》は降《ふ》りつつ（光孝天皇《こうこうてんのう》）……52

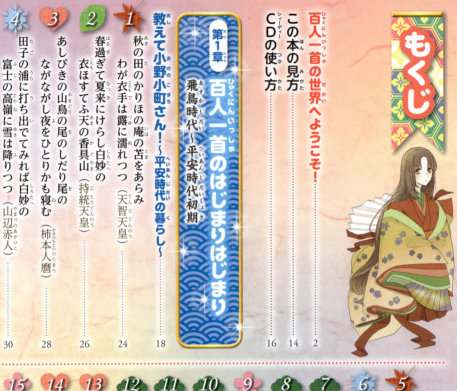

16 立《た》ち別《わか》れいなばの山《やま》の峰《みね》に生《お》ふる まつとし聞《き》かば今帰《いまかへ》り来《こ》む（中納言行平《ちゅうなごんゆきひら》）……54

17 ちはやぶる神代《かみよ》も聞《き》かず竜田川《たつたがは》 からくれなゐに水《みづ》くくるとは（在原業平朝臣《ありわらのなりひらあそん》）……56

表現《ひょうげん》をゆたかにする　和歌《わか》のテクニック①……58

第《だい》2章《しょう》 人生《じんせい》を和歌《わか》にしたためて 平安時代前期《へいあんじだいぜんき》

教《おし》えて右近《うこん》さん！～平安時代《へいあんじだい》の恋愛事情《れんあいじじょう》～……60

18 住《すみ》の江《え》の岸《きし》に寄《よ》る波《なみ》よるさへや 夢《ゆめ》の通《かよ》ひ路人目《ぢひとめ》よくらむ（藤原敏行朝臣《ふじわらのとしゆきあそん》）……66

19 難波潟短《なにはがたみじか》き蘆《あし》の節《ふし》の間《ま》も 逢《あ》はでこの世《よ》を過《す》ぐしてよとや（伊勢《いせ》）……68

20 わびぬれば今《いま》はた同《おな》じ難波《なには》なる みをつくしても逢《あ》はむとぞ思《おも》ふ（元良親王《もとよししんのう》）……70

21 今来《いまこ》むと言《い》ひしばかりに長月《ながつき》の 有明《ありあけ》の月《つき》を待《ま》ち出《い》でつるかな（素性法師《そせいほうし》）……72

22 吹《ふ》くからに秋《あき》の草木《くさき》のしをるれば むべ山風《やまかぜ》を嵐《あらし》といふらむ（文屋康秀《ふんやのやすひで》）……74

23 月見《つきみ》れば千々《ちぢ》にものこそ悲《かな》しけれ わが身《み》ひとつの秋《あき》にはあらねど（大江千里《おおえのちさと》）……76

24 このたびは幣《ぬさ》も取《と》りあへず手向山《たむけやま》 紅葉《もみぢ》の錦神《にしきかみ》のまにまに（菅家《かんけ》）……78

25 名《な》にし負《お》はば逢坂山《あふさかやま》のさねかづら 人《ひと》に知《し》られでくるよしもがな（三条右大臣《さんじょうのうだいじん》）……80

26 小倉山峰《をぐらやまみね》の紅葉《もみぢ》ば心《こころ》あらば いまひとたびのみゆき待《ま》たなむ（貞信公《ていしんこう》）……82

27 みかの原《はら》わきて流《なが》るるいづみ川《がは》 いつ見《み》きとてか恋《こひ》しかるらむ（中納言兼輔《ちゅうなごんかねすけ》）……84

28 山里《やまざと》は冬《ふゆ》ぞ寂《さび》しさまさりける 人目《ひとめ》も草《くさ》もかれぬと思《おも》へば（源宗于朝臣《みなもとのむねゆきあそん》）……86

29 心《こころ》あてに折《を》らばや折《を》らむ初霜《はつしも》の 置《お》きまどはせる白菊《しらぎく》の花《はな》（凡河内躬恒《おおしこうちのみつね》）……88

30 有明《ありあけ》のつれなく見《み》えし別《わか》れより 暁《あかつき》ばかり憂《う》きものはなし（壬生忠岑《みぶのただみね》）……90

31 朝《あさ》ぼらけ有明《ありあけ》の月《つき》と見《み》るまでに 吉野《よしの》の里《さと》に降《ふ》れる白雪《しらゆき》（坂上是則《さかのうえのこれのり》）……92

32 山川《やまがは》に風《かぜ》のかけたるしがらみは 流《なが》れもあへぬ紅葉《もみぢ》なりけり（春道列樹《はるみちのつらき》）……94

33 ひさかたの光《ひかり》のどけき春《はる》の日《ひ》に しづ心《ごころ》なく花《はな》の散《ち》るらむ（紀友則《きのとものり》）……96

34 誰《たれ》をかも知《し》る人《ひと》にせむ高砂《たかさご》の 松《まつ》も昔《むかし》の友《とも》ならなくに（藤原興風《ふじわらのおきかぜ》）……98

35 人《ひと》はいさ心《こころ》も知《し》らずふるさとは　花《はな》ぞ昔《むかし》の香《か》に匂《にほ》ひける（紀貫之《きのつらゆき》）……100
36 夏《なつ》の夜《よ》はまだ宵《よひ》ながら明《あ》けぬるを　雲《くも》のいづこに月宿《つきやど》るらむ（清原深養父《きよはらのふかやぶ》）……102
37 白露《しらつゆ》に風《かぜ》の吹《ふ》きしく秋《あき》の野《の》は　つらぬきとめぬ玉《たま》ぞ散《ち》りける（文屋朝康《ふんやのあさやす》）……104
38 忘《わす》らるる身《み》をば思《おも》はず誓《ちか》ひてし　人《ひと》の命《いのち》の惜《を》しくもあるかな（右近《うこん》）……106
39 浅茅生《あさぢふ》の小野《をの》の篠原《しのはら》忍《しの》ぶれど　あまりてなどか人《ひと》の恋《こひ》しき（参議等《さんぎひとし》）……108
表現《ひょうげん》をゆたかにする　和歌《わか》のテクニック②……110

第3章《だいしょう》　恋《こい》しいあなたへおくる和歌《わか》
平安時代中期《へいあんじだいちゅうき》～後期《こうき》

教《おし》えて元輔《もとすけ》さん！～平安時代《へいあんじだい》の貴族社会《きぞくしゃかい》～……112
40 忍《しの》ぶれど色《いろ》に出《い》でにけりわが恋《こひ》は　ものや思《おも》ふと人《ひと》の問《と》ふまで（平兼盛《たいらのかねもり》）……118
41 恋《こひ》すてふわが名《な》はまだき立《た》ちにけり　人知《ひとし》れずこそ思《おも》ひそめしか（壬生忠見《みぶのただみ》）……120
42 契《ちぎ》りきなかたみに袖《そで》をしぼりつつ　末《すゑ》の松山波越《まつやまなみこ》さじとは（清原元輔《きよはらのもとすけ》）……122

43 逢《あ》ひ見《み》てののちの心《こころ》にくらぶれば　昔《むかし》はものを思《おも》はざりけり（権中納言敦忠《ごんちゅうなごんあつただ》）……124
44 逢《あ》ふことのたえてしなくばなかなかに　人《ひと》をも身《み》をも恨《うら》みざらまし（中納言朝忠《ちゅうなごんあさただ》）……126
45 あはれともいふべき人《ひと》は思《おも》ほえで　身《み》のいたづらになりぬべきかな（謙徳公《けんとくこう》）……128
46 由良《ゆら》の門《と》を渡《わた》る舟人梶《ふなびとかぢ》を絶《た》え　行方《ゆくへ》も知《し》らぬ恋《こひ》のみちかな（曾禰好忠《そねのよしただ》）……130
47 八重葎茂《やへむぐらしげ》れる宿《やど》の寂《さび》しきに　人《ひと》こそ見《み》えね秋《あき》は来《き》にけり（恵慶法師《えぎょうほうし》）……132
48 風《かぜ》をいたみ岩打《いはう》つ波《なみ》のおのれのみ　くだけてものを思《おも》ふころかな（源重之《みなもとのしげゆき》）……134
49 御垣守衛士《みかきもりゑじ》のたく火《ひ》の夜《よる》は燃《も》え　昼《ひる》は消《き》えつつものをこそ思《おも》へ（大中臣能宣朝臣《おおなかとみのよしのぶあそん》）……136
50 君《きみ》がため惜《を》しからざりし命《いのち》さへ　長《なが》くもがなと思《おも》ひけるかな（藤原義孝《ふじわらのよしたか》）……138
51 かくとだにえやはいぶきのさしも草《ぐさ》　さしも知《し》らじな燃《も》ゆる思《おも》ひを（藤原実方朝臣《ふじわらのさねかたあそん》）……140
52 明《あ》けぬれば暮《く》るるものとは知《し》りながら　なほ恨《うら》めしき朝《あさ》ぼらけかな（藤原道信朝臣《ふじわらのみちのぶあそん》）……142
53 嘆《なげ》きつつひとり寝《ぬ》る夜《よ》のあくる間《ま》は　いかに久《ひさ》しきものとかは知《し》る（右大将道綱母《うだいしょうみちつなのはは》）……144

54 忘《わす》れじのゆく末《すゑ》まではかたければ 今日《けふ》をかぎりの命《いのち》ともがな（儀同三司母《ぎどうさんしのはは》）……146
55 滝《たき》の音《おと》は絶《た》えて久《ひさ》しくなりぬれど 名《な》こそ流《なが》れてなほ聞《き》こえけれ（大納言公任《だいなごんきんとう》）……148
六歌仙《ろっかせん》ってどんな人《ひと》？……150

第《だい》4章《しょう》 女流作家達《じょりゅうさっかたち》の時代《じだい》 平安時代後期《へいあんじだいこうき》

教《おし》えて清少納言《せいしょうなごん》さん！～女房《にょうぼう》ってどんな人《ひと》？～……152
56 あらざらむこの世《よ》のほかの思《おも》ひ出《で》に いまひとたびの逢《あ》ふこともがな（和泉式部《いずみしきぶ》）……158
57 めぐり逢《あ》ひて見《み》しやそれとも分《わ》かぬ間《ま》に 雲隠《くもがく》れにし夜半《よは》の月《つき》かな（紫式部《むらさきしきぶ》）……160
58 有馬山猪名《ありまやまゐな》の笹原風《ささはらかぜ》吹《ふ》けば いでそよ人《ひと》を忘《わす》れやはする（大弐三位《だいにのさんみ》）……162
59 やすらはで寝《ね》なましものをさ夜更《よふ》けて かたぶくまでの月《つき》を見《み》しかな（赤染衛門《あかぞめえもん》）……164
60 大江山《おほえやま》いく野《の》の道《みち》の遠《とほ》ければ まだふみも見《み》ず天《あま》の橋立《はしだて》（小式部内侍《こしきぶのないし》）……166
61 いにしへの奈良《なら》の都《みやこ》の八重桜《やへざくら》 けふ九重《ここのへ》ににほひぬるかな（伊勢大輔《いせのたいふ》）……168
62 夜《よ》をこめて鳥《とり》のそら音《ね》ははかるとも よに逢坂《あふさか》の関《せき》はゆるさじ（清少納言《せいしょうなごん》）……170
63 今《いま》はただ思《おも》ひ絶《た》えなむとばかりを 人《ひと》づてならでいふよしもがな（左京大夫道雅《さきょうのだいぶみちまさ》）……172
64 朝《あさ》ぼらけ宇治《うぢ》の川霧《かはぎり》たえだえに あらはれわたる瀬々《せぜ》の網代木《あじろぎ》（権中納言定頼《ごんちゅうなごんさだより》）……174
65 恨《うら》みわび干《ほ》さぬ袖《そで》だにあるものを 恋《こひ》に朽《く》ちなむ名《な》こそ惜《を》しけれ（相模《さがみ》）……176
66 もろともにあはれと思《おも》へ山桜《やまざくら》 花《はな》よりほかに知《し》る人《ひと》もなし（前大僧正行尊《さきのだいそうじょうぎょうそん》）……178
67 春《はる》の夜《よ》の夢《ゆめ》ばかりなる手枕《たまくら》に かひなく立《た》たむ名《な》こそ惜《を》しけれ（周防内侍《すおうのないし》）……180
68 心《こころ》にもあらで憂《う》き世《よ》に長《なが》らへば 恋《こひ》しかるべき夜半《よは》の月《つき》かな（三条院《さんじょういん》）……182
69 嵐吹《あらしふ》く三室《みむろ》の山《やま》のもみぢ葉《ば》は 竜田《たつた》の川《かは》の錦《にしき》なりけり（能因法師《のういんほうし》）……184
70 さびしさに宿《やど》を立《た》ち出《い》でてながむれば いづこも同《おな》じ秋《あき》の夕暮《ゆふぐ》れ（良暹法師《りょうぜんほうし》）……186
71 夕《ゆふ》されば門田《かどた》の稲葉《いなば》おとづれて 蘆《あし》のまろやに秋風《あきかぜ》ぞ吹《ふ》く（大納言経信《だいなごんつねのぶ》）……188
72 音《おと》に聞《き》く高師《たかし》の浜《はま》のあだ波《なみ》は かけじや袖《そで》のぬれもこそすれ（祐子内親王家紀伊《ゆうしないしんのうけのきい》）……190

73 高砂《たかさご》の尾《を》の上《へ》の桜《さくら》咲《さ》きにけり　外山《とやま》の霞《かすみ》立《た》たずもあらなむ（権中納言《ごんちゅうなごん》匡房《まさふさ》）……192

74 憂《う》かりける人《ひと》をはつせの山《やま》おろし　はげしかれとは祈《いの》らぬものを（源《みなもとの》　俊頼《としより》朝臣《あそん》）……194

75 契《ちぎ》りおきしさせもが露《つゆ》を命《いのち》にて　あはれ今年《ことし》の秋《あき》もいぬめり（藤原基俊《ふじわらのもととし》）……196

76 わたの原《はら》漕《こ》ぎ出《い》でて見《み》ればひさかたの　雲居《くもゐ》にまがふ沖《おき》つ白波《しらなみ》（法性寺入道前関白太政大臣《ほっしょうじにゅうどうさきのかんぱくだいじょうだいじん》）……198

77 瀬《せ》をはやみ岩《いは》にせかるる滝川《たきがは》の　われても末《すゑ》に逢《あ》はむとぞ思《おも》ふ（崇徳院《すとくいん》）……200

78 淡路島《あはぢしま》通《かよ》ふ千鳥《ちどり》の鳴《な》く声《こゑ》に　いく夜《よ》寝覚《ねざ》めぬ須磨《すま》の関守《せきもり》（源《みなもとの》　兼昌《かねまさ》）……202

79 秋風《あきかぜ》にたなびく雲《くも》のたえ間《ま》より　漏《も》れ出《い》づる月《つき》の影《かげ》のさやけさ（左京大夫《さきょうのだいぶ》顕輔《あきすけ》）……204

80 ながからむ心《こころ》も知《し》らず黒髪《くろかみ》の　乱《みだ》れて今朝《けさ》はものをこそ思《おも》へ（待賢門院堀河《たいけんもんいんほりかわ》）……206

81 ほととぎす鳴《な》きつる方《かた》をながむれば　ただ有明《ありあけ》の月《つき》ぞ残《のこ》れる（後徳大寺左大臣《ごとくだいじのさだいじん》）……208

82 思《おも》ひわびさても命《いのち》はあるものを　憂《う》きに堪《た》へぬは涙《なみだ》なりけり（道因法師《どういんほうし》）……210

83 世《よ》の中《なか》よ道《みち》こそなけれ思《おも》ひ入《い》る　山《やま》の奥《おく》にも鹿《しか》ぞ鳴《な》くなる（皇太后宮大夫《こうたいごうぐうのだいぶ》俊成《しゅんぜい》）……212

84 ながらへばまたこのごろやしのばれむ　憂《う》しと見《み》し世《よ》ぞ今《いま》は恋《こひ》しき（藤原清輔朝臣《ふじわらのきよすけあそん》）……214

85 夜《よ》もすがらもの思《おも》ふころは明《あ》けやらで　閨《ねや》のひまさへつれなかりけり（俊恵法師《しゅんえほうし》）……216

86 嘆《なげ》けとて月《つき》やはものを思《おも》はする　かこち顔《がほ》なるわが涙《なみだ》かな（西行法師《さいぎょうほうし》）……218

月《つき》の呼《よ》び名《な》と暦《こよみ》……220

第《だい》5章《しょう》　はかなき世《よ》に想《おも》いをはせて　平安《へいあん》時代《じだい》後期《こうき》〜鎌倉《かまくら》時代《じだい》

教《おし》えて実朝《さねとも》さん！〜貴族《きぞく》の時代《じだい》の終《しゅう》えん〜……222

87 村雨《むらさめ》の露《つゆ》もまだ干《ひ》ぬまきの葉《は》に　霧立《きりた》ちのぼる秋《あき》の夕暮《ゆふぐ》れ（寂蓮法師《じゃくれんほうし》）……228

88 難波江《なにはえ》の蘆《あし》のかりねのひとよゆゑ　身《み》を尽《つ》くしてや恋《こひ》わたるべき（皇嘉門院別当《こうかもんいんのべっとう》）……230

89 玉《たま》の緒《を》よ絶《た》えなば絶《た》えねながらへば　忍《しの》ぶることの弱《よは》りもぞする（式子内親王《しょくしないしんのう》）……232

90 見《み》せばやな雄島《をじま》の海人《あま》の袖《そで》だにも　濡《ぬ》れにぞ濡《ぬ》れし色《いろ》は変《か》はらず（殷富門院大輔《いんぷもんいんのたいふ》）……234

91 きりぎりす鳴《な》くや霜夜《しもよ》のさむしろに　衣《ころも》かたしきひとりかも寝《ね》む（後京極摂政前太政大臣《ごきょうごくせっしょうさきのだいじょうだいじん》）……236

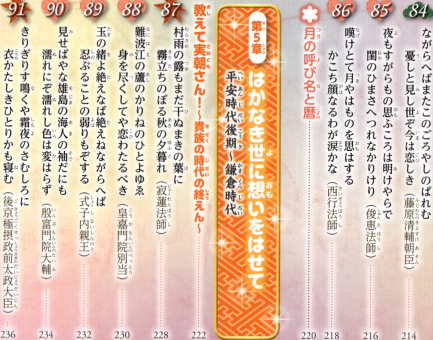

92 わが袖《そで》は潮干《しほひ》に見《み》えぬ沖《おき》の石《いし》の 人《ひと》こそ知《し》らねかわく間《ま》もなし（二条院讃岐《にじょういんのさぬき》）……238
93 世《よ》の中《なか》は常《つね》にもがもな渚《なぎさ》漕《こ》ぐ 海人《あま》の小舟《をぶね》の綱手《つなで》かなしも（鎌倉右大臣《かまくらのうだいじん》）……240
94 み吉野《よしの》の山《やま》の秋風《あきかぜ》さ夜《よ》更《ふ》けて ふるさと寒《さむ》く衣《ころも》うつなり（参議雅経《さんぎまさつね》）……242
95 おほけなく憂《う》き世《よ》の民《たみ》におほふかな わが立《た》つ杣《そま》にすみ染《ぞめ》の袖《そで》（前大僧正慈円《さきのだいそうじょうじえん》）……244
96 花《はな》さそふ嵐《あらし》の庭《には》の雪《ゆき》ならで ふりゆくものはわが身《み》なりけり（入道前太政大臣《にゅうどうさきのだいじょうだいじん》）……246
97 来《こ》ぬ人《ひと》をまつ帆《ほ》の浦《うら》の夕《ゆふ》なぎに 焼《や》くや藻塩《もしほ》の身《み》もこがれつつ（権中納言定家《ごんちゅうなごんていか》）……248
98 風《かぜ》そよぐ楢《なら》の小川《をがは》の夕暮《ゆふぐれ》は みそぎぞ夏《なつ》のしるしなりける（従二位家隆《じゅにいいえたか》）……250
99 人《ひと》もをし人《ひと》もうらめしあぢきなく 世《よ》を思《おも》ふゆゑに物思《ものおも》ふ身《み》は（後鳥羽院《ごとばいん》）……252
100 ももしきや古《ふる》き軒端《のきば》のしのぶにも なほあまりある昔《むかし》なりけり（順徳院《じゅんとくいん》）……254
✿ 歌枕《うたまくら》って何《なに》？……256
✿ 百人一首《ひゃくにんいっしゅ》の特徴《とくちょう》……258

✦ 百人一首《ひゃくにんいっしゅ》なんでもランキング……260
✦ 百人一首《ひゃくにんいっしゅ》チャート　あなたはどの歌人《かじん》タイプ？……262
✦ 全部《ぜんぶ》わかったら百人一首《ひゃくにんいっしゅ》はかせ！ 百人一首《ひゃくにんいっしゅ》クイズにちょうせん!!……266
百人一首《ひゃくにんいっしゅ》かるたで遊《あそ》ぼう……268
百人一首《ひゃくにんいっしゅ》かるたの遊《あそ》び方《かた》① ちらし取《ど》り……270
百人一首《ひゃくにんいっしゅ》かるたの遊《あそ》び方《かた》② 源平合戦《げんぺいがっせん》……272
百人一首《ひゃくにんいっしゅ》かるたの遊《あそ》び方《かた》③ 坊主《ぼうず》めくり……274
百人一首《ひゃくにんいっしゅ》かるたの遊《あそ》び方《かた》④ 逆《さか》さまかるた……276
百人一首《ひゃくにんいっしゅ》かるたの遊《あそ》び方《かた》⑤ 個人戦《こじんせん》……277
かるた遊《あそ》びに勝《か》つための必勝《ひっしょう》テクを伝授《でんじゅ》！……278
決《き》まり字《じ》一覧表《いちらんひょう》……280
歌人《かじん》さくいん……282
上《かみ》の句《く》さくいん……284
下《しも》の句《く》さくいん……286

この本《ほん》の見方《みかた》

歌番号《うたばんごう》

時代《じだい》の古《ふる》い順《じゅん》に①〜⑩⑩まで番号《ばんごう》をふってあります。番号《ばんごう》のうしろのマークは、部立《ぶだて》ごとに絵《え》を変《か》えてあります。

※部立《ぶだて》の説明《せつめい》は、258ページにあります。

部立《ぶだて》ごとのマーク

春《はる》
夏《なつ》
秋《あき》
冬《ふゆ》
恋《こい》
雑《ぞう》・旅《たび》・別《わか》れ

CD《シーディー》マーク

1〜99まで、CD《シーディー》のトラック番号《ばんごう》が書《か》いてあります。

1

CD1

秋《あき》の田《た》の かりほの庵《いほ》の
苫《とま》をあらみ
わが衣手《ころもで》は
露《つゆ》に濡《ぬ》れつつ

天智天皇《てんじてんのう》

農民《のうみん》の質素《しっそ》な暮《く》らしや苦労《くろう》を詠《よ》んだ歌《うた》

第一首《だいいっしゅ》は、大化《たいか》の改新以降《かいしんいこう》の社《しゃ》会基盤《かいきばん》をつくり、国《くに》を安定《あんてい》させた天智天皇《てんじてんのう》の歌《うた》です。二首目《にしゅめ》の歌《うた》の作者《さくしゃ》・持統天皇《じとうてんのう》の父《ちち》であり、古代《こだい》の親子天皇《おやこてんのう》の二作《にさく》がスタートをかざっています。雨《あま》もりするようなそまつな小屋《こや》で稲《いね》の番《ばん》をする、質《しっ》素《そ》な農民《のうみん》の苦《くる》しみを思《おも》いやる、心《こころ》優《やさ》しい天皇《てんのう》の歌《うた》です。

出典《しゅってん》 後撰和歌集《ごせんわかしゅう》

大化《たいか》の改新《かいしん》を行《おこな》った古代《こだい》のスーパーヒーロー

実《じつ》はこの歌《うた》は、『万葉集《まんようしゅう》』にもと歌《うた》がある作者不明《さくしゃふめい》のもので、実《じっ》際には天智天皇《てんじてんのう》が詠《よ》んだ歌《うた》ではありません。なぜ彼《かれ》の歌《うた》とされているのかというと、天智天皇《てんじてんのう》が皇太《こうたい》子時代《じだい》に大化《たいか》の改新《かいしん》を行《おこな》い、人民《じんみん》のための国《くに》づくりを主導《しゅどう》した英雄《えいゆう》だったため、この歌《うた》の作者《さくしゃ》としてふさわしいとされたのでした。

言葉《ことば》の意味《いみ》

◆かりほ
稲《いね》の番《ばん》をするためのそまつな小屋《こや》。
◆苫《とま》
スゲやカヤで編《あ》んだそまつな屋根《やね》。

歌《うた》の意味《いみ》

稲刈《いねか》りの秋《あき》に、田《た》んぼのそばのそまつな仮小屋《かりごや》で夜《よる》を過《す》ごすと、苫《とま》ぶき屋根《やね》の目《め》があらいので、私《わたし》の衣《ころも》の袖《そで》が、屋根《やね》からしたたり落《お》ちる露《つゆ》に濡《ぬ》れてしまうなあ。

歌人《かじん》プロフィール **天智天皇《てんじてんのう》**(626〜671年《ねん》)
中大兄皇子《なかのおおえのおうじ》と呼《よ》ばれた皇太子時代《こうたいしじだい》に大化《たいか》の改新《かいしん》を行《おこな》い、天皇中心《てんのうちゅうしん》の国家《こっか》をつくり上《あ》げた。古代《こだい》史《し》におけるスーパーヒーロー。

カルタをはやく取《と》るコツ！
「わがころもで」がもう一首《いっしゅ》あるので注意《ちゅうい》！
あきの たの
わがころもでは

歌《うた》と歌人名《かじんめい》

歌《うた》のふりがなは旧仮名《きゅうかな》づかいで書《か》いてあります。歌《うた》の左側《ひだりがわ》のカタカナは、読《よ》み方《かた》です。

※歌《うた》の表記《ひょうき》は競技《きょうぎ》かるたに合《あ》わせています。

歌《うた》の意味《いみ》

和歌《わか》の現代語訳《げんだいごやく》。和《わ》歌《か》のテクニックをふまえた表現《ひょうげん》になっています。

歌人《かじん》プロフィール

生没年《せいぼつねん》や親子関係《おやこかんけい》、どのような人物《じんぶつ》だったのかを紹介《しょうかい》しています。

カルタをはやく取《と》るコツ

「決《き》まり字《じ》」をもとにした、覚《おぼ》え方《かた》や取《と》り方《かた》のコツを紹介《しょうかい》しています。

※決《き》まり字一覧表《じいちらんひょう》は、280ページにあります。

解説《かいせつ》

和歌《わか》の解釈《かいしゃく》や、その歌《うた》が詠《よ》まれた背景《はいけい》などを紹《しょう》介《かい》しています。

出典《しゅってん》

百人一首《ひゃくにんいっしゅ》に撰《えら》ばれた歌《うた》が、どの勅撰集《ちょくせんしゅう》に入《はい》っていたのか書《か》いてあります。

教《おし》えて定家《ていか》さん!

その歌《うた》や歌人《かじん》に関《かん》する豆知識《まめちしき》を紹介《しょうかい》しています。

まんが

その歌《うた》の内容《ないよう》やどのようにして詠《よ》まれたのかを、わかりやすくまんがで紹介《しょうかい》しています。

言葉《ことば》の意味《いみ》

わかりづらい語句《ごく》や重要《じゅうよう》な語句《ごく》について解説《かいせつ》しています。

別冊《べっさつ》

オリジナル百人一首《ひゃくにんいっしゅ》かるた

切《き》り取《と》ってかるた遊《あそ》びができる、オリジナルの百人一《ひゃくにんいっ》首《しゅ》かるたがついているよ!

CD《シーディー》の使《つか》い方《かた》

この本《ほん》には、音声《おんせい》CD《シーディー》がついているよ。百人一首《ひゃくにんいっしゅ》の読《よ》み方《かた》がわかるので、ぜひ聞《き》いてみてね！

●和歌《わか》の読《よ》み方《かた》を確認《かくにん》できるほか、暗記《あんき》するときにも使《つか》えるよ。耳《みみ》で聞《き》きながら、本《ほん》やかるたを見《み》て覚《おぼ》えよう。

●1首《しゅ》ずつトラックが分《わ》かれているので、聞《き》きたい歌番号《うたばんごう》を選《えら》んで聞《き》くことができるよ。

※(99)と(100)だけは、同《おな》じトラックに入《はい》っています。

●ランダム再生《さいせい》ができるので、かるたで遊《あそ》ぶときに読《よ》み手《て》が読《よ》む代《か》わりにCD《シーディー》をかけて、読《よ》みあげてもらうことができるよ。

本書付録《ほんしょふろく》の音声《おんせい》CD《シーディー》をご使用《しよう》になる前《まえ》に

■ディスクは両面《りょうめん》とも、指紋《しもん》・ほこり・汚《よご》れ・傷《きず》などがつかないようにご注意《ちゅうい》ください。

■ペンなどで文字《もじ》や絵《え》をかいたり、シールなどを貼《は》ったりしないでください。

■ディスクに汚《よご》れがついたときは、やわらかい布《ぬの》でふき取《と》るか、市販《しはん》のCD《シーディー》クリーナーをご使用《しよう》ください。

■ディスクに変形《へんけい》やひび割《わ》れがある場合《ばあい》は、破損《はそん》の危険《きけん》がありますので再生《さいせい》しないでください。

■保管《ほかん》の際《さい》は、直射日光《ちょくしゃにっこう》の当《あ》たる場所《ばしょ》や高温《こうおん》・多湿《たしつ》になる場所《ばしょ》には置《お》かないでください。

■ディスクの上《うえ》に重《おも》いものを置《お》いたり、むき出《だ》しで置《お》いたりすると破損《はそん》の原因《げんいん》になりますのでおやめください。

第《だい》1章《しょう》

百人一首《ひゃくにんいっしゅ》のはじまりはじまり

飛鳥時代《あすかじだい》～平安時代初期《へいあんじだいしょき》

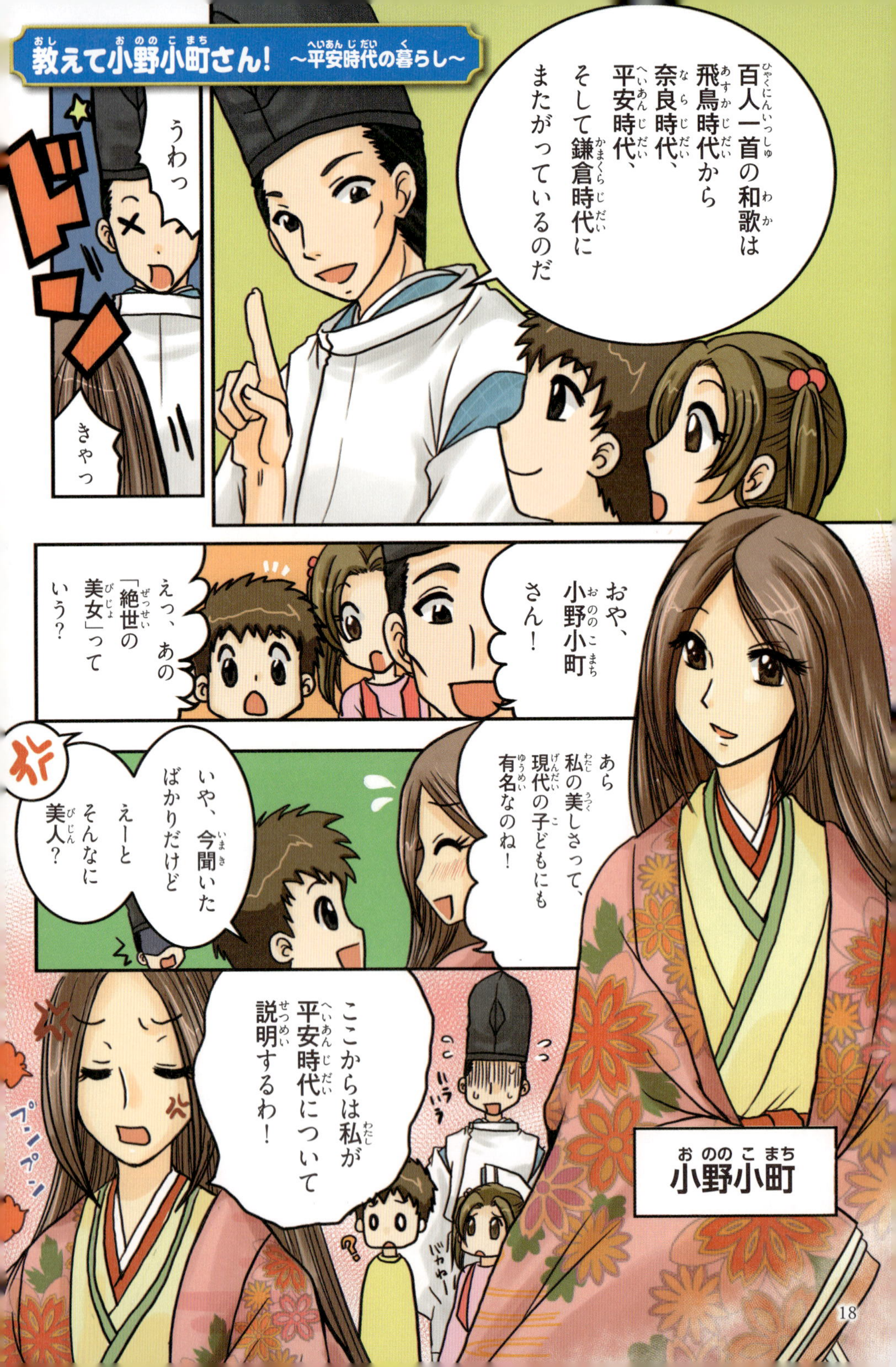

教《おし》えて小野小町《おののこまち》さん！　～平安時代《へいあんじだい》の暮《く》らし～
百人一首《ひゃくにんいっしゅ》の和歌《わか》は飛鳥時代《あすかじだい》から奈良時代《ならじだい》、平安時代《へいあんじだい》、そして鎌倉時代《かまくらじだい》にまたがっているのだ
うわっ
ドドン！
きゃっ
おや、小野小町《おののこまち》さん！
えっ、あの「絶世《ぜっせい》の美女《びじょ》」っていう？
小野小町《おののこまち》
あら　私《わたし》の美《うつく》しさって、現代《げんだい》の子《こ》どもにも有名《ゆうめい》なのね！
いや、今聞《いまき》いたばかりだけど
えーと　そんなに美人《びじん》？
ここからは私《わたし》が平安時代《へいあんじだい》について説明《せつめい》するわ！
イライラ
プンプン
バカー

平安時代《へいあんじだい》は、
それまで強《つよ》かった中国《ちゅうごく》の影響《えいきょう》が薄《うす》れて、
日本《にほん》ならではの文化《ぶんか》が発展《はってん》した時代《じだい》なのよ
男性《だんせい》
女性《じょせい》
奈良時代《ならじだい》は遣隋使《けんずいし》・遣唐使《けんとうし》により
中国《ちゅうごく》のものが取《と》り入《い》れられていた時代《じだい》。
服装《ふくそう》も中国風《ちゅうごくふう》。
直衣《のうし》
女性《じょせい》は十二単《じゅうにひとえ》
文官《ぶんかん》の服《ふく》
武官《ぶかん》の服《ふく》
※「十二《じゅうに》」は数《かず》が多《おお》いという意味《いみ》で、12枚重《まいかさ》ねるわけではないよ。
平安時代《へいあんじだい》、男性《だんせい》は役職《やくしょく》によって着《き》る服《ふく》が
決《き》まっていた。ふだんは直衣《のうし》を着《き》ていた。
これね!
キレーイ
身分《みぶん》によって着物《きもの》の色《いろ》や模様《もよう》がちがっていたのよ
貴族社会《きぞくしゃかい》だから身分《みぶん》による決《き》まりにはうるさいんだ

平安時代《へいあんじだい》ってどんな暮《く》らしをしてたの？
そうね、朝《あさ》は3時《じ》ごろに起《お》きて…
3時《じ》!?
平安時代《へいあんじだい》には電気《でんき》がないので早寝早起《はやねはやお》きの生活《せいかつ》なのだよ
鏡《かがみ》で自分《じぶん》の顔《かお》を見《み》て
顔色《かおいろ》悪《わる》いかも
鏡《かがみ》
暦《こよみ》で占《うらな》い
もし占《うらな》いで日《ひ》が悪《わる》ければその日《ひ》仕事《しごと》は休《やす》み
えっ
7時頃《じごろ》朝廷《ちょうてい》に行《い》って仕事《しごと》
税金《ぜいきん》はどうやって集《あつ》めるのがよいだろう？
使《つか》い道《みち》は…
あ、ちゃんと仕事《しごと》してる
11時頃《じごろ》仕事《しごと》を終《お》えて帰《かえ》る
おつかれー
おつかれー
早《はや》っ！4時間《じかん》しか仕事《しごと》してないじゃん
朝《あさ》ごはんを食《た》べる
働《はたら》いたなー
もぐもぐ

午後《ごご》は自由時間《じゆうじかん》
和歌《わか》を詠《よ》んだり
蹴鞠《けまり》をしたり
いきましたぞ
すごろくをしたり
お強《つよ》いですな。
遊《あそ》んでばっかじゃん!
午後《ごご》4時《じ》ごろに夕食《ゆうしょく》
筍《たけのこ》などの山菜《さんさい》
魚《さかな》
野菜《やさい》
汁物《しるもの》
強飯《こわめし》
鹿肉《しかにく》・猪肉《ししにく》
ヘルシーだね
夕食《ゆうしょく》のあとはおふろ?
どんなおふろかな。
基本的《きほんてき》におふろは入《はい》らないの
えっ…
マジで?

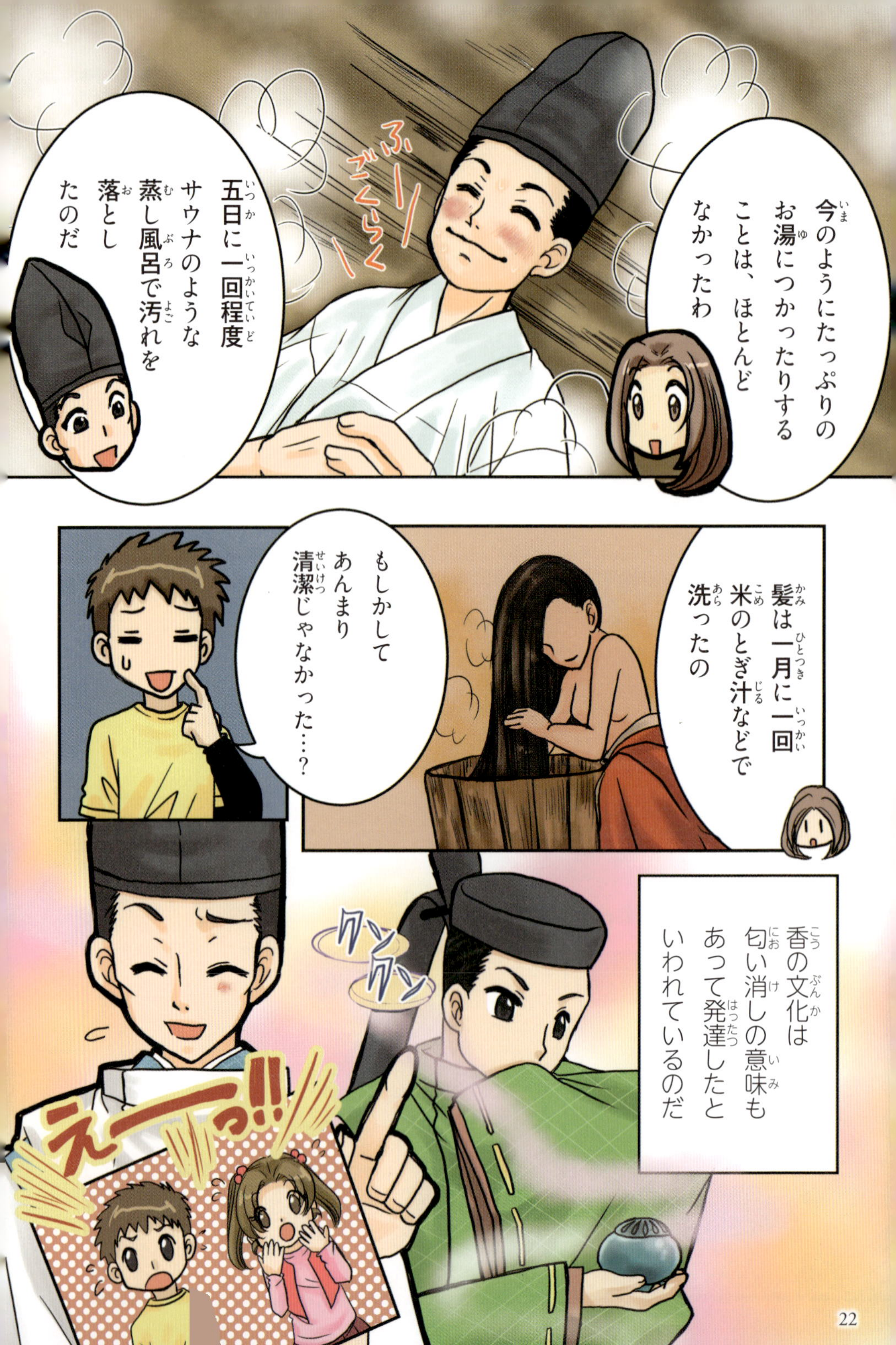

今《いま》のようにたっぷりのお湯《ゆ》につかったりすることは、ほとんどなかったわ
ふ――
ごくらく
五日《いつか》に一回程度《いっかいていど》サウナのような蒸《む》し風呂《ぶろ》で汚《よご》れを落《お》としたのだ
髪《かみ》は一月《ひとつき》に一回《いっかい》米《こめ》のとぎ汁《じる》などで洗《あら》ったの
もしかしてあんまり清潔《せいけつ》じゃなかった…？
香《こう》の文化《ぶんか》は匂《にお》い消《け》しの意味《いみ》もあって発達《はったつ》したといわれているのだ
クンクン
えーっ!!

現代《げんだい》のように灯《あか》りのない時代《じだい》夜《よる》は月《つき》を見《み》て過《す》ごすことが多《おお》かった
それで百人一首《ひゃくにんいっしゅ》にも月《つき》の出《で》てくる歌《うた》が多《おお》いのね！
そう！月《つき》が出《で》てくる和歌《わか》は12首《しゅ》！
十六夜《いざよい》
「いざよい」はグズグズためらうという意味《いみ》。出《で》てくるのが遅《おそ》いので。
居待月《いまちづき》
出《で》てくるのが遅《おそ》いので座《すわ》って待《ま》つ月《つき》という意味《いみ》。
満《み》ち欠《か》けによって月《つき》にはいろんな名前《なまえ》がついてるのロマンティックでしょ
季節《きせつ》を尊《とうと》び、みやびやかな文化《ぶんか》を愛《あい》した貴族達《きぞくたち》の和歌《わか》！
じゃぬ
さあ、ここから一首一首《いっしゅいっしゅ》じっくり解説《かいせつ》するぞ！
さあさあ

CD1

1

秋《あき》の田《た》の かりほ《オ》の庵《いほ》《イオ》の
苫《とま》をあらみ
わが衣手《ころもで》は
露《つゆ》に濡《ぬ》れつつ

天智天皇《てんじてんのう》

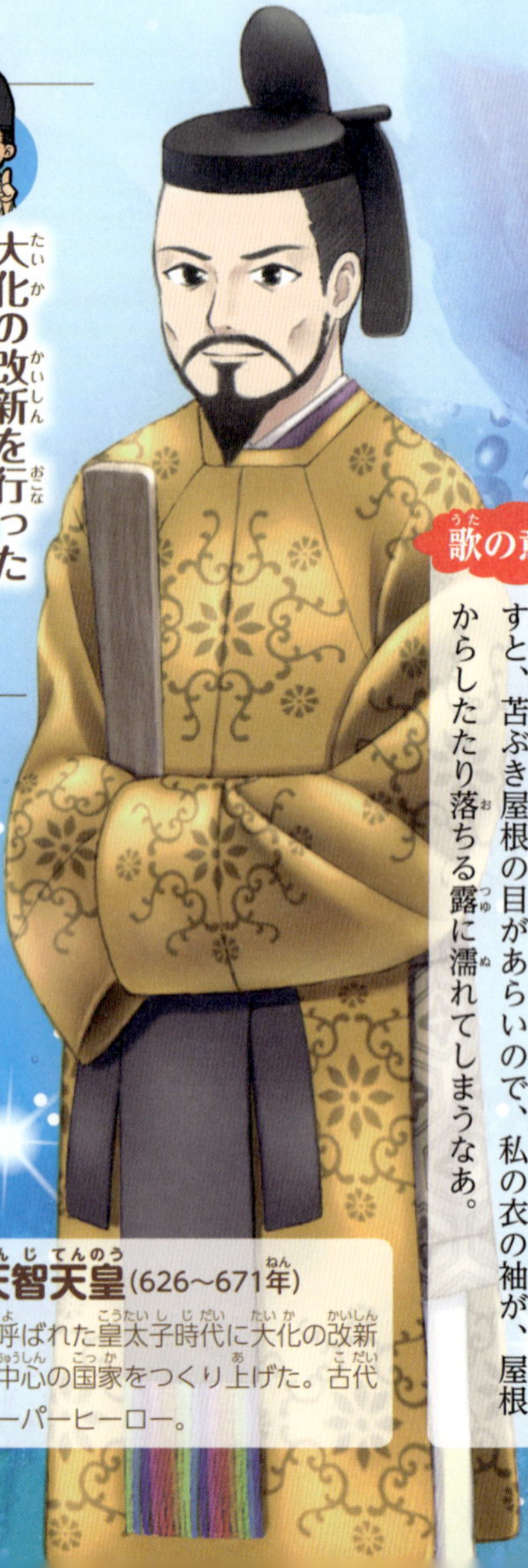

農民《のうみん》の質素《しっそ》な暮《く》らしや苦労《くろう》を詠《よ》んだ歌《うた》

第一首《だいいっしゅ》は、大化《たいか》の改新以降《かいしんいこう》の社《しゃ》会基盤《かいきばん》をつくり、国《くに》を安定《あんてい》させた天智天皇《てんじてんのう》の歌《うた》です。二首目《にしゅめ》の歌《うた》の作者《さくしゃ》・持統天皇《じとうてんのう》の父《ちち》であり、古代《こだい》の親子天皇《おやこてんのう》の二作《にさく》がスタートをかざっています。雨《あま》もりするようなそまつな小屋《こや》で稲《いね》の番《ばん》をする、質《しっ》素《そ》な農民《のうみん》の苦《くる》しみを思《おも》いやる、心《こころ》優《やさ》しい天皇《てんのう》の歌《うた》です。

出典《しゅってん》 後撰和歌集《ごせんわかしゅう》

大化《たいか》の改新《かいしん》を行《おこな》った古代《こだい》のスーパーヒーロー

実《じつ》はこの歌《うた》は、『万葉集《まんようしゅう》』にもとの歌《うた》がある作者不明《さくしゃふめい》のもので、実《じっ》際《さい》には天智天皇《てんじてんのう》が詠《よ》んだ歌《うた》ではありません。なぜ彼《かれ》の歌《うた》とされているのかというと、天智天皇《てんじてんのう》が皇太《こうたい》子時代《しじだい》に大化《たいか》の改新《かいしん》を行《おこな》い、人民《じんみん》のための国《くに》づくりを主導《しゅどう》した英雄《えいゆう》だったため、この歌《うた》の作者《さくしゃ》としてふさわしいとされたのでした。

言葉《ことば》の意味《いみ》

◆**かりほ**
稲《いね》の番《ばん》をするためのそまつな小屋《こや》。

◆**苫《とま》**
スゲやカヤで編《あ》んだそまつな屋根《やね》。

歌《うた》の意味《いみ》

稲刈《いねか》りの秋《あき》に、田《た》んぼのそばのそまつな仮小屋《かりごや》で夜《よる》を過《す》ごすと、苫《とま》ぶき屋根《やね》の目《め》があらいので、私《わたし》の衣《ころも》の袖《そで》が、屋根《やね》からしたたり落《お》ちる露《つゆ》に濡《ぬ》れてしまうなあ。

カルタをはやく取《と》るコツ！

「わがころもで」がもう一首《いっしゅ》あるので注意《ちゅうい》！

あきの たの
わがころもでは

歌人《かじん》プロフィール

天智天皇《てんじてんのう》（626～671年《ねん》）
中大兄皇子《なかのおおえのおうじ》と呼《よ》ばれた皇太子時代《こうたいしじだい》に大化《たいか》の改新《かいしん》を行《おこな》い、天皇中心《てんのうちゅうしん》の国家《こっか》をつくり上《あ》げた。古代《こだい》史《し》におけるスーパーヒーロー。

秋《あき》、稲《いね》の穂《ほ》が実《みの》るころ――
稲《いね》の番《ばん》をするための簡単《かんたん》な小屋《こや》がつくられます
この小屋《こや》の屋根《やね》、すきまだらけで夜露《よつゆ》が落《お》ちてくるよ
うーん
きーくしょん
刈《か》り入《い》れまでがんばろうっと
――ということになっているんじゃないか？
心配《しんぱい》・・・
人《ひと》びとを思《おも》いやる政治《せいじ》を行《おこな》ったといわれている天智天皇《てんじてんのう》なら、こんな歌《うた》を詠《よ》んだのではないでしょうか

2

CD2

春《はる》過《す》ぎて　夏来《なつき》にけらし
白妙《しろたへ》《シロタエ》の
衣《ころも》ほすてふ《チョウ》
天《あま》の香具山《かぐやま》

持統天皇《じとうてんのう》

歌《うた》の意味《いみ》

春《はる》が過《す》ぎて夏《なつ》が来《き》たらしい。夏《なつ》になると衣《ころも》を干《ほ》すという天《あま》の香具山《かぐやま》に、真《ま》っ白《しろ》な衣《ころも》が干《ほ》してあるから。

白《しろ》い布《ぬの》がたなびく夏《なつ》のさわやかな風景《ふうけい》

香具山《かぐやま》とは、現在《げんざい》の奈良県橿原市《ならけんかしはらし》にある、天界《てんかい》から降《くだ》って来《き》たと伝《つた》えられる聖《せい》なる山《やま》です。神話《しんわ》に彩《いろど》られたこの山《やま》に干《ほ》された白《しろ》い衣《ころも》は、夏《なつ》の神事《しんじ》に巫女《みこ》が着《き》る服《ふく》（斎衣《さいい》）ともいわれています。その風景《ふうけい》を見《み》た天皇《てんのう》が、しみじみと夏《なつ》の到来《とうらい》を実感《じっかん》している様子《ようす》を詠《よ》んだ歌《うた》です。

出典《しゅってん》　新古今和歌集《しんこきんわかしゅう》

夏《なつ》のとびらを開《あ》ける女帝《じょてい》　都《みやこ》を移《うつ》した実力派《じつりょくは》

日本《にほん》の夏《なつ》の風物詩《ふうぶつし》である夏《なつ》の神事《しんじ》を、持統天皇《じとうてんのう》がゆっくりと確認《かくにん》しています。四季《しき》が順調《じゅんちょう》に移《うつ》り変《か》わるということは、人《ひと》びとの生活《せいかつ》が平和《へいわ》でおだやかに治《おさ》まっているということでもありました。「私《わたし》が、順調《じゅんちょう》によい政治《せいじ》を行《おこな》っている証《あかし》だわ」と胸《むね》をなで下《お》ろしている女帝《じょてい》の姿《すがた》がみてとれます。

言葉《ことば》の意味《いみ》

◆**白妙《しろたへ》の**
コウゾや麻《あさ》で織《お》った白《しろ》い衣《ころも》のこと。「衣《ころも》」にかかる枕詞《まくらことば》。

◆**天《あま》の香具山《かぐやま》**
奈良県橿原市《ならけんかしはらし》にある山《やま》。

カルタをはやく取《と》るコツ！

「はる」で始《はじ》まる歌《うた》は二首《にしゅ》あるから注意《ちゅうい》！

はるすぎて

ころもほすてふ

歌人《かじん》プロフィール

持統天皇《じとうてんのう》（645～702年《ねん》）

①天智天皇《てんじてんのう》の皇女《こうじょ》。おじの天武天皇《てんむてんのう》と結婚《けっこん》し、夫《おっと》の死後《しご》に即位《そくい》。都《みやこ》を藤原京《ふじわらきょう》に移《うつ》した。息子《むすこ》を天皇《てんのう》にするためにライバルを暗殺《あんさつ》したとも。

うーん
いい天気《てんき》！
あら、
もう
白《しろ》い衣《ころも》が
干《ほ》されているのね
夏《なつ》の訪《おとず》れを
感《かん》じられるって
素敵《すてき》ね
陛下《へいか》の治《おさ》め方《かた》が
よいためだと
みな申《もう》して
おります
世《よ》の中《なか》が平和《へいわ》
だからこそ
季節《きせつ》の移《うつ》ろいを
感《かん》じられますもの
そう思《おも》って
もらえるなら
うれしい
限《かぎ》りね！

3

CD3

あしびきの 山鳥《やまどり》の尾《を》《オ》の しだり尾《を》《オ》の ながながし夜《よ》を ひとりかも寝《ね》む《ン》

柿本人麿《かきのもとのひとまろ》

今夜《こんや》はひとりさびしんぼ歌聖《かせい》

　恋人《こいびと》といっしょに過《す》ごせず、別《べっ》べつに寝《ね》るひとりぼっちのさびしさを詠《よ》んだ恋歌《こいうた》です。ふたりでともに過《す》ごす夜《よる》はあっという間《ま》に時《じ》間《かん》がたってしまうのに、ひとりでいると夜《よる》はなんと長《なが》く感《かん》じられることかとなげいています。
　また、上《かみ》の句《く》では「の」を四回《よんかい》くり返《かえ》し使《つか》うことで、時間《じかん》の長《なが》さを強調《きょうちょう》しています。

出典《しゅってん》　拾遺和歌集《しゅういわかしゅう》

目《め》には見《み》えない時間《じかん》の長《なが》さを強調《きょうちょう》

　歌聖《かせい》（歌《うた》の名人《めいじん》）といわれた柿本《かきのもとの》人麿《ひとまろ》は、目《め》に見《み》えない時間《じかん》を視覚《しかく》化《か》しようとしました。まず、山鳥《やまどり》を登場《とうじょう》させます。山鳥《やまどり》はオスとメスが別《べっ》べつに寝《ね》る習性《しゅうせい》があるといわれ、「ひとり寝《ね》」を表現《ひょうげん》しています。また山鳥《やまどり》は、長《なが》い尾羽《おばね》を持《も》っているため、その尾羽《おばね》と夜《よる》の長《なが》さを重《かさ》ね合《あ》わせたのです。

言葉《ことば》の意味《いみ》

◆**あしびきの**
「山《やま》」にかかる枕詞《まくらことば》。

◆**山鳥《やまどり》**
キジ科《か》の鳥《とり》。山《やま》の奥深《おくふか》くにすみ、美《うつく》しく長《なが》い尾《お》を持《も》っている。

歌《うた》の意味《いみ》

山鳥《やまどり》の長《なが》くたれ下《さ》がった尾《お》のように、長《なが》い長《なが》い夜《よる》をひとりぼっちで寝《ね》るのだろうか。

カルタをはやく取《と》るコツ！

「あし」ときたら「なが」を探《さが》せ！

あし びきの
ながながしよを

歌人《かじん》プロフィール

柿本人麿《かきのもとのひとまろ》（生没年不明《せいぼつねんふめい》）

②持統天皇《じとうてんのう》と文武天皇《もんむてんのう》に仕《つか》えた、『万葉集《まんようしゅう》』を代《だい》表《ひょう》する歌人《かじん》。平安時代後期《へいあんじだいこうき》あたりから、「歌聖《かせい》（歌《うた》の名人《めいじん》）」といわれるようになった。

山鳥《やまどり》のオスとメスはどんなに仲《なか》がよくても夜《よる》は別《べつ》べつにねむるといわれていた
ZZZ
そのたれ下《さ》がる尾《お》のように…
秋《あき》の夜《よる》は長《なが》い……
愛《いと》しい君《きみ》よ――
うわーん!!
こんなに愛《あい》し合《あ》っているのに今夜《こんや》は逢《あ》えないってどうしてー!?
ひとり寝《ね》なんてやだよ――!

CD4

4

田子《たご》の浦《うら》に　打《う》ち出《い》でてみれば　白妙《しろたへ》《シロタエ》の　富士《ふじ》の高嶺《たかね》に　雪《ゆき》は降《ふ》りつつ

山辺赤人《やまべのあかひと》

歌《うた》の意味《いみ》

田子《たご》の浦《うら》に出《で》て、はるか仰《あお》ぎ見《み》ると、真《ま》っ白《しろ》な富士《ふじ》の高嶺《たかね》に雪《ゆき》がしきりに降《ふ》っているよ。

富士山《ふじさん》の姿《すがた》にグッときた瞬間《しゅんかん》を歌《うた》に

海岸線《かいがんせん》を歩《ある》いていると目《め》の前《まえ》をさえぎっていたものがなくなり、急《きゅう》に富士山《ふじさん》が見《み》えた、その瞬間《しゅんかん》の気持《きも》ちをとらえた歌《うた》です。日本《にほん》を代表《だいひょう》する富士山《ふじさん》の美《うつく》しさをたんたんと詠《うた》ったようにも見《み》えますが、実《じつ》は目《め》の前《まえ》に現《あらわ》れた風景《ふうけい》に衝撃《しょうげき》を受《う》けた、作者《さくしゃ》の感動体験《かんどうたいけん》を切《き》り取《と》った絵画《かいが》のような名歌《めいか》です。

出典《しゅってん》 新古今和歌集《しんこきんわかしゅう》

田子《たご》の浦《うら》の位置《いち》は今《いま》と昔《むかし》では少《すこ》し異《こと》なる

田子《たご》の浦《うら》とは駿河湾《するがわん》の西沿岸《にしえんがん》を指《さ》しますが、この歌《うた》の田子《たご》の浦《うら》と、現在《げんざい》の場所《ばしょ》は少《すこ》し異《こと》なります。現在《げんざい》は、静岡県富士市前田《しずおかけんふじしまえだ》の海岸線《かいがんせん》で、昔《むかし》は静《しず》岡県静岡市清水区《おかけんしずおかししみずく》の薩埵峠《さったとうげ》の麓《ふもと》から倉沢《くらさわ》・由比《ゆい》・蒲原《かんばら》のあたりでした。

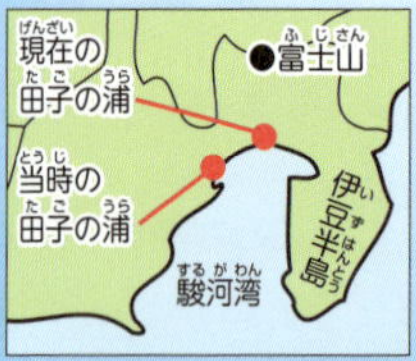

言葉《ことば》の意味《いみ》

◆**白妙《しろたへ》の**
雪《ゆき》の白《しろ》さを形容《けいよう》した言葉《ことば》。

◆**〜つつ**
〜し続《つづ》ける。

カルタをはやく取《と》るコツ！

「たご」ときたら「ふじ」を探《さが》せ！

たご のうらに

ふじのたかねに

歌人《かじん》プロフィール

山辺赤人《やまべのあかひと》（生没年不明《せいぼつねんふめい》）

奈良時代初期《ならじだいしょき》の歌人《かじん》。③柿本人麿《かきのもとのひとまろ》と肩《かた》を並《なら》べる歌人《かじん》で、自然《しぜん》をモチーフにした歌《うた》が得意《とくい》。『万葉集《まんようしゅう》』では「山部《やまべ》」と記《しる》されている。

※現在《げんざい》の静岡県《しずおかけん》

5

CD5

奥山《おくやま》に 紅葉《もみぢ》《モミジ》踏《ふ》み分《わ》け 鳴《な》く鹿《しか》の 声《こゑ》《コエ》聞《き》く時《とき》ぞ 秋《あき》は悲《かな》しき

猿丸大夫《さるまるたいふ》

歌《うた》の意味《いみ》

奥山《おくやま》で、地面《じめん》をうめつくす紅葉《もみじ》を踏《ふ》み分《わ》けて鳴《な》く鹿《しか》の声《こえ》を聞《き》くとき、秋《あき》はなんともの悲《がな》しいものだ。

貴族《きぞく》があこがれた奥山《おくやま》での暮《く》らし

秋深《あきふか》まる奥山《おくやま》でメスを呼《よ》ぶオスの鹿《しか》の声《こえ》が聞《き》こえる、わびしさをテーマに詠《よ》んだ歌《うた》です。ポイントは人里《ひとざと》はなれた奥山《おくやま》という点《てん》。奥山《おくやま》とは、人《ひと》との交流《こうりゅう》を絶《た》った隠者《いんじゃ》が住《す》むところ。当時《とうじ》の貴族達《きぞくたち》にとって隠者《いんじゃ》は、自分《じぶん》が決《けっ》してできない生活《せいかつ》をおくるあこがれの存在《そんざい》でした。せめて歌《うた》の世界《せかい》で疑似体《ぎじたい》験《けん》しようとしたのかもしれません。

出典《しゅってん》 古今和歌集《こきんわかしゅう》

日本人《にほんじん》が大好《だいす》きな秋《あき》のさびしさとわびしさ

中国詩《ちゅうごくし》には「悲秋《ひしゅう》＝秋《あき》は悲《かな》しいもの」という考《かんが》え方《かた》があります。この影響《えいきょう》を受《う》けて、日本《にほん》でも「秋《あき》はもの悲《がな》しい季節《きせつ》」という考《かんが》え方《かた》が生《う》まれました。夏《なつ》が終《お》わり秋《あき》になる、なんともいえないわびしい感《かん》じは、中世《ちゅうせい》以降《いこう》の「幽玄《ゆうげん》」や「わび・さび」に通《つう》じる日本《にほん》独特《どくとく》の美《び》意識《いしき》となりました。

言葉《ことば》の意味《いみ》

◆**紅葉《もみぢ》踏《ふ》み分《わ》け**
主語《しゅご》が人《ひと》なのか鹿《しか》なのか、解釈《かいしゃく》が分《わ》かれる。ここでは、鹿《しか》が主語《しゅご》と解釈《かいしゃく》したい。

カルタをはやく取《と》るコツ！

はじめの2文字《もじ》ずつを覚《おぼ》えよう！

おく やまに
こゑきくときぞ

歌人《かじん》プロフィール

猿丸大夫《さるまるたいふ》（生没年不明《せいぼつねんふめい》）

平安時代初期《へいあんじだいしょき》の歌人《かじん》といわれているが、実在《じつざい》した記録《きろく》がほとんど残《のこ》っていない伝説《でんせつ》の人物《じんぶつ》。三十六歌仙《さんじゅうろっかせん》（→258ページ）のひとり。

紅葉《もみじ》もだいぶ散《ち》ってしまいさびしいなあ
静《しず》かだ
カサッ
カサッ
あれはオスの鹿《しか》がメスの鹿《しか》を求《もと》めて鳴《な》いている声《こえ》
このさびしげな声《こえ》…
本当《ほんとう》に秋《あき》って悲《かな》しいものだなあ…

6 CD6

鵲《かささぎ》の 渡《わた》せる橋《はし》に 置《お》く霜《しも》の 白《しろ》きを見《み》れば 夜《よ》ぞ更《ふ》けにける

中納言家持《ちゅうなごんやかもち》

恋人達《こいびとたち》と夜空《よぞら》のイリュージョン

冬《ふゆ》の夜空《よぞら》を見上《みあ》げると天《あま》の川《がわ》が美《うつく》しく横《よこ》たわり、星《ほし》が冴《さ》えたかがやきを放《はな》ちきらめいている。その様子《ようす》を、鵲《かささぎ》の上《うえ》に降《ふ》り積《つ》もった霜《しも》にたとえている点《てん》がこの歌《うた》の素晴《すば》らしいところです。幻想的《げんそうてき》な瞬間《しゅんかん》をロマンティックにとらえています。恋人達《こいびとたち》の甘《あま》いささやきが聞《き》こえてくるようです。

出典《しゅってん》 新古今和歌集《しんこきんわかしゅう》

天《あま》の川《がわ》の橋《はし》？ 宮中《きゅうちゅう》の階段《かいだん》？ 橋《はし》の解釈《かいしゃく》に諸説《しょせつ》あり

この歌《うた》は、鵲《かささぎ》が天《あま》の川《がわ》に翼《つばさ》を広《ひろ》げて橋《はし》となり、織姫《おりひめ》を渡《わた》したという中国《ちゅうごく》の七夕伝説《たなばたでんせつ》がもとになっています。しかし江戸時代《えどじだい》の学者《がくしゃ》・賀茂真淵《かものまぶち》は「鵲《かささぎ》の渡《わた》せる橋《はし》」を、宮中《きゅうちゅう》の御階《みはし》(階段《かいだん》)と解釈《かいしゃく》する説《せつ》を唱《とな》えました。その説《せつ》も可能性《かのうせい》としては否定《ひてい》できませんが、天空《てんくう》の天《あま》の川《がわ》と考《かんが》えるのが一般的《いっぱんてき》です。

言葉《ことば》の意味《いみ》

◆**鵲《かささぎ》**

カラス科《か》の鳥《とり》。七夕《たなばた》の夜《よる》に羽《はね》を広《ひろ》げて天《あま》の川《がわ》に橋《はし》をかけ、織姫《おりひめ》を渡《わた》すという伝説《でんせつ》がある。

歌《うた》の意味《いみ》

鵲《かささぎ》がかけ渡《わた》した天《あま》の川《がわ》の橋《はし》の上《うえ》に降《お》りた霜《しも》が、白《しろ》く冴《さ》えているのを見《み》ると、夜《よる》も更《ふ》けたのだなあと思《おも》う。

カルタをはやく取《と》るコツ！

「かさ」ときたら「しろ」を探《さが》せ！

かさ さぎの **しろきをみれば**

歌人《かじん》プロフィール

中納言家持《ちゅうなごんやかもち》(718年《ねん》ごろ～785年《ねん》)

大伴家持《おおとものやかもち》。奈良時代末期《ならじだいまっき》の歌人《かじん》。『万葉集《まんようしゅう》』に多《おお》くの歌《うた》が残《のこ》っており、編《へん》さんにも関《かか》わったといわれている。三十六歌仙《さんじゅうろっかせん》のひとり。

今夜《こんや》は冷《ひ》えこみがきびしいなあ
まあ、天《あま》の川《がわ》が美《うつく》しいこと！
中国《ちゅうごく》には、七夕《たなばた》の夜《よる》鵲《かささぎ》が天《あま》の川《がわ》に橋《はし》をかけ織姫《おりひめ》を渡《わた》して
彦星《ひこぼし》に逢《あ》いに行《い》かせるという伝説《でんせつ》があるのだよ
鵲《かささぎ》の橋《はし》に霜《しも》が降《お》りたようでロマンチックですわね♡
明日《あす》も鵲《かささぎ》の橋《はし》を渡《わた》ってきてもよいだろうか
お待《ま》ちしていますわ♡

CD7

7

天《あま》の原《はら》 ふりさけ見《み》れば
春日《かすが》なる
三笠《みかさ》の山《やま》に
出《い》でし月《つき》かも

安倍仲麿《あべのなかまろ》

長年住《ながねんす》んだ唐《とう》をはなれるときに詠《よ》んだ歌《うた》

安倍仲麿《あべのなかまろ》が遣唐使《けんとうし》の任期《にんき》を終《お》えて日本《にほん》へ帰国《きこく》しようとしたとき、中国《ちゅうごく》の明州《みんしゅう》(浙江省《せっこうしょう》の寧波《ニンポー》)の海辺《うみべ》で人《ひと》びとが送別会《そうべつかい》を開《ひら》いてくれた席《せき》で詠《よ》んだとされる歌《うた》です。唐《とう》(中国《ちゅうごく》)で数十年《すうじゅうねん》の間《あいだ》過《す》ごしてきた思《おも》い出《で》と同時《どうじ》に、日本《にほん》に帰《かえ》るうれしさやなつかしい故郷《こきょう》への思《おも》いがあふれ出《で》た様子《ようす》がえがかれています。

出典《しゅってん》 古今和歌集《こきんわかしゅう》

ハッピーエンドにならなかった望郷《ぼうきょう》の歌《うた》の作者《さくしゃ》

当時《とうじ》の遣唐使《けんとうし》は、出発前《しゅっぱつまえ》に航海《こうかい》の安全《あんぜん》を祈願《きがん》して春日大社《かすがたいしゃ》の裏手《うらて》にある三笠《みかさ》の山《やま》の麓《ふもと》で神祀《しんし》を行《おこな》ったとされています。春日大社《かすがたいしゃ》には、異国《いこく》の地《ち》で起《お》きる災難《さいなん》から身《み》を守《まも》ってくれる春日明神《かすがみょうじん》がまつられています。しかし仲麿《なかまろ》は、船《ふね》が難破《なんぱ》したため唐《とう》へひき返《かえ》すことになり、帰国《きこく》できませんでした。

言葉《ことば》の意味《いみ》

◆**天《あま》の原《はら》**
広大《こうだい》な天空《てんくう》のこと。

◆**ふりさけ見《み》れば**
遠《とお》くを見《み》ると。

歌《うた》の意味《いみ》

大空《おおぞら》をふり仰《あお》ぎ見《み》ると、ふるさと日本《にほん》の春日《かすが》にある三笠《みかさ》の山《やま》の上《うえ》に出《で》ていたのと、同《おな》じ月《つき》だよ。

カルタをはやく取《と》るコツ！

「あまつ」と聞《き》きまちがえないように注意《ちゅうい》！

あまの はら
みかさのやまに

歌人《かじん》プロフィール

安倍仲麿《あべのなかまろ》(701〜770年《ねん》)

遣唐使《けんとうし》として唐《とう》(中国《ちゅうごく》)へ渡《わた》り、玄宗皇帝《げんそうこうてい》に仕《つか》えた人物《じんぶつ》。中国《ちゅうごく》を代表《だいひょう》する詩人《しじん》・李白《りはく》らと親交《しんこう》があった。帰国《きこく》できず、唐《とう》で亡《な》くなった。

安倍仲麿《あべのなかまろ》が日本《にほん》から唐《とう》に留学《りゅうがく》して三十数年《さんじゅうすうねん》——
ザー…
ザザー…
ようやく帰国《きこく》の許《ゆる》しが出《で》たよ
そうか
いよいよ帰《かえ》るのか
月《つき》を見《み》ると三笠山《みかさやま》の上《うえ》に出《で》ていた月《つき》を思《おも》い出《だ》す……
なつかしいなあ…
日本《にほん》のことは一日《いちにち》も忘《わす》れたことはない
ザー…
帰国《きこく》を祝《いわ》って乾杯《かんぱい》！
しかし帰《かえ》る船《ふね》が嵐《あらし》にあい再《ふたた》び唐《とう》にもどることになった仲麿《なかまろ》は
ひー
ゴォオオオオ
亡《な》くなるまで唐《とう》で過《す》ごしました
この月《つき》を再《ふたた》び日本《にほん》で見《み》られる日《ひ》が来《く》るのだろうか…

8

わが庵《いほ》《イオ》は 都《みやこ》の辰巳《たつみ》 しかぞ住《す》む 世《よ》をうぢ《ジ》山《やま》と 人《ひと》はいふ《ウ》なり

喜撰法師《きせんほうし》

都《みやこ》の人《ひと》びとに皮肉《ひにく》をこめて 自分《じぶん》の幸《しあわ》せをつぶやく

喜撰法師《きせんほうし》はお金《かね》も地位《ちい》も必要《ひつよう》とせず、自分《じぶん》の好《す》きなことだけを追求《ついきゅう》して気《き》ままに生《い》きる数奇人《すきびと》（風流《ふうりゅう》を好《この》む人《ひと》）といえます。

自分《じぶん》は今《いま》のままでとても幸福《こうふく》なのに、都《みやこ》の人《ひと》びとはかわいそうだと私《わたし》に同情《どうじょう》しているらしいよと、かたよった見方《みかた》にとらわれて不自由《ふじゆう》に生《い》きる人《ひと》びとを、少《すこ》し皮肉《ひにく》っています。

出典《しゅってん》 古今和歌集《こきんわかしゅう》

世間《せけん》の価値観《かちかん》からはなれ 自由人《じゆうじん》として生《い》きる

「しかぞ」とは「然《しか》ぞ」であり「そのように」という意味《いみ》。ここでは、気《き》の向《む》くまま好《す》きなように暮《く》らせる幸福感《こうふくかん》をあらわしています。さらに「然《しか》ぞ」は「鹿《しか》」との掛詞《かけことば》にもなっていて、鹿《しか》の声《こえ》がするような山奥《やまおく》をイメージさせる、効果《こうか》音《おん》のような役割《やくわり》もあるのです。

言葉《ことば》の意味《いみ》

◆辰巳《たつみ》
「巽《たつみ》」とも書《か》く。南東《なんとう》の方向《ほうこう》。

◆うぢ山《やま》
「憂《う》し」と「宇治《うじ》」との掛詞《かけことば》。宇治山《うじやま》はこの歌《うた》により「喜撰山《きせんやま》」とも呼《よ》ばれるようになった。

歌《うた》の意味《いみ》

私《わたし》の庵《いおり》は都《みやこ》の南東《なんとう》にあって、このように心静《こころしず》かに暮《く》らしている。それなのに、世《よ》の中《なか》がつらいと思《おも》って宇治山《うじやま》に住《す》んでいるのだと、人《ひと》は言《い》っているそうだ。

カルタをはやく取《と》るコツ！

「わが」で始《はじ》まる歌《うた》がもう一首《いっしゅ》あるので注意《ちゅうい》！

わがい ほは

よをうぢやまと

歌人《かじん》プロフィール 喜撰法師《きせんほうし》（生没年不明《せいぼつねんふめい》）

この一首《いっしゅ》のみが残《のこ》されている伝説《でんせつ》の歌人《かじん》。宇治《うじ》山《やま》に住《す》んでいたことは確《たし》からしい。不老長寿《ふろうちょうじゅ》の薬《くすり》をつくり天上《てんじょう》に飛《と》び去《さ》ったともいわれている。

都《みやこ》の南東《なんとう》にある宇治山《うじやま》
喜撰法師《きせんほうし》はこの山奥《やまおく》でひとり暮《く》らしている
きもちいいな〜
のんびりできて最高《さいこう》じゃ
鹿《しか》もかわいいの〜
世間《せけん》の人《ひと》はわしが世《よ》の中《なか》をきらってかくれ住《す》んでいると言《い》ってるらしいがの
世間《せけん》の人《ひと》にとって喜撰法師《きせんほうし》は不思議《ふしぎ》な人《ひと》に見《み》えたのかもしれない
仙人《せんにん》になって天上《てんじょう》に飛《と》び去《さ》ったという伝説《でんせつ》があるくらいだから

CD9

9

花《はな》の色《いろ》は《ワ》 移《うつ》りにけりな
いたづ《ズ》らに
わが身《み》世《よ》にふる
ながめせし間《ま》に

小野小町《おののこまち》

花《はな》の命《いのち》は短《みじか》く 美《うつく》しさははかないもの

絶世《ぜっせい》の美女《びじょ》と伝《つた》えられる小野小《おののこ》町《まち》。色《いろ》あせた花《はな》に、年老《としお》いていく自分《じぶん》の姿《すがた》を重《かさ》ね合《あ》わせた歌《うた》です。美女《びじょ》であるがゆえに、数多《かずおお》くの男《だん》性《せい》をふったというイメージがひとり歩《ある》きし、その報《むく》いとして晩年《ばんねん》は不幸《ふこう》だったと伝《つた》えられています。美貌《びぼう》のおとろえをなげくこの歌《うた》は、小野小町《おののこまち》の伝説《でんせつ》とぴったり合《あ》っています。

出典《しゅってん》 古今和歌集《こきんわかしゅう》

小野小町像《おののこまちぞう》がつくり出《だ》す 百夜通《ももよがよ》い伝説《でんせつ》

彼女《かのじょ》に想《おも》いを寄《よ》せた男性《だんせい》のひとり、深草少将《ふかくさのしょうしょう》は、小野小町《おののこまち》に求愛《きゅうあい》した際《さい》「百日間《ひゃくにちかん》、私《わたし》のもとへ通《かよ》い続《つづ》けたら申《もう》し出《で》を受《う》けましょう」と言《い》われ、毎晩通《まいばんかよ》いましたが、九十九日目《きゅうじゅうきゅうにちめ》に願《ねが》いかなわず亡《な》くなったとされています（百夜通《ももよがよ》い伝説《でんせつ》）。

言葉《ことば》の意味《いみ》

◆**花《はな》の色《いろ》**
春《はる》のいろいろな花《はな》の色《いろ》。

◆**ふる**
雨《あめ》が「降《ふ》る」と「古《ふ》る（年《とし》をとる）」の掛詞《かけことば》。

◆**ながめ**
「長雨《ながあめ》」と「眺《なが》め」の掛詞《かけことば》。

カルタをはやく取《と》るコツ！

「はな」で始《はじ》まる歌《うた》がもう一首《いっしゅ》あるので注意《ちゅうい》！

はなの いろは
わがみよにふる

歌《うた》の意味《いみ》

美《うつく》しかった花《はな》の色《いろ》はすっかり色《いろ》あせてしまったなあ。長雨《ながあめ》が降《ふ》り続《つづ》く間《あいだ》に。私《わたし》も、むなしくこの世《よ》で年《とし》をとってしまった。もの思《おも》いにふけっていた間《あいだ》に。

歌人《かじん》プロフィール

小野小町《おののこまち》（生没年不明《せいぼつねんふめい》）

小野氏《おのし》の娘《むすめ》で、天皇《てんのう》の女官《にょかん》だったらしい。先《さき》に出仕《しゅっし》していた姉《あね》の「町《まち》」に対《たい》し「小町《こまち》」と呼《よ》ばれたともいわれる。晩年《ばんねん》は不遇《ふぐう》だったと伝《つた》えられる。

桜《さくら》の花《はな》も
長雨《ながあめ》ですっかり
色《いろ》あせてしまった
いろんな人《ひと》が
言《い》い寄《よ》ってきたけれど
お断《ことわ》り
いたします
私《わたし》には愛《あい》する
人《ひと》がいました
苦《くる》しい恋《こい》を
しているうちに
私《わたし》も年《とし》をとり
あのころの美《うつく》しさを
失《うしな》ってしまいました

10

CD10

これやこの 行《ゆ》くも帰《かへ》《カエ》るも 別《わか》れては 知《し》るも知《し》らぬも 逢坂《あふさか》《オウサカ》の関《せき》

蝉丸《せみまる》

リズミカルな言《い》い回《まわ》し 放浪《ほうろう》する芸能者《げいのうしゃ》の異色作《いしょくさく》

現在《げんざい》の京都府《きょうとふ》と滋賀県《しがけん》の境《さかい》にある逢坂関《おうさかのせき》は、交通《こうつう》の要所《ようしょ》でした。蝉丸《せみまる》は、そこにたびたびとどまり、人《ひと》びとの出会《であ》いや別《わか》れを見《み》つめながら、人生《じんせい》の無常《むじょう》を肌《はだ》で感《かん》じていたのではないでしょうか。句《く》のくり返《かえ》しが多《おお》く、言《い》い回《まわ》しがリズミカルですが、少《すこ》しさびし気《げ》な雰囲気《ふんいき》のある歌《うた》です。

出典《しゅってん》 後撰和歌集《ごせんわかしゅう》

旅《たび》の傍観者《ぼうかんしゃ》として 関《せき》で人生《じんせい》の縮図《しゅくず》を見《み》る

蝉丸《せみまる》は、逢坂関《おうさかのせき》を拠点《きょてん》に全国《ぜんこく》を放浪《ほうろう》する旅芸人《たびげいにん》。一説《いっせつ》には盲目《もうもく》の琵琶《びわ》の名手《めいしゅ》だったとされ、のちの琵琶法師《びわほうし》のルーツともいわれています。現在《げんざい》の逢坂《おうさか》には関蝉丸神《せきせみまるじん》社《じゃ》、関蝉丸神社下社《せきせみまるじんじゃしもしゃ》など、蝉丸《せみまる》をまつった神社《じんじゃ》が残《のこ》されています。蝉丸《せみまる》は死後《しご》もなお逢坂《おうさか》を行《い》き交《か》う人《ひと》びとを見続《みつづ》けているようです。

言葉《ことば》の意味《いみ》

◆**これやこの**
これだよ、これこれ！

◆**逢坂《あふさか》の関《せき》**
京都《きょうと》からの旅人《たびびと》が必《かなら》ず通《とお》る交通《こうつう》の要所《ようしょ》。

カルタをはやく取《と》るコツ！

「これ」ときたら「しる」を探《さが》せ！

これ やこの

しるもしらぬも

歌《うた》の意味《いみ》

これだよ、これ。これがあの、旅立《たびだ》つ人《ひと》も、旅《たび》から帰《かえ》る人《ひと》も、知《し》っている人《ひと》も、知《し》らない人《ひと》も、別《わか》れてはまた逢《あ》う、逢坂関《おうさかのせき》だよ。

歌人《かじん》プロフィール 蝉丸《せみまる》(生没年不明《せいぼつねんふめい》)

『後撰和歌集《ごせんわかしゅう》』によると、逢坂関《おうさかのさき》の近《ちか》くに住《す》む隠者《いんじゃ》だったらしい。和歌《わか》と琵琶《びわ》の名手《めいしゅ》だったと伝《つた》わっている。

京都《きょうと》と滋賀《しが》の間《あいだ》にあった逢坂山《おうさかやま》の関所《せきしょ》
気《き》をつけてな～
ひさしぶり！
たっしゃでな
旅立《たびだ》つ人《ひと》も帰《かえ》ってくる人《ひと》もここを通《とお》る
蝉丸《せみまる》は、琵琶《びわ》の名人《めいじん》でこの関所《せきしょ》の近《ちか》くの庵《いおり》に住《す》んでいてこの歌《うた》を詠《よ》んだ
まさにここは名《な》のとおり逢坂山《おうさかやま》
人《ひと》の一生《いっしょう》も出会《であ》いと別《わか》れのくり返《かえ》しなのじゃ

CD11

11

わたのはら　八十島《やそしま》かけて
漕《こ》ぎ出《い》でぬと
人《ひと》には告《つ》げよ
海人《あま》の釣《つ》り舟《ぶね》

参議篁《さんぎたかむら》

悲痛《ひつう》なさけびが胸《むね》を打《う》つ流罪前《るざいまえ》に詠《よ》んだ歌《うた》

遣唐使《けんとうし》として唐《とう》(中国《ちゅうごく》)へ派遣《はけん》される際《さい》のトラブルがもとで、隠岐《おきの》島《しま》へ流《なが》されることになった小野《おのの》篁《たかむら》。出雲国《いずものくに》(現在《げんざい》の島根県《しまねけん》)から島《しま》に向《む》かって出航《しゅっこう》する直前《ちょくぜん》に詠《よ》まれた歌《うた》です。

厳寒《げんかん》の日本海《にほんかい》を前《まえ》に、不安《ふあん》と決意《けつい》が入《い》り混《ま》じる心境《しんきょう》の中《なか》、都《みやこ》に残《のこ》してきた人《ひと》に自分《じぶん》のことを伝《つた》えてほしいと釣《つ》り船《ぶね》に呼《よ》びかけます。

出典《しゅってん》　古今和歌集《こきんわかしゅう》

正義《せいぎ》をつらぬく一途《いちず》な男《おとこ》は閻魔大王《えんまだいおう》に仕《つか》えた？

無念《むねん》さやさびしさを感《かん》じながらも、「自分《じぶん》は無実《むじつ》である」という信念《しんねん》も感《かん》じるこの歌《うた》。結局《けっきょく》、二年後《にねんご》に許《ゆる》され帰京《ききょう》することができたのち、嵯峨天皇《さがてんのう》に目《め》をかけられ出世《しゅっせ》しました。彼《かれ》は生涯《しょうがい》、正義《せいぎ》をつらぬく姿勢《しせい》をくずさなかったため、閻魔大王《えんまだいおう》に仕《つか》える裁判官《さいばんかん》だったなどという伝説《でんせつ》が残《のこ》っています。

言葉《ことば》の意味《いみ》

◆**わたのはら**　大海原《おおうなばら》。
◆**八十島《やそしま》**　多《おお》くの島《しま》じま。
◆**かけて**　目指《めざ》して。

歌《うた》の意味《いみ》

私《わたし》は大海原《おおうなばら》の多《おお》くの島《しま》じまを目指《めざ》して漕《こ》ぎ出《だ》して行《い》ったと、都《みやこ》に残《のこ》してきた人《ひと》に告《つ》げてくれ、漁師《りょうし》の釣《つ》り船《ぶね》よ。

カルタをはやく取《と》るコツ！

はじめの6文字《もじ》を覚《おぼ》えよう！

わたのはらやそ…
ひとにはつげよ

歌人《かじん》プロフィール

参議篁《さんぎたかむら》(802～852年《ねん》)

小野篁《おののたかむら》。当代《とうだい》きっての学者《がくしゃ》で、嵯峨天皇《さがてんのう》から重用《ちょうよう》され、従三位《じゅさんみ》にまで出世《しゅっせ》した。閻魔大王《えんまだいおう》の手伝《てつだ》いをしていたともいわれる。

遣唐使《けんとうし》に任命《にんめい》されたが乗《の》る予定《よてい》の船《ふね》がこわれた船《ふね》と取《と》りかえられてしまった篁《たかむら》
ボロ…
こんな船《ふね》に乗《の》れるか！
悪口《わるぐち》の詩《し》もつくってやる！
言《い》うこと聞《き》かないやつは島流《しまなが》し！
フン！
イーだ
隠岐《おき》へ行《い》け！
――とはいえ
もう帰《かえ》れぬかもしれぬ…
そこの釣舟《つりぶね》よ 私《わたし》は島《しま》へ向《む》かったと 愛《あい》する人《ひと》に伝《つた》えておくれ
だが
私《わたし》はまちがったことはしていない！ 必《かなら》ず帰《かえ》ってくるぞ！
そのちかいどおり小野篁《おののたかむら》は二年後《にねんご》に許《ゆる》されて、都《みやこ》にもどったのでした

12

CD12

天《あま》つ風《かぜ》 雲《くも》の通《かよ》ひ《イ》路《ぢ》《ジ》
吹《ふ》きとぢ《ジ》よ
乙女《をとめ》《オトメ》の姿《すがた》
しばしとどめむ《ン》

僧正遍昭《そうじょうへんじょう》

映像作家《えいぞうさっか》のように妄想力《もうそうりょく》たっぷり!?

僧正遍昭《そうじょうへんじょう》が出家前《しゅっけまえ》の若《わか》いころ、「五節《ごせち》の舞《まい》」を舞《ま》う少女達《しょうじょたち》に魅《み》せられて詠《よ》んだ歌《うた》です。その美《うつく》しさにすっかり心《こころ》をうばわれた彼《かれ》は、風《かぜ》に呼《よ》びかける形《かたち》で「もっと見《み》ていたいのに」と、名残《なごり》おしい気持《きも》ちを伝《つた》えています。少女達《しょうじょたち》を天女《てんにょ》に、宮中《きゅうちゅう》を天上世界《てんじょうせかい》に見立《みた》て、はなやかで幻想的《げんそうてき》なシーンをえがきました。

天武天皇《てんむてんのう》の天女伝説《てんにょでんせつ》がベースになった歌《うた》

この歌《うた》は少《すこ》し芝居《しばい》がかった、想《そう》像力豊《ぞうりょくゆた》かなものになっていますが、僧正遍昭《そうじょうへんじょう》のオリジナル作品《さくひん》ではありません。

天武天皇《てんむてんのう》が吉野《よしの》の宮《みや》で琴《こと》をひいたとき、空《そら》から天女《てんにょ》が舞《ま》い降《お》りて衣《ころも》の袖《そで》をひるがえしたという伝説《でんせつ》がもとになっているのです。

言葉《ことば》の意味《いみ》

◆雲《くも》の通《かよ》ひ路《ぢ》
天女《てんにょ》の通《とお》り道《みち》。

◆乙女《をとめ》
「五節《ごせち》の舞《まい》」を舞《ま》う五人《ごにん》の少女《しょうじょ》を天女《てんにょ》に見立《みた》てている。

出典《しゅってん》 古今和歌集《こきんわかしゅう》

歌《うた》の意味《いみ》

空《そら》を吹《ふ》く風《かぜ》よ、雲《くも》の中《なか》にある天女《てんにょ》の通《とお》り道《みち》をふさいでおくれ。乙女《おとめ》の姿《すがた》をもうしばらくの間《あいだ》、とどめて見《み》ていたいのだよ。

カルタをはやく取《と》るコツ！

はじめの3文字《もじ》ずつを覚《おぼ》えよう！

あまつ かぜ

をとめのすがた

歌人《かじん》プロフィール **僧正遍昭《そうじょうへんじょう》**（816〜890年《ねん》）

出家前《しゅっけまえ》の名前《なまえ》は良岑宗貞《よしみねのむねさだ》。桓武天皇《かんむてんのう》の孫《まご》で、㉑素性法師《そせいほうし》の父《ちち》。35歳《さい》で出家《しゅっけ》し、比叡山《ひえいざん》で修行《しゅぎょう》を積《つ》み、僧正《そうじょう》にまで出世《しゅっせ》した。

天女《てんにょ》の伝説《でんせつ》をもとに
五人《ごにん》の美少女《びしょうじょ》が舞《ま》う
「五節《ごせち》の舞《まい》」
まだ若《わか》かった遍昭《へんじょう》には
それは本当《ほんとう》に天女《てんにょ》の
ように思《おも》われた
もっと見《み》ていたい…
ドキドキ
わくわく
天女《てんにょ》ならば舞《ま》い終《お》わったら雲《くも》の道《みち》を通《とお》って帰《かえ》ってしまうだろう
バーイ
またねー
行《い》かないで〜
おねがい!
風《かぜ》よ、雲《くも》の中《なか》の通《とお》り道《みち》をふさいで天女達《てんにょたち》をここにとどめてくれぬか
果《は》たして……

13

CD13

筑波嶺《つくばね》の 峰《みね》より落《お》つる
みなの川《がは》《ガワ》
恋《こひ》《コイ》ぞ積《つ》もりて
淵《ふち》となりぬる

陽成院《ようぜいいん》

歌《うた》の意味《いみ》

筑波《つくば》山《さん》の峰《みね》から流《なが》れ落《お》ちる水無川《みなのがわ》が積《つ》もり積《つ》もって深《ふか》い淵《ふち》となるように、あなたへの想《おも》いが積《つ》もり積《つ》もって深《ふか》い淵《ふち》となったのです。

おどろおどろしい深《ふか》い情念《じょうねん》をえがく

のちに陽成院《ようぜいいん》の妻《つま》となる、⑮光孝天皇《こうこうてんのう》の皇女《こうじょ》、綏子内親王《すいしないしんのう》におくられた恋歌《こいうた》です。

前半《ぜんはん》は山間《さんかん》を流《なが》れる細《ほそ》い清流《せいりゅう》が集《あつ》まり、麓《ふもと》で深《ふか》い淵《ふち》をつくるという自然《しぜん》の情景《じょうけい》をえがいています。後半《こうはん》では自分《じぶん》の恋心《こいごころ》も「底《そこ》が見《み》えないほど深《ふか》く想《おも》いが積《つ》もったのだよ」とうったえています。

出典《しゅってん》　後撰和歌集《ごせんわかしゅう》

狂気《きょうき》の天皇《てんのう》かそれとも悲劇《ひげき》の天皇《てんのう》か

わずか九歳《きゅうさい》で即位《そくい》した陽成院《ようぜいいん》。その後《ご》、理由《りゆう》もなく臣下《しんか》を殺傷《さっしょう》したり、開《あ》けてはならない三種《さんしゅ》の神器《じんぎ》の箱《はこ》を開《あ》けてしまうなどの行動《こうどう》が問題《もんだい》となり、退位《たいい》させられることに。若《わか》さゆえのやんちゃぶりだったのでしょうが、退位《たいい》後《ご》は六十年《ろくじゅうねん》以上《いじょう》にわたり隠居生活《いんきょせいかつ》をよぎなくされました。

言葉《ことば》の意味《いみ》

◆筑波嶺《つくばね》
茨城県《いばらきけん》の筑波山《つくばさん》。男女《だんじょ》が歌《うた》を詠《よ》み交《か》わす場《ば》として有名《ゆうめい》だった。

◆淵《ふち》
水《みず》が深《ふか》くたまってよどんだところ。

カルタをはやく取《と》るコツ！

「つき」と聞《き》きまちがえないように注意《ちゅうい》！

つくばねの
こひぞつもりて

歌人《かじん》プロフィール

陽成院《ようぜいいん》（868～949年《ねん》）

第《だい》57代天皇《だいてんのう》で、⑳元良親王《もとよししんのう》の父《ちち》。9歳《さい》で即位《そくい》したものの持病《じびょう》による乱行《らんぎょう》が目立《めだ》ち、藤原基経《ふじわらのもとつね》により退位《たいい》させられ、60数年《すうねん》を上皇《じょうこう》として過《す》ごす。

小《ちい》さいころから優《やさ》しくしてくれたあなたへの想《おも》い
きゃっ
きゃっ
そのあわい恋心《こいごころ》が
筑波山《つくばさん》の峰《みね》から流《なが》れる川《かわ》の水《みず》が少《すこ》しずつたまり深《ふか》い淵《ふち》になったように
いつしか私《わたし》の心《こころ》の中《なか》で深《ふか》い愛《あい》へと変《か》わったのです
この恋《こい》はやがて実《みの》り、めでたくふたりは結婚《けっこん》したのでした

CD14

14

陸奥《みちのく》の しのぶもぢ《ジ》ずり
誰《たれ》ゆゑ《エ》に
乱《みだ》れそめにし
我《われ》ならなくに

河原左大臣《かわらのさだいじん》

歌《うた》の意味《いみ》

陸奥産《みちのくさん》のしのぶもじずりの乱《みだ》れ模様《もよう》のように、私《わたし》の心《こころ》はひどく乱《みだ》れている。いったい誰《だれ》のせいで乱《みだ》れ始《はじ》めたというのか。私《わたし》のせいではなく、すべてあなたのせいなのに。

乱《みだ》れ心《ごころ》を着物《きもの》の柄《がら》にたとえた 洒落男《しゃれおとこ》の恋歌《こいうた》

恋《こい》にかき乱《みだ》され高《たか》ぶる心《こころ》を、東《とう》北地方《ほくちほう》でつくられる乱《みだ》れ模様《もよう》の着《き》物《もの》の柄《がら》にたとえた、恋歌《こいうた》です。権《けん》力《りょく》と財産《ざいさん》にめぐまれた作者《さくしゃ》は、京《きょう》都《と》に「河原院《かわらのいん》」という東北《とうほく》の塩竈《しおがま》を模《も》した豪華《ごうか》な庭園《ていえん》をつくり、池《いけ》には海水《かいすい》まで運《はこ》びこませました。庭《にわ》の名前《なまえ》からのちに河原左大臣《かわらのさだいじん》と呼《よ》ばれるようになりました。

出典《しゅってん》 古今和歌集《こきんわかしゅう》

贅《ぜい》をつくした河原院《かわらのいん》 さびれたことも歌《うた》になる

嵯峨天皇《さがてんのう》の皇子《おうじ》として生《う》まれた河原左大臣《かわらのさだいじん》は、紫式部《むらさきしきぶ》作《さく》『源氏物《げんじもの》語《がたり》』の光源氏《ひかるげんじ》のモデルともいわれています。彼《かれ》のつくった河原院《かわらのいん》はその後《ご》さびれてしまい、㊼恵慶法《えぎょうほう》師《し》による「八重葎茂《やへむぐらしげ》れる宿《やど》の～」には、廃園《はいえん》となった様子《ようす》がわびしくえがかれています。

言葉《ことば》の意味《いみ》

◆**陸奥《みちのく》**
東北地方《とうほくちほう》の東側《ひがしがわ》の地域《ちいき》。

◆**しのぶもぢずり**
東北地方《とうほくちほう》の名産品《めいさんひん》で、乱《みだ》れ模様《もよう》の布《ぬの》。信夫《しのぶ》という地域《ちいき》でつくられたともいわれる。

カルタをはやく取《と》るコツ！

「み」と「み」の組《く》み合《あ》わせは、実《じつ》はこれだけ！

みち のくの

みだ れそめにし

歌人《かじん》プロフィール

河原左大臣《かわらのさだいじん》(822～895年《ねん》)

源 融《みなもとのとおる》。奥州《おうしゅう》の歌枕《うたまくら》・塩竈《しおがま》の景色《けしき》をまねてつくった「河原院《かわらのいん》」を建《た》てた。『源氏物語《げんじものがたり》』の主人《しゅじん》公《こう》・光源氏《ひかるげんじ》のモデルのひとりといわれる。

恋人《こいびと》から「逢《あ》いに来《き》てくれない
あなたは冷《つめ》たい！」
という手紙《てがみ》をもらった
河原左大臣《かわらのさだいじん》
そんな！
グサッ
私《わたし》が冷《つめ》たいなんて！
陸奥《みちのく》でつくられるしのぶもじずりの布《ぬの》の模様《もよう》のように
あなたへの恋心《こいごころ》のせいで
あぁ・・・
私《わたし》の心《こころ》は乱《みだ》れまくっているというのに！
しかしその恋人《こいびと》とは二度《にど》と逢《あ》えず…
ちゃぽん
のちに建《た》てた河原院《かわらのいん》という邸宅《ていたく》に陸奥《みちのく》の風景《ふうけい》を模《も》した庭園《ていえん》をつくったのは、金持《かねも》ちの遊《あそ》び心《ごころ》だけではなかったのかもしれない…

15

CD15

君《きみ》がため　春《はる》の野《の》に出《い》でて　若菜《わかな》摘《つ》む　わが衣手《ころもで》に　雪《ゆき》は降《ふ》りつつ

光孝天皇《こうこうてんのう》

早春《そうしゅん》のおくりものにそえられた気持《きも》ち

早春《そうしゅん》の雪《ゆき》の降《ふ》る中《なか》、「君《きみ》がため」に生命力《せいめいりょく》あふれる若菜《わかな》を摘《つ》む天《てん》皇《のう》。実際《じっさい》に高貴《こうき》な位《くらい》の彼《かれ》が摘《つ》んだかどうかはわかりませんが、優雅《ゆうが》で美《うつく》しいシーンです。

この歌《うた》は、誰《だれ》かに若菜《わかな》をおくったときにそえられたもの。当時《とうじ》はおくりものをするときには、現代《げんだい》の手紙《てがみ》がわりに歌《うた》をそえるのが習《なら》わしでした。

出典《しゅってん》　古今和歌集《こきんわかしゅう》

雪《ゆき》の中《なか》、菜摘《なつ》みをする心優《こころやさ》しい天皇《てんのう》

光孝天皇《こうこうてんのう》は、⑬陽成院退位後《ようぜいいんたいいご》、五十五歳《ごじゅうごさい》で天皇《てんのう》に即位《そくい》。陽成院《ようぜいいん》とは対照的《たいしょうてき》に家臣《かしん》への思《おも》いやりもあつく、苦労人《くろうにん》で清貧《せいひん》の逸話《いつわ》が多数《たすう》残《のこ》されています。①天智天皇《てんじてんのう》による農民《のうみん》の歌《うた》と同様《どうよう》、きっと心優《こころやさ》しい天皇《てんのう》の歌《うた》として愛《あい》されてきたのでしょう。

言葉《ことば》の意味《いみ》

◆若菜《わかな》
早春《そうしゅん》の野《の》に生《は》える若草《わかくさ》。邪気《じゃき》をはらい、病気《びょうき》を除《のぞ》くことができると考《かんが》えられた。

歌《うた》の意味《いみ》

あなたのために、春《はる》の野《の》に出《で》て若菜《わかな》を摘《つ》む私《わたし》の着物《きもの》の袖《そで》に、雪《ゆき》がしきりに降《ふ》りかかることよ。

カルタをはやく取《と》るコツ！

「きみがため」が二首《にしゅ》あるから注意《ちゅうい》！

きみがため　は　るの

わがころもでに

歌人《かじん》プロフィール

光孝天皇《こうこうてんのう》（830〜887年《ねん》）

第《だい》58代天皇《だいてんのう》。⑬陽成院《ようぜいいん》を退位《たいい》させた藤原基経《ふじわらのもとつね》にあとおしされ、55歳《さい》で即位《そくい》。温厚《おんこう》で優雅《ゆうが》な人《ひと》柄《がら》で、風流《ふうりゅう》を愛《あい》するイケメンだったとも。

若菜《わかな》は邪気《じゃき》を
はらうというから
あの人《ひと》のために
摘《つ》んでいこう
はらり
雪《ゆき》が袖《そで》に…
なんて
美《うつく》しいんだ
病気《びょうき》や災《わざわ》いをはらう若菜《わかな》を
大切《たいせつ》な人《ひと》におくるという
優《やさ》しい光孝天皇《こうこうてんのう》らしい歌《うた》です
ちなみに
若菜《わかな》には
「春《はる》の七草《ななくさ》」も
ふくまれるぞ
七草《ななくさ》がゆは
その名残《なごり》なのだ
せり
なずな
ごぎょう
はこべら
ほとけのざ
すずな
すずしろ

CD16

16

立《た》ち別《わか》れ いなばの山《やま》の
峰《みね》に生《お》ふ《ウ》る
まつとし聞《き》かば
今帰《いまかへ》《カエ》り来《こ》む《ン》

中納言行平《ちゅうなごんゆきひら》

歌《うた》の意味《いみ》

あなたとお別《わか》れして、私《わたし》は因幡国《いなばのくに》へ行《い》きますが、因《いな》幡山《ばやま》に生《は》えている松《まつ》の名《な》のように、私《わたし》を待《ま》っていてくれると聞《き》いたなら、すぐにでも帰《かえ》ってきましょう。

赴任前《ふにんまえ》にこぼした心境《しんきょう》 私《わたし》を待《ま》っていてくれ

京都《きょうと》から因幡国《いなばのくに》（現在《げんざい》の鳥取県《とっとりけん》）へ国司《こくし》として赴任《ふにん》するときに詠《よ》んだ、別《わか》れの歌《うた》です。「別《わか》れ」「往《い》なば」など旅《たび》の雰囲気《ふんいき》をかもし出《だ》す言葉《ことば》が多《おお》く使《つか》われており、これから行《い》く因幡国《いなばのくに》に生《は》えている松《まつ》を連《れん》想《そう》させながら、都《みやこ》をはなれるさびしさや不安《ふあん》を表現《ひょうげん》しています。

出典《しゅってん》 古今和歌集《こきんわかしゅう》

行平《ゆきひら》の須磨配流《すまはいる》をもとに書《か》かれた作品《さくひん》とは？

このときは、因幡守《いなばのかみ》としての赴《ふ》任《にん》でしたが、行平《ゆきひら》は以前《いぜん》に一度《いちど》、理由《りゆう》ははっきりとしませんが須磨《すま》（現在《げんざい》の神戸市《こうべし》）に流《なが》されたことがあります。そのとき詠《よ》まれた歌《うた》がもとになって『源氏物語《げんじものがたり》』須磨巻《すまのまき》や謡曲《ようきょく》『松風《まつかぜ》』がつくられ、行平《ゆきひら》といえば須磨配流《すまはいる》のイメージができあがったといわれています。

言葉《ことば》の意味《いみ》

◆**いなば**
鳥取県《とっとりけん》の「因幡《いなば》（稲葉《いなば》）山《やま》」と「往《い》なば」の掛詞《かけことば》。

◆**まつ**
「松《まつ》」と「待《ま》つ」の掛詞《かけことば》。

カルタをはやく取《と》るコツ！

はじめの2文字《もじ》ずつを覚《おぼ》えよう！

たち わかれ
まつとしきかば

歌人《かじん》プロフィール

中納言行平《ちゅうなごんゆきひら》（818～893年《ねん》）
在原行平《ありわらのゆきひら》。平城天皇《へいぜいてんのう》の孫《まご》で、⑰在原業平《ありわらのなりひら》の兄《あに》。皇族《こうぞく》をはなれて臣下《しんか》となり、中納言《ちゅうなごん》となる。855年《ねん》に因幡守《いなばのかみ》として任地《にんち》に赴《おもむ》いた。

行平《ゆきひら》は因幡国《いなばのくに》の国司《こくし》に任命《にんめい》され、都《みやこ》をはなれることに
明日《あす》はいよいよ出発《しゅっぱつ》だ
さびしくなるなあ
これもおつとめだよ
そうだな… 因幡山《いなばのやま》の「松《まつ》」のように
みんなが私《わたし》を「待《ま》つ」というなら
おお「松《まつ》」に「待《ま》つ」か
すぐに帰《かえ》ってくるぞお
そうだそうだ
待《ま》ってるぞ
行平《ゆきひら》はその後《ご》任期《にんき》を終《お》えて都《みやこ》にもどりました

17

CD17

ちはやぶる 神代《かみよ》も聞《き》かず 竜田《たつた》川《がは》《ガワ》 からくれなゐ《イ》に 水《みづ》《ミズ》くくるとは

在原業平朝臣《ありわらのなりひらあそん》

歌《うた》の意味《いみ》

神《かみ》がみの時代《じだい》でも聞《き》いたことがない。竜田川《たつたがわ》の水《みず》を紅色《べにいろ》にくくり染《ぞ》めにするなんて。

川面《かわも》に流《なが》れる紅葉《もみじ》の鮮《あざ》やかさをえがく

業平《なりひら》が、屏風《びょうぶ》にえがかれた大和《やまと》絵《え》を見《み》て詠《よ》んだ歌《うた》で、実際《じっさい》の風景《ふうけい》を見《み》ずにイマジネーションを働《はたら》かせてつくられたものです。

括《くく》るとは染物《そめもの》のしぼり染《ぞ》めのこと。じゅうたんのようにしきつめられた紅葉《もみじ》と、その合間《あいま》からのぞく川《かわ》の水面《すいめん》をしぼり染《ぞ》めの布《ぬの》に見《み》立《た》てる斬新《ざんしん》な発想《はっそう》をもとに、美《うつく》しい歌《うた》に仕上《しあ》げました。

出典《しゅってん》 古今和歌集《こきんわかしゅう》

「くくる」をめぐる定家《ていか》の解釈《かいしゃく》は？

作者《さくしゃ》の業平《なりひら》は括《くく》るという意味《いみ》でこの歌《うた》を詠《よ》みました。

しかし、撰者《せんじゃ》の藤原定家《ふじわらのていか》は、作《さく》者《しゃ》の意図《いと》とは少《すこ》しちがったとらえ方《かた》をしており、紅葉《もみじ》の名所《めいしょ》、竜田《たつた》川《がわ》の川面《かわも》全体《ぜんたい》にしきつめられた紅葉《もみじ》の下《した》を、水《みず》が潜《もぐ》って（くぐって）流《なが》れている、と解釈《かいしゃく》しました。

言葉《ことば》の意味《いみ》

◆**ちはやぶる**
「神《かみ》」にかかる枕詞《まくらことば》。

◆**神代《かみよ》**
奇想天外《きそうてんがい》のことが起《お》こる神話《しんわ》の時代《じだい》。

◆**からくれなゐ**
韓《から》の国《くに》から渡来《とらい》した、濃《こ》い紅色《べにいろ》。

カルタをはやく取《と》るコツ！

「ちは」ときたら「から」を探《さが》せ！

ちは やぶる

からくれなゐに

歌人《かじん》プロフィール

在原業平朝臣《ありわらのなりひらあそん》（825〜880年《ねん》）

平城天皇《へいぜいてんのう》の孫《まご》で、⑯在原行平《ありわらのゆきひら》の弟《おとうと》。当代《とうだい》きってのプレイボーイで、『伊勢物語《いせものがたり》』の主人公《しゅじんこう》のモデルといわれる。六歌仙《ろっかせん》のひとり。

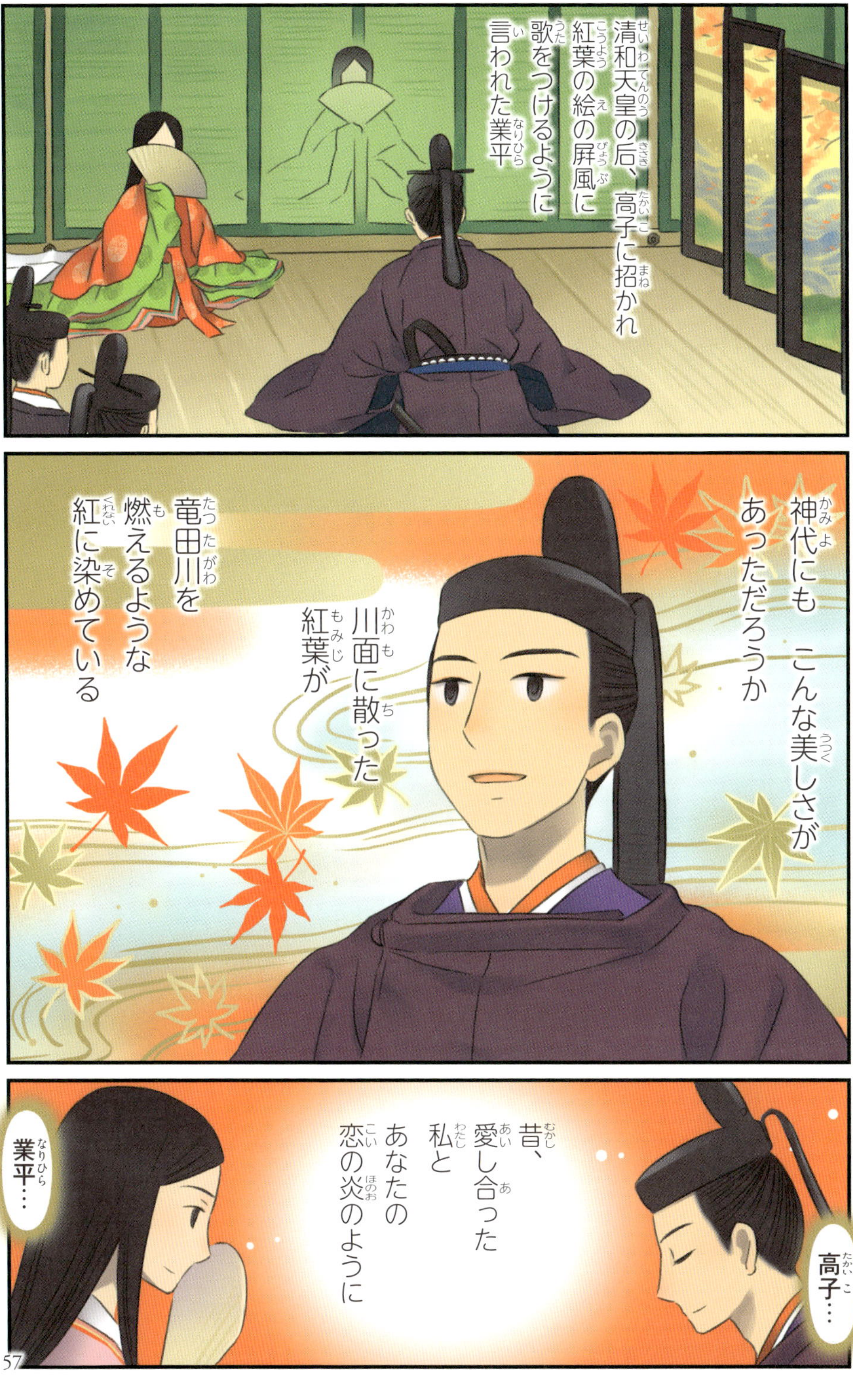
清和天皇《せいわてんのう》の后《きさき》、高子《たかいこ》に招《まね》かれ
紅葉《こうよう》の絵《え》の屏風《びょうぶ》に
歌《うた》をつけるように
言《い》われた業平《なりひら》
神代《かみよ》にも こんな美《うつく》しさが
あっただろうか
川面《かわも》に散《ち》った
紅葉《もみじ》が
竜田川《たつたがわ》を
燃《も》えるような
紅《くれない》に染《そ》めている
高子《たかいこ》…
昔《むかし》、
愛《あい》し合《あ》った
私《わたし》と
あなたの
恋《こい》の炎《ほのお》のように
業平《なりひら》…

表現《ひょうげん》をゆたかにする

和《わ》歌《か》のテクニック①

和《わ》歌《か》に深《ふか》みをあたえるさまざまな技《ぎ》法《ほう》があるよ。独《どく》特《とく》な表《ひょう》現《げん》方《ほう》法《ほう》がわかると、より楽《たの》しめちゃう！

枕詞《まくらことば》

ある言《こと》葉《ば》を導《みちび》き出《だ》すために直《ちょく》前《ぜん》につけるかざりの言《こと》葉《ば》。リズムが大《たい》切《せつ》で、意《い》味《み》は読《よ》み取《と》らないことがふつう。

〈例《れい》〉

③ **あしびきの　山鳥《やまどり》の尾《を》の　しだり尾《を》の　ながながし夜《よ》を　ひとりかも寝《ね》む**

枕詞《まくらことば》：あしびきの

枕詞《まくらことば》	かかる言葉《ことば》
あかねさす	日《ひ》・昼《ひる》・紫《むらさき》・君《きみ》
あしびきの	山《やま》・岩《いわ》・峰《みね》
白妙《しろたえ》の	雪《ゆき》・衣《ころも》・雲《くも》
ちはやぶる	神《かみ》・宇治《うじ》
ひさかたの	空《そら》・天《てん》・月《つき》・光《ひかり》・雲《くも》・都《みやこ》

序詞《じょことば》

枕詞《まくらことば》と同《おな》じように、ある言《こと》葉《ば》を導《みちび》き出《だ》すための前《まえ》置《お》き。作《さく》者《しゃ》が自《じ》分《ぶん》でつくり出《だ》すため、決《き》まった言《こと》葉《ば》はない。

〈例《れい》〉

⑱ **住《す》の江《え》の　岸《きし》に寄《よ》る波《なみ》　よるさへや　夢《ゆめ》の通《かよ》ひ路《ぢ》　人目《ひとめ》よくらむ**

序詞《じょことば》：住の江の　岸に寄る波

⑯ **立《た》ち別《わか》れ　いなばの山《やま》の　峰《みね》に生《お》ふる　まつとし聞《き》かば　今《いま》帰《かへ》り来《こ》む**

作《さく》者《しゃ》のオリジナリティが出《で》る部《ぶ》分《ぶん》なのね

掛詞《かけことば》

音《おと》が同《おな》じで意《い》味《み》がちがう言《こと》葉《ば》を使《つか》い、ひとつの言《こと》葉《ば》にふたつ以《い》上《じょう》の意《い》味《み》を持《も》たせる。自《し》然《ぜん》や風《ふう》景《けい》に人《ひと》の心《こころ》を重《かさ》ね合《あ》わせることができる。

〈例《れい》〉

⑥⓪ **大江山《おほえやま》　いく野《の》の道《みち》の　遠《とほ》ければ　まだふみも見《み》ず　天《あま》の橋立《はしだて》**

掛詞《かけことば》：いく野 → 行《い》く・生野《いくの》／ふみ → 文《ふみ》・踏《ふ》み

60番《ばん》の歌《うた》には掛詞《かけことば》がふたつ入《はい》っているんだよ！

第《だい》2章《しょう》

人生《じんせい》を和歌《わか》にしたためて

平安時代前期《へいあんじだいぜんき》

教《おし》えて右近《うこん》さん！～平安時代《へいあんじだい》の恋愛事情《れんあいじじょう》～

平安時代《へいあんじだい》の女性《じょせい》は父親《ちちおや》や夫《おっと》、息子《むすこ》の役職名《やくしょくめい》や名前《なまえ》で呼《よ》ばれることがほとんどだったのよ
和泉式部《いずみしきぶ》（夫《おっと》の任国《にんこく》＋父《ちち》の役職名《やくしょくめい》）
右大将道綱母《うだいしょうみちつなのはは》（息子《むすこ》の名前《なまえ》＋母《はは》）
赤染衛門《あかぞめえもん》（父親《ちちおや》の名前《なまえ》＋父親《ちちおや》の役職名《やくしょくめい》）
本当《ほんとう》の名前《なまえ》はごく親《した》しい人《ひと》しか知《し》らなかったの
家族《かぞく》や夫《おっと》くらいね
どうして？
当時《とうじ》は名前《なまえ》には特別《とくべつ》な力《ちから》があると考《かんが》えられていてめったなことでは明《あ》かさなかったの
きょろきょろ
ほら
呪《のろ》いなどに使《つか》われちゃうといけないでしょ
呪《のろ》い？
なんと。
平安時代《へいあんじだい》は占《うらな》いやまじないが生活《せいかつ》の中《なか》で重要《じゅうよう》な位置《いち》をしめていたのです
「恋《こい》」の歌《うた》が多《おお》いといっても平安時代《へいあんじだい》の貴族達《きぞくたち》は自由《じゆう》に恋愛《れんあい》ができたわけじゃないのよ
第一《だいいち》、身分《みぶん》の高《たか》い女《おんな》の人《ひと》は人前《ひとまえ》に出《で》ることはめったになかったの
えっ？
じゃあどうやって恋愛《れんあい》をするの？
それはねうわさよ
近《ちか》い。
うわさ？

あそこの娘《むすめ》は美人《びじん》らしい
とか
あいつの妹《いもうと》だから人柄《ひとがら》がいいにちがいない
とか
それで男《おとこ》はせっせとラブレターを書《か》くのです
ええっ？実際《じっさい》には逢《あ》ってもいないのに？
そうですよ。
「垣間見《かいまみ》」といってこっそりのぞき見《み》をすることもありました
美《うつく》しい…
……!!
平安時代《へいあんじだい》の美人《びじん》の条件《じょうけん》は、なんといっても黒《くろ》くて長《なが》いサラサラの髪《かみ》！男性《だんせい》は御簾越《みすご》しから
チラリとのぞく女性《じょせい》の美《うつく》しい髪《かみ》を見《み》て、恋《こい》に落《お》ちることもあったのよ！

※女房《にょうぼう》：身《み》の回《まわ》りのお世話《せわ》をする侍女《じじょ》のこと。家庭教師《かていきょうし》を兼《か》ねることも。

それから、本人同士《ほんにんどうし》の和歌《わか》のやりとりが始《はじ》まります
どんな人《ひと》かな…
和歌《わか》に自信《じしん》がない女性《じょせい》は、女房《にょうぼう》に代筆《だいひつ》してもらうこともありました
気品《きひん》がにじみ出《で》るように書《か》いてね
お任《まか》せください!!
えっ、それってズルじゃ…
いいの?アリなの?
なんとすてきな和歌《わか》…。教養《きょうよう》のある女性《じょせい》なんだな
うっとり…
そして、何度《なんど》かやりとりをしたあと、初《はじ》めて男性《だんせい》が夜《よる》、女性《じょせい》のもとを訪《おとず》れます
ようやく逢《あ》えたのね
でも夜《よ》が明《あ》ける前《まえ》に男性《だんせい》は帰《かえ》るのよ
暗《くら》くなってから行《い》きまだ暗《くら》いうちに帰《かえ》るので、女性《じょせい》の顔《かお》が見《み》えないまま…ということもあったのだ
え～!!
そして、帰《かえ》ったあと男性《だんせい》はすぐ「後朝《きぬぎぬ》の歌《うた》」を女性《じょせい》におくりました
今宵《こよい》もおうかがいします…
ああ、すぐにでもあなたに逢《あ》いたい…
3日連続《かれんぞく》で女性《じょせい》のもとへ通《かよ》うと夫婦《ふうふ》として認《みと》められました
平安時代《へいあんじだい》はウェディングケーキじゃなくておもちを食《た》べたのよ

恋愛《れんあい》や結婚《けっこん》は今《いま》とぜんぜんちがうのね
はーーっ
ほかにも大《おお》きくちがうのは一夫多妻制《いっぷたさいせい》だったってことね
いっぷたさいせい？
つまり、男性《だんせい》は何人《なんにん》もの女性《じょせい》を妻《つま》にすることができたのよ
え～！
今日《きょう》は○○のところへ行《い》って
明日《あす》は○○明後日《あさって》は…
女性《じょせい》の和歌《わか》には夫《おっと》が自分《じぶん》の家《いえ》に来《こ》ないとなげく歌《うた》もあるのよ
右
…今日《きょう》も来《こ》ない…
何日《なんにち》待《ま》ったかしら
……
だから女性《じょせい》は文《ふみ》や和歌《わか》のやりとりで男性《だんせい》を見抜《みぬ》く力《ちから》が必要《ひつよう》だったのよ
※そえるおくりものでも人柄《ひとがら》がわかる
和歌《わか》って超《ちょう》・重要《じゅうよう》だったんだなぁ…

CD18

18

住《す》《み》の江《え》の 岸《きし》に寄《よ》る波《なみ》
よるさへ《エ》や
夢《ゆめ》の通《かよ》ひ《イ》路《ぢ》《ジ》
人目《ひとめ》よくらむ《ン》

藤原敏行朝臣《ふじわらのとしゆきあそん》

夢《ゆめ》の中《なか》でも逢《あ》いたい 秘密《ひみつ》の恋《こい》の苦《くる》しみを詠《うた》う

これは歌《うた》を披露《ひろう》し合《あ》ってその出《で》来栄《きば》えを競《きそ》う、「歌合《うたあわせ》」のときに詠《よ》まれたものです。作者《さくしゃ》は男性《だんせい》ですが、恋人《こいびと》を待《ま》つ女性《じょせい》になったつもりで詠《よ》んでいます。「住《すみ》の江《え》の岸《きし》に寄《よ》る波《なみ》」は「夜《よる》」にかかる序詞《じょことば》で、音《おと》の流《なが》れが忍《しの》ぶ恋《こい》のつらさを優美《ゆうび》に演出《えんしゅつ》しています。全体《ぜんたい》に悲《かな》しげな雰囲気《ふんいき》がただよう歌《うた》です。

出典《しゅってん》 古今和歌集《こきんわかしゅう》

夢幻《むげん》の世界《せかい》にひびく 打《う》ち寄《よ》せる波音《なみおと》

昔《むかし》の人《ひと》は、夢《ゆめ》にも実体《じったい》があると信《しん》じていました。「夢《ゆめ》の通《かよ》ひ路《ぢ》」も、本当《ほんとう》に夢《ゆめ》の中《なか》に存在《そんざい》すると考《かんが》えられており、相手《あいて》が自分《じぶん》を想《おも》っていてくれたら、その路《みち》に恋人《こいびと》があらわれるとされていました。しかし、この歌《うた》ではあらわれず、ただ波《なみ》の音《おと》と映像《えいぞう》がくり返《かえ》し残《のこ》されるだけだとなげいています。

言葉《ことば》の意味《いみ》

◆**よるさへ**
昼《ひる》だけでなく、人目《ひとめ》の少《すく》ない夜《よる》までも。「夜《よる》」と「寄《よ》る」の掛詞《かけことば》。

◆**夢《ゆめ》の通《かよ》ひ路《ぢ》**
夢《ゆめ》の中《なか》で恋人《こいびと》に逢《あ》いに行《い》く道《みち》。

歌《うた》の意味《いみ》

住《すみ》の江《え》の岸《きし》には波《なみ》が寄《よ》るというのに、その「寄《よ》る」ならぬ「夜《よる》」までも、夢《ゆめ》の中《なか》の通《かよ》い路《じ》でも人目《ひとめ》をさけて、私《わたし》に逢《あ》ってくれないのだろうか。

カルタをはやく取《と》るコツ！

「す」ときたら「ゆめ」を探《さが》せ！

す みのえの
ゆめのかよひぢ

歌人《かじん》プロフィール

藤原敏行朝臣《ふじわらのとしゆきあそん》（生没年不明《せいぼつねんふめい》）

和歌《わか》と書道《しょどう》の名人《めいじん》。200部以上《ぶいじょう》、法華経《ほけきょう》を写経《しゃきょう》したが、戒律《かいりつ》を破《やぶ》った罪《つみ》で地獄《じごく》へ落《お》ちたともいわれている。

住《すみ》の江《え》の岸《きし》には
波《なみ》が寄《よ》るのに
ザザー…
夜《よる》見《み》る
夢《ゆめ》の中《なか》でさえ
あなたは
人目《ひとめ》をさける
ように逢《あ》いに
来《き》てくれない……
そんなに
私《わたし》を
きらいに
なったの
ですか
これは藤原敏行《ふじわらのとしゆき》が
歌合《うたあわせ》のときに女性《じょせい》の立場《たちば》で
詠《よ》んだ歌《うた》です
女性《じょせい》って
こんなこと
考《かんが》えているん
じゃないかな
相手《あいて》の男《おとこ》が
心《こころ》変《が》わりしてしまって
悲《かな》しんでいる様子《ようす》が
よくわかりますな
おお!
すばらしい!

19

CD19

難《なに》《ナニ》波《は》《ワ》潟《がた》 短《みじか》き蘆《あし》の 節《ふし》の間《ま》も 逢《あ》は《ワ》でこの世《よ》を 過《す》ぐしてよとや

伊勢《いせ》

相手《あいて》をなじる強《つよ》い口調《くちょう》 才女《さいじょ》の激《はげ》しい恋歌《こいうた》

つれない恋人《こいびと》に対《たい》し、冬《ふゆ》の枯草《かれくさ》を引《ひ》き合《あ》いに出《だ》して「ほんの少《すこ》しも逢《あ》いに来《き》てくれない」と、恨《うら》みをこめて歌《うた》にしています。最後《さいご》は「この世《よ》を過《す》ぐしてよとや」と、相《あい》手《て》をなじる強《つよ》い口調《くちょう》になっていきます。相手《あいて》が心変《こころが》わりをして、もう私《わたし》のもとへは来《き》てくれないという絶望感《ぜつぼうかん》も表現《ひょうげん》しています。

出典《しゅってん》 新古今和歌集《しんこきんわかしゅう》

空間《くうかん》の短《みじか》さを使《つか》って 時間《じかん》の短《みじか》さを表現《ひょうげん》

蘆《あし》の節《ふし》と節《ふし》の間《あいだ》は短《みじか》く、その短《みじか》さを時間《じかん》にたとえている点《てん》がこの歌《うた》の特徴《とくちょう》です。少《すこ》し無理《むり》があるようにも見《み》えますが、当時《とうじ》は、人《ひと》の心《こころ》と自然《しぜん》の風物《ふうぶつ》はかけはなれたものではなく、深《ふか》く結《むす》びついていると考《かんが》えられていました。これは、現代《げんだい》の人《ひと》ではなかなか思《おも》いつかない表現方法《ひょうげんほうほう》かもしれません。

言葉《ことば》の意味《いみ》

◆難波潟《なにはがた》
大阪湾《おおさかわん》の一部《いちぶ》。昔《むかし》は干潟《ひがた》だったので蘆《あし》がたくさん生《は》えていた。

◆蘆《あし》
イネ科《か》の多年草《たねんそう》。茎《くき》に節《ふし》があり、節《ふし》と節《ふし》の間《あいだ》は短《みじか》いと考《かんが》えられていた。

歌《うた》の意味《いみ》

難波潟《なにわがた》に生《は》えている蘆《あし》の短《みじか》い節《ふし》と節《ふし》との間《あいだ》のように、ほんの短《みじか》い間《あいだ》も逢《あ》わないで、この世《よ》を過《す》ごせとおっしゃるのですか?

カルタをはやく取《と》るコツ!

「なにはえ」と聞《き》きまちがえないように注意《ちゅうい》!

なにはが　た

あはでこのよを

歌人《かじん》プロフィール

伊勢《いせ》(872年《ねん》ごろ〜938年《ねん》ごろ)

宇多天皇《うだてんのう》の中宮温子《ちゅうぐうおんし》に仕《つか》えた。父親《ちちおや》が伊勢守《いせのかみ》だったので「伊勢《いせ》」と呼《よ》ばれた恋多《こいおお》き女性《じょせい》。宇多《うだ》天皇《てんのう》の皇子《おうじ》を産《う》み、さらに親王《しんのう》にも愛《あい》された。

あんなに愛《あい》を語《かた》り合《あ》ったのに
最近《さいきん》はまったく逢《あ》ってくださらない
ほんの少《すこ》しの時間《じかん》でいいから逢《あ》いたい…
あの難波潟《なにわがた》に生《は》えている
蘆《あし》の節《ふし》の間《あいだ》くらい短《みじか》くてもいい
これくらいちょっとよ!!
そんな短《みじか》い間《あいだ》すら逢《あ》ってくれず
もうこれっきりとでも言《い》うのですか…
ぼきっ
自分《じぶん》を捨《す》てほかの女性《じょせい》のところへ行《い》ってしまった男《おとこ》を強《つよ》く非難《ひなん》する伊勢《いせ》であった
やべっ

20

CD20

わびぬれば 今《いま》はた同《おな》じ 難波《なには》《ナニワ》なる みをつくしても 逢《あ》は《ワ》むとぞ思《おも》ふ《ウ》

元良親王《もとよししんのう》

死《し》んでもいいから あなたに逢《あ》いたい

この歌《うた》の恋《こい》の相手《あいて》は、左大臣《さだいじん》・藤原時平《ふじわらのときひら》の娘《むすめ》・褒子《ほうし》で、宇多天皇《うだてんのう》の妻《つま》。彼女《かのじょ》との恋《こい》は不倫関係《ふりんかんけい》というばかりではなく、政権《せいけん》への反逆《はんぎゃく》行為《こうい》にもなりかねません。まさにがけっぷちに立《た》たされているにもかかわらず「みをつくしても」、つまり死《し》んでもいいから逢《あ》いたいと恋心《こいごころ》をつづっています。

出典《しゅってん》 後撰和歌集《ごせんわかしゅう》

情熱《じょうねつ》のプレイボーイ 涙《なみだ》の海《うみ》にたたずむ

澪標《みおつくし》とは、船《ふね》のための目印《めじるし》ですが、それが水《みず》の中《なか》にぽつんと立《た》っている風景《ふうけい》はなんともさびしげです。自分《じぶん》の心情《しんじょう》を澪標《みおつくし》に、海《うみ》の水《みず》や波《なみ》を涙《なみだ》にたとえた、たくみな表《ひょう》現《げん》です。元良親王《もとよししんのう》は当代《とうだい》きってのプレイボーイだったらしく、数多《かずおお》くの女性《じょせい》との恋愛話《れんあいばなし》が書物《しょもつ》に残《のこ》されています。

言葉《ことば》の意味《いみ》

◆みをつくし

「澪標《みおつくし》」と「身《み》を尽《つ》くし」の掛詞《かけことば》。澪標《みおつくし》は、船《ふね》に水路《すいろ》を知《し》らせるために立《た》てられた標識《ひょうしき》。身《み》を尽《つ》くすとは、破滅《はめつ》すること。

歌《うた》の意味《いみ》

こんなにつらい思《おも》いをしているのなら、今《いま》はもはや破滅《はめつ》したも同然《どうぜん》です。難波《なにわ》にある澪標《みおつくし》のように、この身《み》を破滅《はめつ》させても、あなたに逢《あ》いたいのです。

カルタをはやく取《と》るコツ！

「わび」ときたら「みを」を探《さが》せ！

わび ぬれば

みをつくしても

歌人《かじん》プロフィール

元良親王《もとよししんのう》（890～943年《ねん》）

⑬陽成院《ようぜいいん》の第一皇子《だいいちおうじ》だが、父《ちち》の退位後《たいいご》に生《う》まれたので皇位《こうい》と関係《かんけい》なく過《す》ごす。たいへんなプレイボーイで「一夜《ひとよ》めぐりの君《きみ》」と呼《よ》ばれた。

元良親王《もとよししんのう》は
宇多天皇《うだてんのう》の妃《きさき》と
ひそかに愛《あい》し合《あ》って
いました
ふりんだー
しかし、それがばれてしまい、
ふたりは逢《あ》えなくなって
しまいました
でも――
あなたに
逢《あ》いたくて
仕方《しかた》ないんだ!!
こうなったら
身《み》を尽《つ》くしても
(身《み》をほろぼしても)
いいから
あなたと逢《あ》いたい!!
難波《なにわ》の海《うみ》の
「澪標《みおつくし》」(船《ふね》が浅瀬《あさせ》に
入《はい》らないように
立《た》てた船《ふね》のための
みちしるべ)のように
涙《なみだ》の海《うみ》にひとり
たたずむ元良親王《もとよししんのう》の
悲《かな》しみが見《み》える
ようです

CD21

21

今来《いまこ》む《ン》と　言《い》ひ《イ》しばかりに
長月《ながつき》の
有明《ありあけ》の月《つき》を
待《ま》ち出《い》でつるかな

素性法師《そせいほうし》

歌《うた》の意味《いみ》

「すぐに行《い》くよ」とあなたが言《い》うから、私《わたし》は今《いま》か今《いま》かと待《ま》ち続《つづ》けていましたが、とうとう九月《くがつ》の有明《ありあけ》の月《つき》の出《で》るころになってしまいました。

女性《じょせい》の立場《たちば》になりきって待《ま》つ恋《こい》を詠《よ》んだ歌《うた》

平安時代《へいあんじだい》のデートは、夜《よる》に男性《だんせい》が女性《じょせい》のもとに通《かよ》って来《く》る形《かたち》が一《いっ》般的《ぱんてき》でした。待《ま》つのはいつも女性《じょせい》のほう。その立場《たちば》になりきって、男性《だんせい》の素性法師《そせいほうし》が詠《よ》んだ歌《うた》です。待《ま》っているうちに夜《よる》が明《あ》けてしまい、「あらまあ」とため息《いき》をつきながらあきらめた女性《じょせい》。その悲《かな》しみがたんたんとえがかれています。

出典《しゅってん》　古今和歌集《こきんわかしゅう》

果《は》たされない約束《やくそく》待《ま》ったのはどれくらい？

「有明《ありあけ》の月《つき》」とは、いつの月《つき》なのか。それがふたつの説《せつ》に分《わ》かれています。一晩《ひとばん》待《ま》ち続《つづ》けて明《あ》け方《がた》の空《そら》に残《のこ》る月《つき》を見《み》てしまったという説《せつ》と、毎晩《まいばん》待《ま》ち暮《く》らしているうちに九月《くがつ》の晩秋《ばんしゅう》になってしまった、とする説《せつ》です。撰者《せんじゃ》の藤原定家《ふじわらのていか》は、後者《こうしゃ》の解釈《かいしゃく》でこの歌《うた》をとらえていたとされています。

言葉《ことば》の意味《いみ》

◆**長月《ながつき》**
旧暦《きゅうれき》の九月《くがつ》。

◆**有明《ありあけ》の月《つき》**
旧暦《きゅうれき》二十日《はつか》以降《いこう》の月《つき》。夜《よ》が明《あ》けたあとも空《そら》に残《のこ》っている。

カルタをはやく取《と》るコツ！

「いま」で始《はじ》まる歌《うた》がもう一首《いっしゅ》あるよ！

いまこ　むと

ありあけのつきを

歌人《かじん》プロフィール

素性法師《そせいほうし》（生没年不明《せいぼつねんふめい》）

⑫僧正遍昭《そうじょうへんじょう》の息子《むすこ》で、出家前《しゅっけまえ》の名前《なまえ》は良岑玄利《よしみねのはるとし》といわれる。宇多天皇《うだてんのう》に認《みと》められ、和歌《わか》のほかに書《しょ》も得意《とくい》だった。三十六歌仙《さんじゅうろっかせん》のひとり。

あなたが すぐ来《く》るというから 待《ま》っていたのに
るんるん♪
わくわく
すぐ行《い》くよ
秋《あき》の夜長《よなが》を ず〜〜っと 待《ま》っていたのに
まだかしら
とうとう 明《あ》け方《がた》まで 待《ま》ってしまったわ！
もう！
この歌《うた》は 男性《だんせい》の素性法師《そせいほうし》が 女性《じょせい》の立場《たちば》で 詠《よ》んだのでした
待《ま》つことしかできぬ 女性《じょせい》はつらいで しょうなあ

22

CD22

吹《ふ》くからに　秋《あき》の草木《くさき》の
しを《オ》るれば
むべ山風《やまかぜ》を
嵐《あらし》といふ《ウ》らむ《ン》

文屋康秀《ふんやのやすひで》

歌《うた》の意味《いみ》

吹《ふ》くとすぐ、秋《あき》の草木《くさき》がしおれるので、なるほど、それで山風《やまかぜ》を「荒《あ》らし」つまり「嵐《あらし》」というのだろう。

漢詩《かんし》の影響《えいきょう》を受《う》けた文字遊《もじあそ》びを取《と》り入《い》れた歌《うた》

中国《ちゅうごく》で流行《りゅうこう》した、「離合《りごう》」と呼《よ》ばれる詩《し》の影響《えいきょう》を受《う》けた文字遊《もじあそ》びの歌《うた》です。山《やま》と風《かぜ》が合体《がったい》し、しかも草木《くさき》を荒《あ》らすので「嵐《あらし》」というのだと、漢字《かんじ》の成《な》り立《た》ちに感心《かんしん》する知《ち》性的《せいてき》な歌《うた》になっています。風《かぜ》が吹《ふ》き、草木《くさき》が激《はげ》しくゆれてかたむく様子《ようす》が目《め》にうかぶようです。

出典《しゅってん》 古今和歌集《こきんわかしゅう》

自然《しぜん》やもの、姿《すがた》をかたどった漢字《かんじ》の成《な》り立《た》ち

㉝紀友則《きのとものり》も、漢字《かんじ》の成《な》り立《た》ちを詠《よ》んでいます。「雪降《ゆきふ》れば木毎《きごと》に花《はな》ぞ咲《さ》きにけるいづれを梅《うめ》とわきて折《を》らまし」。この中《なか》では、「梅《うめ》」を「木《き》」と「毎《まい》」に分《わ》けています。漢《かん》字《じ》が実際《じっさい》の自然《しぜん》の姿《すがた》をあらわしている点《てん》を発見《はっけん》し、そこにおどろきを持《も》つ気持《きも》ちは、今《いま》も昔《むかし》も変《か》わらないかもしれません。

言葉《ことば》の意味《いみ》

◆**からに**
〜するやいなや、〜するとすぐに。

◆**むべ**
なるほど。

カルタをはやく取《と》るコツ！

はじめの1文字《もじ》ずつを覚《おぼ》えよう！

ふ くからに
む べやまかぜを

歌人《かじん》プロフィール　**文屋康秀《ふんやのやすひで》**（生没年不明《せいぼつねんふめい》）

㊲文屋朝康《ふんやのあさやす》の父《ちち》。下級官吏《かきゅうかんり》だったという。⑨小《お》野小町《ののこまち》とも交流《こうりゅう》があったといわれている。この歌《うた》は、息子《むすこ》の朝康《あさやす》のものという説《せつ》もある。

山《やま》の風《かぜ》が荒《あら》あらしく吹《ふ》くと草木《くさき》はしおれてしまう
なるほど荒《あら》あらしいからみんなはこれを「あらし」と言《い》ったのだ
それで「あらし」という漢字《かんじ》は「山《やま》」と「風《かぜ》」を合《あ》わせて「嵐《あらし》」としたのだな
山
+
風
=
嵐
平安時代《へいあんじだい》はこのように文字遊《もじあそ》びをしていたそうな
ビュウウ
それにしても秋風《あきかぜ》はさむ～い

CD23

23

月見《つきみ》れば
千々《ちぢ》にものこそ　悲《かな》しけれ
わが身《み》ひとつの
秋《あき》にはあらねど

大江千里《おおえのちさと》

漢詩《かんし》を下敷《したじ》きに翻訳《ほんやく》し秋《あき》のもの悲《がな》しさを詠《よ》む

この歌《うた》の作者《さくしゃ》は漢学者《かんがくしゃ》の大江千《おおえのち》里《さと》。彼《かれ》が、唐《とう》(中国《ちゅうごく》)の詩人《しじん》・白楽《はくらく》天《てん》の詩集《ししゅう》『白氏文集《はくしもんじゅう》』にある「燕子《えんし》楼《ろう》」第一首《だいいっしゅ》の詩《し》をもとに、和歌《わか》にしました。愛《あい》する人《ひと》を想《おも》い続《つづ》けながらさびしく暮《く》らす様子《ようす》を、秋《あき》のもの悲《がな》しさや月《つき》の美《うつく》しさを際立《きわだ》たせながらえがいています。

漢詩《かんし》のプロによる和歌《わか》の世界《せかい》

この時代《じだい》、漢詩《かんし》の世界《せかい》をモチーフにして和歌《わか》に取《と》り入《い》れる、または漢詩《かんし》を和歌《わか》に翻訳《ほんやく》して詠《よ》むことが流行《りゅうこう》していました。大江千里《おおえのちさと》はもともと漢学者《かんがくしゃ》であり、さらに翻《ほん》訳《やく》が得意《とくい》な歌人《かじん》でした。秋《あき》という季節《きせつ》をもの悲《がな》しむ傾向《けいこう》も、もとは漢詩《かんし》の世界観《せかいかん》からきているとされています。

言葉《ことば》の意味《いみ》

◆**千々《ちぢ》に**
あれこれと、際限《さいげん》なく。
あとに出《で》る「ひとつ」と対《つい》になっている。

カルタをはやく取《と》るコツ！

上《かみ》の句《く》も下《しも》の句《く》もまちがえやすいから注意《ちゅうい》！

つき みれば
わがみひとつの

出典《しゅってん》　古今和歌集《こきんわかしゅう》

歌《うた》の意味《いみ》

月《つき》を見《み》ると、さまざまに、限《かぎ》りなく悲《かな》しく感《かん》じられる。私《わたし》ひとりのために訪《おとず》れた秋《あき》というわけではないのに。

歌人《かじん》プロフィール　大江千里《おおえのちさと》(生没年不明《せいぼつねんふめい》)

平安時代初期《へいあんじだいしょき》の歌人《かじん》。⑯在原行平《ありわらのゆきひら》・⑰業平兄弟《なりひらきょうだい》の甥《おい》で、漢学者《かんがくしゃ》・大江音人《おおえのおとんど》の息子《むすこ》。漢詩《かんし》を主題《しゅだい》にした和歌《わか》を集《あつ》めた和歌集《わかしゅう》を天皇《てんのう》に献上《けんじょう》した。

秋《あき》の月《つき》を見《み》ると
もう逢《あ》えない
あなたを
思《おも》い出《だ》す
今《いま》ごろ
どうして
いるんだろう
心《こころ》は乱《みだ》れて
もの悲《がな》しさに
つつまれる
私《わたし》を悲《かな》しませる
ために秋《あき》が来《き》た
わけじゃないのに
はあ…

24

このたびは　幣《ぬさ》も取《と》りあへ《エ》ず　手向山《たむけやま》　紅葉《もみぢ》《モミジ》の錦《にしき》　神《かみ》のまにまに

菅家《かんけ》

山《やま》の紅葉《もみじ》を神《かみ》にささげ旅《たび》の安全《あんぜん》を祈願《きがん》

菅原道真《すがわらのみちざね》が、宇多上皇《うだじょうこう》の旅《たび》に同行《どうこう》した際《さい》に詠《よ》んだ歌《うた》です。幣《ぬさ》とは五色《ごしょく》の紙《かみ》などを小《ち》さく切《き》ったもので、神前《しんぜん》でまいて旅《たび》の安全《あんぜん》を祈《いの》るときに使《つか》われました。それを忘《わす》れてしまったため、山《やま》の紅葉《もみじ》を幣《ぬさ》に見立《みた》てて神様《かみさま》に奉納《ほうのう》しようという、斬新《ざんしん》な歌《うた》になっています。

出典《しゅってん》　古今和歌集《こきんわかしゅう》

死後《しご》に神様《かみさま》となった不遇《ふぐう》の菅原道真《すがわらのみちざね》

道真《みちざね》は右大臣時代《うだいじんじだい》、左大臣《さだいじん》・藤原時平《ふじわらのときひら》の陰謀《いんぼう》で九州《きゅうしゅう》に左遷《させん》され、大宰府《だざいふ》で都《みやこ》を想《おも》いながら亡《な》くなりました。死後《しご》、その霊《れい》が都《みやこ》の人《ひと》びとにたたりをもたらしたと信《しん》じられ、神《かみ》として北野神社《きたのじんじゃ》にまつられることになり、天神様《てんじんさま》として信仰《しんこう》されてきました。現在《げんざい》では学問《がくもん》の神様《かみさま》として親《した》しまれています。

歌《うた》の意味《いみ》

今回《こんかい》の旅《たび》は急《きゅう》なことでしたので、幣《ぬさ》の用意《ようい》もできませんでした。手向山《たむけやま》の神様《かみさま》よ、この山《やま》の美《うつく》しい紅葉《もみじ》を、御心《みこころ》のままにお受《う》け取《と》りください。

言葉《ことば》の意味《いみ》

◆たび
「旅《たび》」と「度《たび》」の掛詞《かけことば》。

◆とりあへず
「さしあたって」と「幣《ぬさ》をささげられない」とふたつの意味《いみ》がある。

◆手向山《たむけやま》
幣《ぬさ》をささげる山《やま》。

カルタをはやく取《と》るコツ！

はじめの2文字《もじ》ずつを覚《おぼ》えよう！

この　たびは

もみぢのにしき

歌人《かじん》プロフィール

菅家《かんけ》（845～903年《ねん》）

菅原道真《すがわらのみちざね》。左大臣《さだいじん》の藤原時平《ふじわらのときひら》によって九州《きゅうしゅう》の大宰府《だざいふ》へ左遷《させん》された。死後《しご》は怨霊《おんりょう》となり、現在《げんざい》は北野天満宮《きたのてんまんぐう》に学問《がくもん》の神《かみ》としてまつられている。

昔《むかし》、旅《たび》に出《で》るときは神《かみ》にささげる「幣《ぬさ》」を持《も》って行《い》くものでした
あっ!!
どうした!?
申《もう》し訳《わけ》ありません!幣《ぬさ》を忘《わす》れてきてしまいました!
道真《みちざね》よどうしたのじゃ
宇多上皇様《うだじょうこうさま》!
上皇《じょうこう》にご心配《しんぱい》をおかけしてしまう
いいえ、なんでもございません
神《かみ》よ
この手向山《たむけやま》の美《うつく》しい紅葉《もみじ》を幣《ぬさ》の代《か》わりにささげます
御心《みこころ》のままどうかお受《う》け取《と》りくだされ
みごとじゃ
あっぱれ

CD25

25

名《な》にし負《お》は《ワ》ば 逢坂山《あふさかやま》《オウサカ》の さねかづ《ズ》ら 人《ひと》に知《し》られで くるよしもがな

三条右大臣《さんじょうのうだいじん》

ストレートに女性《じょせい》を口説《くど》くための恋歌《こいうた》

「さねかずらを手《た》ぐり寄《よ》せるようにして、ふたりだけで逢《あ》う方法《ほうほう》はないのか」と、ストレートに女《じょ》性《せい》を口説《くど》くためにおくられた歌《うた》です。きっと実際《じっさい》のさねかずらがそえられていたことでしょう。宮中《きゅうちゅう》でもひときわ人気《にんき》の高《たか》い、風雅《ふうが》を愛《あい》する男性《だんせい》からこの歌《うた》をおくられた女性《じょせい》は、彼《かれ》が来《く》るのを心待《こころま》ちにしたはずです。

出典《しゅってん》　後撰和歌集《ごせんわかしゅう》

執念深《しゅうねんぶか》いイメージのさねかずら

さねかずらはものにからみついて成長《せいちょう》するつる性《せい》の植物《しょくぶつ》なので、執念深《しゅうねんぶか》いイメージがあります。歌《うた》にそえられていたと想像《そうぞう》すると、今《いま》の女性達《じょせいたち》なら少《すこ》し引《ひ》いてしまうかもしれません。また、この植物《しょくぶつ》は、昔《むかし》から樹液《じゅえき》が整髪料《せいはつりょう》として用《もち》いられ、別名《べつめい》「ビナンカズラ」といいます。

言葉《ことば》の意味《いみ》

◆逢坂山《あふさかやま》
京都府《きょうとふ》と滋賀県《しがけん》の間《あいだ》にある山《やま》。

◆くる
「繰《く》る」と「来《く》る」の掛詞《かけことば》。この場合《ばあい》の「来《く》る」は、「行《い》く」の意味《いみ》。

歌《うた》の意味《いみ》

逢坂山《おうさかやま》のさねかずらが、「逢《あ》う」「さ寝《ね》」という、その名《な》のとおりであるなら、誰《だれ》にも知《し》られず、手《た》ぐり寄《よ》せるように、あなたのところに訪《たず》ねて来《く》る手立《てだ》てがほしい。

カルタをはやく取《と》るコツ！

下《しも》の句《く》が「ひと」で始《はじ》まる歌《うた》が多《おお》いので注意《ちゅうい》！

なにし　おはば

ひとにしられで

歌人《かじん》プロフィール　三条右大臣《さんじょうのうだいじん》(873〜932年《ねん》)

藤原定方《ふじわらのさだかた》。京都三条《きょうとさんじょう》に邸宅《ていたく》を構《かま》えていたので、このように呼《よ》ばれた。㊹中納言朝忠《ちゅうなごんあさただ》の父《ちち》。醍醐《だいご》天皇《てんのう》の宮中《きゅうちゅう》で活躍《かつやく》し、管弦《かんげん》にも精通《せいつう》した風流人《ふうりゅうじん》。

逢坂山《おうさかやま》
あの人《ひと》に逢《あ》いたい
これはさねかずら！
このつるをたどった先《さき》に
あなたがいればいいのに
きゃっ
誰《だれ》にも知《し》られずこっそり逢《あ》いに行《い》きたい…
藤原定方《ふじわらのさだかた》から女性《じょせい》におくられた歌《うた》には本物《ほんもの》のさねかずらがそえてあったとか

26

CD26

小倉山《をぐらやま》《オグラ》 峰《みね》の紅葉《もみぢ》《モミジ》ば
心《こころ》あらば
いまひとたびの
みゆき待《ま》たなむ《ン》

貞信公《ていしんこう》

紅葉《もみじ》に散《ち》らないでと呼《よ》びかけた大物政治家《おおものせいじか》

宇多上皇《うだじょうこう》が大井川《おおいがわ》の景色《けしき》を見《み》に出《で》かけたとき、小倉山《おぐらやま》の紅葉《もみじ》があまりに美《うつく》しかったので、わが子《こ》の醍醐天皇《だいごてんのう》にもぜひ見《み》せたいと願《ねが》いました。そこで、おともをしていた藤原忠平《ふじわらのただひら》が山《やま》の紅葉《もみじ》に呼《よ》びかける形《かたち》で詠《よ》んだ歌《うた》です。紅葉《もみじ》を人《ひと》に見立《みた》て、擬人化《ぎじんか》したところがこの歌《うた》のポイントです。

出典《しゅってん》 拾遺和歌集《しゅういわかしゅう》

狩猟《しゅりょう》は政治上《せいじじょう》の重要《じゅうよう》な儀式《ぎしき》 権力構造《けんりょくこうぞう》が見《み》えかくれする歌《うた》

大井川《おおいがわ》へ行《い》く前《まえ》に、宇多上皇一行《うだじょうこういっこう》は嵯峨野《さがの》で狩猟《しゅりょう》を行《おこな》っていたと思《おも》われます。狩猟《しゅりょう》は権威《けんい》の象徴《しょうちょう》であると同時《どうじ》に、君臣関係《くんしんかんけい》を強化《きょうか》する重要《じゅうよう》な儀式《ぎしき》。上皇《じょうこう》・天皇《てんのう》・摂関《せっかん》という三角形《さんかくけい》の権力構造《けんりょくこうぞう》が見《み》えかくれします。上皇《じょうこう》と天皇《てんのう》の間《あいだ》に立《た》ち、両者《りょうしゃ》に気《き》づかいをする忠平《ただひら》の姿《すがた》が涙《なみだ》ぐましいばかりです。

言葉《ことば》の意味《いみ》

◆小倉山《をぐらやま》
京都市右京区《きょうとしうきょうく》にある山《やま》。藤原定家《ふじわらのていか》の山荘《さんそう》があったことで知《し》られる。

◆みゆき
天皇《てんのう》の行幸《ぎょうこう》(外出《がいしゅつ》)。

歌《うた》の意味《いみ》

小倉山《おぐらやま》の峰《みね》の紅葉《もみじ》よ、もしお前《まえ》に心《こころ》があるなら、今度《こんど》は天皇《てんのう》の行幸《ぎょうこう》があるので、それまでどうか散《ち》らずに待《ま》っていてほしい。

カルタをはやく取《と》るコツ!

「いまひとたびの」のあとの「みゆき」まで覚《おぼ》えよう!

をぐ らやま

いまひとたびの みゆき

歌人《かじん》プロフィール **貞信公《ていしんこう》**(880〜949年《ねん》)

藤原忠平《ふじわらのただひら》。藤原基経《ふじわらのもとつね》の子《こ》。兄《あに》に、藤原時平《ふじわらのときひら》・仲平《なかひら》がいる。貞信公《ていしんこう》は死後《しご》におくられた名《な》。温厚《おんこう》で人望《じんぼう》があつく、長《なが》く政権《せいけん》を担《にな》った。

藤原忠平《ふじわらのただひら》が宇多上皇《うだじょうこう》のおともをしました
上皇様《じょうこうさま》小倉山《おぐらやま》です
うわさには聞《き》いていたがこれほどすばらしいとはのお
わが息子《むすこ》（天皇《てんのう》）にも見《み》せてやりたいものじゃ
なんと優《やさ》しい上皇様《じょうこうさま》
小倉山《おぐらやま》の紅葉《もみじ》よ
心《こころ》があるなら天皇《てんのう》が来《く》るまで散《ち》らずにいてくれ

27

CD27

みかの原《はら》　わきて流《なが》るる
いづ《ズ》み川《がは》《ガワ》
いつ見《み》きとてか
恋《こひ》《コイ》しかるらむ《ン》

中納言兼輔《ちゅうなごんかねすけ》

逢《あ》ったことのない人《ひと》に恋《こい》こがれる歌《うた》

上《かみ》の三句《さんく》は、「いつ見《み》」を導《みちび》き出《だ》すためのもの。「いつ見《み》たのか、いや見《み》たこともないのに」と、逢《あ》ったことのない女性《じょせい》に、恋心《こいごころ》をつのらせています。この当時《とうじ》は、男女《だんじょ》が顔《かお》を合《あ》わせることはめったになく、和歌《わか》やうわさだけで恋《こい》が始《はじ》まることがよくありました。

出典《しゅってん》 新古今和歌集《しんこきんわかしゅう》

詠《よ》み人知《びとし》らずの歌《うた》が誤《あやま》って百人一首《ひゃくにんいっしゅ》に

この歌《うた》は兼輔《かねすけ》の家集《かしゅう》『兼輔集《かねすけしゅう》』にはのっておらず、おそらく彼《かれ》の歌《うた》ではありません。原因《げんいん》は『古今和歌《こきんわか》六帖《ろくじょう》』にあった作者不明《さくしゃふめい》の伝承歌《でんしょうか》を、『新古今和歌集《しんこきんわかしゅう》』をつくるときに兼輔《かねすけ》の歌《うた》だとまちがって入《い》れてしまったから。その後《ご》、藤原定家《ふじわらのていか》もかんちがいをして百人一首《ひゃくにんいっしゅ》に兼《かね》輔《すけ》の歌《うた》として入《い》れてしまいました。

言葉《ことば》の意味《いみ》

◆**みかの原《はら》**
現在《げんざい》の京都府木津川市《きょうとふきづがわし》。

◆**いづみ川《かわ》**
現在《げんざい》の木津川《きづがわ》。ここまでが「いつ見《み》」を導《みちび》く序詞《じょことば》になっている。

歌《うた》の意味《いみ》

みかの原《はら》を分《わ》けてわき出《で》て流《なが》れる泉川《いずみかわ》の、その「いつ」ではないが、いつ見《み》たといって、こんなにも恋《こい》しいのだろうか。

カルタをはやく取《と》るコツ！

はじめの3文字《もじ》ずつを覚《おぼ》えよう！

みかの　はら
いつみきとてか

歌人《かじん》プロフィール　**中納言兼輔《ちゅうなごんかねすけ》**（877〜933年《ねん》）

藤原兼輔《ふじわらのかねすけ》。㊼紫式部《むらさきしきぶ》の曽祖父《そうそふ》。鴨川《かもがわ》の堤《つつみ》に邸宅《ていたく》を構《かま》えていたので「堤中納言《つつみちゅうなごん》」と呼《よ》ばれた。㉙凡河内躬恒《おおしこうちのみつね》や㉟紀貫之《きのつらゆき》などと親交《しんこう》があった。

あの姫君《ひめぎみ》は美《うつく》しいそうだな
先日《せんじつ》の和歌《わか》もすばらしかったし
うわさの姫《ひめ》…
どんな方《かた》なのだろう
一度《いちど》も逢《あ》ったことはないけれど…
みかの原《はら》からわき出《で》てくる泉川《いずみがわ》のように恋心《こいごころ》がわいてくる…
当時《とうじ》の女性《じょせい》はめったに人《ひと》に顔《かお》を見《み》せることがなく
何度《なんど》も和歌《わか》をやりとりしてようやく逢《あ》えるのがふつうでした
みえない…
せっせ
せっせ
だから…
美人《びじん》だって聞《き》いてたのに…
ガーン
あら、ステキな方《かた》
こんなこともあったかもね!

28

CD28

山里《やまざと》は　冬《ふゆ》ぞ寂《さび》しさ
まさりける
人目《ひとめ》も草《くさ》も
かれぬと思《おも》へ《エ》ば

源宗于朝臣《みなもとのむねゆきあそん》

歌《うた》の意味《いみ》

山里《やまざと》は、冬《ふゆ》こそさびしさがいちだんとまさって感《かん》じられるなあ。人《ひと》の訪《おとず》れもなくなり、草《くさ》も枯《か》れてしまうと思《おも》うと。

人《ひと》もはなれ、草《くさ》も枯《か》れるさびしい限《かぎ》りの冬《ふゆ》の山里《やまざと》

「かれ」は、人《ひと》が来《こ》なくなる「離《か》れ」と、草木《くさき》が枯《か》れる「枯《か》れ」の掛詞《かけことば》です。寒《さむ》さや雪《ゆき》で閉《と》ざされた冬《ふゆ》は、にぎやかな街中《まちなか》にいてもさびしいものですから、人里《ひとざと》はなれた山里《やまざと》ならなおさらです。冬《ふゆ》の里《さと》のしみじみとしたさびしさを、悲哀《ひあい》をこめて詠《よ》んでいます。

出典《しゅってん》 古今和歌集《こきんわかしゅう》

不遇《ふぐう》の生涯《しょうがい》をおくる貴公子《きこうし》のなげき

宗于《むねゆき》は、⑮光孝天皇《こうこうてんのう》の孫《まご》として皇族《こうぞく》に生《う》まれながらも、源氏姓《げんじせい》を賜《たまわ》り身分《みぶん》を臣籍《しんせき》に落《お》とされました。自分《じぶん》の位《くらい》が上《あ》がらないことをのちに『大和物語《やまとものがたり》』の中《なか》で歌《うた》にし、宇多天皇《うだてんのう》にうったえてみたものの、よい反応《はんのう》はありませんでした。そんな不遇《ふぐう》の意識《いしき》がこの歌《うた》に映《うつ》し出《だ》されたのかもしれません。

言葉《ことば》の意味《いみ》

◆**かれぬ**
人《ひと》が訪《おとず》れなくなる「離《か》れ」と、草木《くさき》の「枯《か》れ」をかけている。

カルタをはやく取《と》るコツ！

はじめの3文字《もじ》ずつを覚《おぼ》えよう！

やまざ とは **ひとめもくさも**

歌人《かじん》プロフィール

源宗于朝臣《みなもとのむねゆきあそん》（生年不明《せいねんふめい》～939年《ねん》）

⑮光孝天皇《こうこうてんのう》の孫《まご》。源氏姓《げんじせい》を賜《たまわ》り、臣下《しんか》となった。皇族《こうぞく》として生《う》まれながら出世《しゅっせ》できなかったため、不満《ふまん》を持《も》っていた。

はあ……
どうなさったのですか？
どういうわけか おじ上《うえ》だけ 皇族《こうぞく》に復帰《ふっき》したのだそうだ
先日《せんじつ》おじい様《さま》に おくった歌《うた》も 無視《むし》されたし
「沖《おき》つ風《かぜ》ふけゐの浦《うら》に立《た》つ浪《なみ》のなごりにさへやわれはしづまむ」（吹飯《ふけい》の浦《うら》に沖《おき》からの風《かぜ》が吹《ふ》きつけ、波《なみ》が立《た》っては引《ひ》いていく。その名残《なごり》の浅《あさ》い水《みず》たまりにさえ、私《わたし》はしずんでしまうだろう）
ぐすっ…
冬《ふゆ》になったら 誰《だれ》も訪《たず》ねて 来《き》てくれないし
冬《ふゆ》の山里《やまざと》って
こんなに さびしかったっけ…

CD29

29

心《こころ》あてに 折《を》《オ》らばや折《を》《オ》らむ《ン》 初霜《はつしも》の 置《お》きまどは《ワ》せる 白菊《しらぎく》の花《はな》

凡河内躬恒《おおしこうちのみつね》

歌《うた》の意味《いみ》

心《こころ》をこめて折《お》るならば折《お》れるだろうか。初霜《はつしも》が降《お》りて、目《め》をまどわせる白菊《しらぎく》の花《はな》を。

初霜《はつしも》の中《なか》で咲《さ》く白菊《しらぎく》 幻想的《げんそうてき》な朝《あさ》をえがく

作者《さくしゃ》は、白《しろ》い菊《きく》と白《しろ》い霜《しも》の境目《さかいめ》が消《き》えてしまい見分《みわ》けがつかないと、見立《みた》ての手法《しゅほう》を使《つか》って、純白《じゅんぱく》の世界《せかい》を強調《きょうちょう》しました。花《はな》の美《うつく》しさをそのまま歌《うた》にするのではなく、白菊《しらぎく》が初霜《はつしも》の中《なか》で咲《さ》いている様子《ようす》をえがきながら、冷《ひ》え冷《び》えとする早朝《そうちょう》のすんだ空気感《くうきかん》を表現《ひょうげん》しています。

出典《しゅってん》 古今和歌集《こきんわかしゅう》

白菊《しらぎく》と初霜《はつしも》を見《み》まがう 感性豊《かんせいゆた》かな歌《うた》の名人《めいじん》

躬恒《みつね》は、身分《みぶん》はそれほど高《たか》くはありませんでしたが、㉟紀貫之《きのつらゆき》と並《なら》ぶ歌《うた》の名人《めいじん》として知《し》られ、『古《こ》今和歌集《きんわかしゅう》』撰者《せんじゃ》のひとりです。即興《そっきょう》で歌《うた》を詠《よ》むのを得意《とくい》とし、軽快《けいかい》でユーモアのある歌《うた》も数多《かずおお》く残《のこ》されています。

言葉《ことば》の意味《いみ》

◆心《こころ》あてに
心《こころ》をこめて、よく注意《ちゅうい》して。

◆置《お》きまどはせる
白《しろ》い初霜《はつしも》が降《お》りて、どれが白菊《しらぎく》かわからなくしてしまった。

カルタをはやく取《と》るコツ！

「こころ」で始《はじ》まる歌《うた》がもう一首《いっしゅ》あるよ！

こころあ てに
おきまどはせる

歌人《かじん》プロフィール

凡河内躬恒《おおしこうちのみつね》（生没年不明《せいぼつねんふめい》）

下級役人《かきゅうやくにん》だったが、歌人《かじん》としては評価《ひょうか》されていた。『古今和歌集《こきんわかしゅう》』の撰者《せんじゃ》のひとり。多《おお》くの歌合《うたあわせ》や歌会《うたかい》に出席《しゅっせき》し、活躍《かつやく》した。

寒《さむ》いと思《おも》ったら
初霜《はつしも》か
白菊《しらぎく》の花《はな》にも
初霜《はつしも》が降《お》り、
どちらも白《しろ》くて
本物《ほんもの》の白菊《しらぎく》を
ちゃんと見《み》つけて
折《お》れるかなあ
躬恒《みつね》さん、
いくらなんでも
花《はな》と霜《しも》の
見分《みわ》けくらい
つきますよ
ははは、こんな歌《うた》の
つくり方《かた》もあるんだよ
楽《たの》しいじゃ
ないか
私《わたし》は早朝《そうちょう》のりんとして
すんだ空気《くうき》をふたつの
白《しろ》い色《いろ》で伝《つた》えたかったんだよ
ははあ
なるほど～

30

CD30

有明《ありあけ》の つれなく見《み》えし
別《わか》れより
暁《あかつき》ばかり
憂《う》きものはなし

壬生忠岑《みぶのただみね》

歌《うた》の意味《いみ》

有明《ありあけ》の月《つき》が無情《むじょう》に見《み》え、あなたも冷《つめ》たく思《おも》えた別《わか》れのときから、暁《あかつき》ほどつらいものはありません。

女性《じょせい》にフラれた時間帯《じかんたい》が大《だい》きらいになった歌《うた》

当時《とうじ》、夜《よる》に女性《じょせい》に逢《あ》いに来《き》た男性《だんせい》は、夜明《よあ》け前《まえ》には帰《かえ》らなくてはならないというルールがありました。この歌《うた》の男性《だんせい》は、有明《ありあけ》の月《つき》が見《み》える暁《あかつき》のころに女性《じょせい》に冷《つめ》たくフラれ、むなしく帰《かえ》ったため、その日以来《ひいらい》、暁《あかつき》の時間帯《じかんたい》が大《だい》きらいになったというのです。時間《じかん》の流《なが》れと心《こころ》の動《うご》きが連動《れんどう》した技《わざ》ありの歌《うた》です。

出典《しゅってん》 古今和歌集《こきんわかしゅう》

歌集《かしゅう》の撰者《せんじゃ》も絶賛《ぜっさん》した恋《こい》の痛手《いたで》に泣《な》く男《おとこ》の歌《うた》

⑨⑨後鳥羽院《ごとばいん》が⑨⑧従二位家隆《じゅにいいえたか》と⑨⑦権中納言定家《ごんちゅうなごんていか》に『古今和歌集《こきんわかしゅう》』の中《なか》で名歌《めいか》は何《なに》かと聞《き》いたところ、ふたりともこの歌《うた》を推《すい》せんしたといわれています。定家《ていか》はさらに『古《こ》今和歌集《きんわかしゅう》』の注釈書《ちゅうしゃくしょ》の中《なか》で「自分《じぶん》もこれほどの名歌《めいか》を、一首《いっしゅ》でも詠《よ》んでみたい。この世《よ》の思《おも》い出《で》となるだろうに」と絶賛《ぜっさん》しています。

言葉《ことば》の意味《いみ》

◆**つれなく**　冷淡《れいたん》に。

◆**暁《あかつき》**　夜明《よあ》け前《まえ》の、まだ暗《くら》いとき。

カルタをはやく取《と》るコツ!

「ありあ」ときたら「あか」を探《さが》せ!

ありあけの

あかつきばかり

歌人《かじん》プロフィール　**壬生忠岑《みぶのただみね》**(生没年不明《せいぼつねんふめい》)

㊶壬生忠見《みぶのただみ》の父《ちち》。㉕三条右大臣《さんじょうのうだいじん》の兄《あに》・藤原定国《ふじはらのさだくに》の随身《ずいじん》(身辺警護《しんぺんけいご》をする役人《やくにん》)をつとめた下級武官《かきゅうぶかん》だったが、歌人《かじん》としての評価《ひょうか》は高《たか》かった。

とつぜん言《い》われたショックな言葉《ことば》
もう二度《にど》と来《こ》ないでください
その帰《かえ》り道《みち》で見《み》た夜明《よあ》け間近《まぢか》の月《つき》
なんで…
急《きゅう》に冷《つめ》たくなったんだ
あの日《ひ》以来《いらい》…
この時間《じかん》の月《つき》を見《み》ると
つらいあの日《ひ》を思《おも》い出《だ》しちゃうんだよ〜〜〜〜
オーイオイオイ
お月様《つきさま》のせいだーー!!
わしゃしらん

CD31

31

朝《あさ》ぼらけ 有明《ありあけ》の月《つき》と 見《み》るまでに 吉野《よしの》の里《さと》に 降《ふ》れる白雪《しらゆき》

坂上是則《さかのうえのこれのり》

歌《うた》の意味《いみ》

明《あ》け方《がた》、有明《ありあけ》の月《つき》かと見《み》まちがうまでに、吉野《よしの》の里《さと》に降《ふ》っている白雪《しらゆき》よ。

降《ふ》り積《つ》もった白雪《しらゆき》を月光《げっこう》に見立《みた》てる

朝方《あさがた》に、なんだか外《そと》が明《あか》るいと思《おも》い見《み》てみたら、吉野《よしの》の里《さと》に降《ふ》り積《つ》もった白《しろ》い雪《ゆき》が、月光《げっこう》のようにかがやいていたという、見立《みた》ての手法《しゅほう》を使《つか》った歌《うた》です。「見《み》るまでに」、つまり雪《ゆき》と月光《げっこう》を見《み》まちがうほどの雪景色《ゆきげしき》におどろき、感動《かんどう》している瞬間《しゅんかん》を生《い》き生《い》きとえがきました。

出典《しゅってん》 古今和歌集《こきんわかしゅう》

赴任地《ふにんち》・吉野《よしの》の冬《ふゆ》を愛《あい》した是則《これのり》

是則《これのり》は、大和国《やまとのくに》(現在《げんざい》の奈良県《ならけん》)の役人《やくにん》をつとめたことがあり、ほかにも『古今和歌集《こきんわかしゅう》』に「み吉野《よしの》の山《やま》の白雪《しらゆき》積《つ》もるらしふるさと寒《さむ》くなりまさるなり」という吉野《よしの》の雪《ゆき》の風景《ふうけい》を詠《よ》んだ代表作《だいひょうさく》があります。是則《これのり》にとって吉野《よしの》の地《ち》は、愛《あい》着《ちゃく》のある土地《とち》だったようです。

言葉《ことば》の意味《いみ》

◆**あさぼらけ**
夜《よる》が明《あ》けてきて、あたりがぼんやりと明《あか》るくなるころ。

◆**吉野《よしの》の里《さと》**
奈良県吉野郡《ならけんよしのぐん》。冬《ふゆ》は雪《ゆき》の名所《めいしょ》として名高《なだか》い。

カルタをはやく取《と》るコツ!

「あさぼらけ」で始《はじ》まる歌《うた》がもう一首《いっしゅ》あるよ!

あさぼらけ ありあけ
よしののさとに

歌人《かじん》プロフィール

坂上是則《さかのうえのこれのり》(生没年不明《せいぼつねんふめい》)

蝦夷征討《えぞせいとう》をした坂上田村麻呂《さかのうえのたむらまろ》の子孫《しそん》といわれる。大和国《やまとのくに》の役人《やくにん》。蹴鞠《けまり》の名人《めいじん》だったとも。是則《これのり》の子《こ》・坂上望城《さかのうえのもちき》もすぐれた歌人《かじん》となった。

なんだか
明《あか》るいな
月《つき》でも
出《で》ているのか？
さむっ
カラリ…
これは…！
なんと！
雪《ゆき》が積《つ》もって
いたのか！
是則《これのり》が吉野《よしの》に
旅《たび》したときの
ことでした——

CD32

32

山川《やまがは》《ヤマガワ》に 風《かぜ》のかけたる
しがらみは
流《なが》れもあへ《エ》ぬ
紅葉《もみぢ》《モミジ》なりけり

春道列樹《はるみちのつらき》

峠越《とうげご》えの際《さい》に詠《よ》んだ山間《さんかん》の紅葉《もみじ》の美《うつく》しさ

京都《きょうと》の北白川《きたしらかわ》から山中峠《やまなかとうげ》を越《こ》えて、近江国《おうみのくに》(現在《げんざい》の滋賀県《しがけん》)大津《おおつ》へと山道《やまみち》をぬける「志賀《しが》の山越《やまご》え」の際《さい》に詠《よ》まれた歌《うた》です。川《かわ》に落《お》ちた紅葉《もみじ》が部分的《ぶぶんてき》にたまっているところを見《み》て、風《かぜ》が「しがらみ」をかけたのだと表現《ひょうげん》しました。清流《せいりゅう》の音《おと》が聞《き》こえ、山間《さんかん》の風景《ふうけい》が目《め》にうかぶような秋《あき》の歌《うた》です。

出典《しゅってん》 古今和歌集《こきんわかしゅう》

見立《みた》てのしゃれた工夫《くふう》がみごとな秋《あき》の歌《うた》

「しがらみ」とは人工的《じんこうてき》に流《なが》れをせき止《と》めるさくのことですが、この歌《うた》では風《かぜ》がかけたと言《い》っています。吹《ふ》きぬける山風《やまかぜ》が、枯《か》れ葉《は》をたくさん落《お》として川《かわ》に投《な》げ入《い》れたことで、岩間《いわま》などにたまってその彩《いろど》りをいっそう鮮《あざ》やかに赤《あか》くかがやかせる。この見立《みた》ての優美《ゆうび》さが際立《きわだ》つ一首《いっしゅ》です。

言葉《ことば》の意味《いみ》

◆**山川《やまがは》**
山《やま》の中《なか》を流《なが》れる川《かわ》。

◆**しがらみ**
川《かわ》の流《なが》れをせき止《と》めるためにつくったさく。

歌《うた》の意味《いみ》

山《やま》の中《なか》の川《かわ》に風《かぜ》がかけたしがらみとは、流《なが》れきらずにとどまっている紅葉《もみじ》のことだったのだ。

カルタをはやく取《と》るコツ！

はじめの3文字《もじ》ずつを覚《おぼ》えよう！

やまが はに
ながれもあへぬ

歌人《かじん》プロフィール

春道列樹《はるみちのつらき》(生年不明《せいねんふめい》～920年《ねん》)

物部氏《もののべし》の末裔《まつえい》。下級官僚《かきゅうかんりょう》だったが、920年《ねん》に壱岐守《いきのかみ》に任命《にんめい》された。しかし赴任前《ふにんまえ》に亡《な》くなってしまったという。

川《かわ》の流《なが》れがここで急《きゅう》にゆるやかになったぞ
誰《だれ》かがさくをつくってせき止《と》めたのかな？
いや…これは紅葉《もみじ》が岩《いわ》の間《あいだ》にたまってできたさくだ…！
ヒュウッ
わっ！
そうか
風《かぜ》が葉《は》を飛《と》ばしてせき止《と》めたのだな！
なんと風流《ふうりゅう》な風《かぜ》だろう

33

CD33

ひさかたの 光《ひかり》のどけき 春《はる》の日《ひ》に しづ《ズ》心《ごころ》なく 花《はな》の散《ち》るらむ《ン》

紀友則《きのとものり》

落花《らっか》に見《み》とれる春《はる》の日《ひ》 きらびやかな散《ち》り姿《すがた》

春《はる》の日《ひ》がさすある日《ひ》。ぽかぽかと温《あたた》かく、のどかにのんびりとした時間《じかん》の流《なが》れとは裏腹《うらはら》に、桜《さくら》の花《はな》びらがせわしなくはらはらと散《ち》っているというのです。桜《さくら》はよく歌《うた》に登場《とうじょう》するモチーフですが、この歌《うた》では「はかなさ」よりも、光《ひかり》の中《なか》で躍動《やくどう》する散《ち》りゆく姿《すがた》に美《うつく》しさを見出《みいだ》しています。

出典《しゅってん》 古今和歌集《こきんわかしゅう》

花《はな》にも兄弟《きょうだい》がいるって本当《ほんとう》？

花《はな》にも兄《あに》や弟《おとうと》がいるのを知《し》っていますか？「桜《さくら》は花《はな》の弟《おとうと》」という言葉《ことば》があります。その意味《いみ》は、花《はな》の咲《さ》く時期《じき》のこと。なので、桜《さくら》の兄《あに》は、桜《さくら》よりも少《すこ》し早《はや》く咲《さ》く梅《うめ》のこと。しかも、色《いろ》が似《に》てピンク系《けい》なので「花《はな》の兄弟《きょうだい》」という表現《ひょうげん》も納得《なっとく》ですね。

言葉《ことば》の意味《いみ》

◆ひさかたの
光《ひかり》、日《ひ》、月《つき》、天《てん》、空《そら》などにかかる枕詞《まくらことば》。

◆しづ心《ごころ》
落《お》ち着《つ》いた心《こころ》、静《しず》かな気《き》持《も》ちのこと。

歌《うた》の意味《いみ》

日《ひ》の光《ひかり》がのどかな春《はる》の日《ひ》に、どうして落《お》ち着《つ》きなく桜《さくら》の花《はな》は散《ち》るのだろうか。

カルタをはやく取《と》るコツ！

「ひさ」ときたら「しづ」を探《さが》せ！

ひさ　かたの

しづごころなく

歌人《かじん》プロフィール

紀友則《きのとものり》（生年不明《せいねんふめい》～905年《ねん》）

㉟紀貫之《きのつらゆき》のいとこだが、貫之《つらゆき》より20歳《さい》くらい年上《としうえ》。『古今和歌集《こきんわかしゅう》』の撰者《せんじゃ》だったが、完成前《かんせいまえ》に亡《な》くなった。三十六歌仙《さんじゅうろっかせん》のひとり。

春《はる》の日《ひ》は のどかでいいなあ
はい
桜《さくら》の花《はな》も 美《うつく》しい
サアアアー…
ああ 花《はな》が…
桜《さくら》は あっという間《ま》に 散《ち》っちゃいます
そうだな 心《こころ》がせわしい ことだな
だが 桜《さくら》の花《はな》は 枝《えだ》をはなれて 散《ち》りゆくさまも
地《ち》に落《お》ちても 美《うつく》しい
私《わたし》もそう ありたいものだ

34

CD34

誰《たれ》をかも 知《し》る人《ひと》にせむ《ン》
高砂《たかさご》の 松《まつ》も昔《むかし》の
友《とも》ならなくに

藤原興風《ふじわらのおきかぜ》

松《まつ》が唯一《ゆいいつ》の友達《ともだち》？ 孤独《こどく》な老人《ろうじん》の哀愁《あいしゅう》

百人一首《ひゃくにんいっしゅ》ではめずらしい、長生《ながい》きをなげく歌《うた》です。幸福《こうふく》に見《み》えても長《なが》く生《い》きていると、家族《かぞく》や友人《ゆうじん》・知人《ちじん》が次《つぎ》つぎとあの世《よ》へ旅立《たびだ》って行《い》くのを見送《みおく》ることが増《ふ》えて、つらくさびしいものなのでしょう。古《ふる》い松《まつ》を見《み》て、その境遇《きょうぐう》が同《おな》じように感《かん》じられ、思《おも》わず語《かた》りかけずにはいられない老人《ろうじん》の孤独《こどく》が浮《う》かび上《あ》がります。

松《まつ》は古《ふる》くから縁結《えんむす》びや長寿《ちょうじゅ》の象徴《しょうちょう》

高砂《たかさご》の松《まつ》といえば、兵庫県高砂《ひょうごけんたかさご》神社《じんじゃ》にある「相生《あいおい》の松《まつ》」。『古今和《こきんわ》歌集《かしゅう》』にも登場《とうじょう》し、謡曲《ようきょく》「高砂《たかさご》」の題材《だいざい》でもあります。なかでも有名《ゆうめい》なのは、結婚式《けっこんしき》の席《せき》などでよく歌《うた》われる「高砂《たかさご》や、この浦舟《うらぶね》に帆《ほ》をあげて、月《つき》もろともに出《いで》しほの、波《なみ》の淡路《あわじ》の嶋《しま》かげや」の部分《ぶぶん》です。

出典《しゅってん》 古今和歌集《こきんわかしゅう》

言葉《ことば》の意味《いみ》

◆知《し》る人《ひと》
自分《じぶん》のことを理解《りかい》してくれる人《ひと》。

◆友《とも》ならなくに
友人《ゆうじん》ではないので。

歌《うた》の意味《いみ》

年老《としお》いた私《わたし》は、いったい誰《だれ》を知人《ちじん》とすればよいのだろうか。長寿《ちょうじゅ》で知《し》られる高砂《たかさご》の松《まつ》でも、昔《むかし》からの友《とも》というわけではないので。

歌人《かじん》プロフィール

藤原興風《ふじわらのおきかぜ》（生没年不明《せいぼつねんふめい》）

日本最古《にほんさいこ》の歌学書《かがくしょ》『歌経標式《かきょうひょうしき》』の著者《ちょしゃ》・藤原浜成《ふじわらのはまなり》のひ孫《まご》。官位《かんい》は低《ひく》かったが、和歌《わか》や管弦《かんげん》にすぐれ、宇多天皇《うだてんのう》や醍醐天皇《だいごてんのう》の時代《じだい》に活躍《かつやく》した。

カルタをはやく取《と》るコツ！

「たれ」ときたら「まつも」を探《さが》せ！

たれをかも
まつもむかしの

ザザー
ザザー
わしもすっかり年《とし》をとったのう
若《わか》いころ笑《わら》い合《あ》った友達《ともだち》も
みな亡《な》くなってしまった
ザザー
長生《ながい》きするとさびしいこともあるものだ
この高砂《たかさご》の松《まつ》にもさびしく感《かん》じることがあるだろうか
松《まつ》よ、ときどき話《はな》し相手《あいて》になってくれぬか
えっ？急《きゅう》に言《い》われても
心《こころ》の準備《じゅんび》が……
古《ふる》い友《とも》ではないからだめかのう
あ…あの…いや……

35

CD35

人《ひと》はいさ 心《こころ》も知《し》らず ふるさとは 花《はな》ぞ昔《むかし》の 香《か》に匂《にほ》《ニオ》ひ《イ》ける

紀貫之《きのつらゆき》

「ごぶさたね」と責《せ》められ相手《あいて》に返《かえ》した歌《うた》

作者《さくしゃ》が、久《ひさ》しぶりに大和国《やまとのくに》（現《げん》在《ざい》の奈良県《ならけん》）にある長谷寺《はせでら》へ参《まい》ったときのこと。かつてよく泊《と》まっていた女主人《おんなしゅじん》の家《いえ》に行《い》くと、彼女《かのじょ》が軽《かる》く皮肉《ひにく》をこめて「このようにちゃんと宿《やど》はありましたのに」と言《い》いました。すると貫之《つらゆき》は、すぐに梅《うめ》のひと枝《えだ》を折《お》り「梅《うめ》の香《かお》りは変《か》わらないのに」と、この歌《うた》を返《かえ》しました。

出典《しゅってん》 古今和歌集《こきんわかしゅう》

機知《きち》に富《と》んだ歌《うた》のやりとり

この歌《うた》からふたりは、皮肉《ひにく》や冗談《じょうだん》を言《い》い合《あ》える仲《なか》とも考《かんが》えられます。そして女主人《おんなしゅじん》は、次《つぎ》のような返歌《へんか》を貫之《つらゆき》におくります。「花《はな》だにも同《おな》じ心《こころ》に咲《さ》くものを植《う》ゑけむ人《ひと》の心《こころ》しらなむ」。意味《いみ》は「花《はな》でさえ昔《むかし》と同《おな》じ心《こころ》のままで咲《さ》きますのに、ましてそれを植《う》えた人《ひと》の心《こころ》を覚《おぼ》えていてほしいものです」。

言葉《ことば》の意味《いみ》

◆いさ
さあ、どうだろうか。

◆ふるさと
昔《むかし》なじみの土地《とち》。ここでは旧都《きゅうと》、奈良《なら》のこと。

歌《うた》の意味《いみ》

人《ひと》は、さあ、あなたもふくめて、心《こころ》の内《うち》がわかりませんが、旧都《きゅうと》奈良《なら》では、花《はな》は昔《むかし》と変《か》わらない香《かお》りで匂《にお》っていますよ。

カルタをはやく取《と》るコツ！

「ひとも」と聞《き》きまちがえないように注意《ちゅうい》！

ひとは いさ

はなぞむかしの

歌人《かじん》プロフィール **紀貫之《きのつらゆき》**（生年不明《せいねんふめい》～945年《ねん》）

『古今和歌集《こきんわかしゅう》』の撰者《せんじゃ》の中心《ちゅうしん》として活躍《かつやく》。㉝紀友則《きのとものり》の年下《としした》のいとこ。『土佐日記《とさにっき》』をひらがなで書《か》くなど、文学者《ぶんがくしゃ》としての先《さき》がけともなった。

長谷寺《はせでら》にお参《まい》りに行《い》った貫之《つらゆき》は昔《むかし》、よく泊《と》まっていた宿《やど》を久《ひさ》しぶりに訪《たず》ねました
ここは昔《むかし》と変《か》わらずおりましたのに、ずいぶん長《なが》い間《あいだ》おいでになりませんでしたね
あ、いや…
あなたの心《こころ》はわかりませんが
ポキッ
梅《うめ》の香《か》はあのころと同《おな》じように私《わたし》をむかえてくれています
まあ!
その梅《うめ》の心《こころ》がわかるのでしたらその木《き》を植《う》えた私《わたし》の心《こころ》もわかるはずですわ
あ
にこ
とにかくめでたしめでたしです

CD36

36

夏《なつ》の夜《よ》は　まだ宵《よひ》《ヨイ》ながら
明《あ》けぬるを
雲《くも》のいづ《ズ》こに
月《つき》宿《やど》るらむ《ン》

清原深養父《きよはらのふかやぶ》

月《つき》を茶化《ちゃか》して遊《あそ》ぶ 大人《おとな》の優雅《ゆうが》な夜遊《よあそ》び

夏《なつ》の夜《よる》に宴会《えんかい》を開《ひら》き、すずんでいると、あっという間《ま》に夜《よる》が白《しら》じらと明《あ》けてきました。おそらく、まだしずんでいない月《つき》が一瞬《いっしゅん》、雲《くも》に隠《かく》れて見《み》えなくなってしまったところをとらえたのでしょう。しずみそこねた月《つき》を擬人化《ぎじんか》し、「月《つき》宿《やど》るらむ」と茶化《ちゃか》した、ユーモアあふれる陽気《ようき》な歌《うた》です。

出典《しゅってん》 古今和歌集《こきんわかしゅう》

小野小町《おののこまち》終《しゅう》えんの地《ち》・補陀落寺《ふだらくじ》を創建《そうけん》

作者《さくしゃ》の深養父《ふかやぶ》は晩年《ばんねん》、京都大原《きょうとおおはら》に近《ちか》い小野《おの》の里近《さとちか》くに住《す》み、補陀《ふだ》落寺《らくじ》を創建《そうけん》したと伝《つた》えられています。このお寺《てら》は、⑨小野小町《おののこまち》終《しゅう》えんの地《ち》といわれ、墓所《ぼしょ》もあります。本堂《ほんどう》には小野小町老衰像《おののこまちろうすいぞう》が安置《あんち》されるなど、小町《こまち》ゆかりの塔《とう》なども建《た》てられています。

言葉《ことば》の意味《いみ》

◆**まだ宵《よひ》ながら**
まだ宵《よい》の口《くち》だと思《おも》っているうちに。夕《ゆう》→宵《よい》→夜半《よわ》の順《じゅん》で、夜《よる》が更《ふ》けていく。

歌《うた》の意味《いみ》

夏《なつ》の夜《よる》は短《みじか》くて、まだ宵《よい》のうちに明《あ》けてしまったが、しずむのが間《ま》に合《あ》わなかった月《つき》は、いったい雲《くも》のどのあたりに宿《やど》っているのだろうか。

カルタをはやく取《と》るコツ！

下《しも》の句《く》が「くも」で始《はじ》まる歌《うた》は全部《ぜんぶ》で三首《さんしゅ》あるよ！

なつ のよは
くものいづこに

歌人《かじん》プロフィール

清原深養父《きよはらのふかやぶ》（生没年不明《せいぼつねんふめい》）

㊷清原元輔《きよはらのもとすけ》の祖父《そふ》で、62清少納言《せいしょうなごん》の曽祖父《そうそふ》。㉗中納言兼輔《ちゅうなごんかねすけ》らと交流《こうりゅう》があった。晩年《ばんねん》は京都大原《きょうとおおはら》の近《ちか》くに住《す》み、補陀落寺《ふだらくじ》を創建《そうけん》したという。

今夜《こんや》は楽《たの》しく飲《の》もうぞ
のもう のもう
今宵《こよい》もいい月《つき》だ
酒《さけ》もうまいしいい夜《よる》だ
やんや やんや
ん!? なんじゃもう夜明《よあ》けか
夏《なつ》の夜《よる》は短《みじか》いなあ
あれっ月《つき》はどこへ行《い》った?
夜《よ》が明《あ》けるのが早《はや》すぎてしずむのが間《ま》に合《あ》わなかったんじゃないか?
じゃあどこかの雲《くも》のかげにかくれてるかもな
あははははは

CD37

37

白露《しらつゆ》に 風《かぜ》の吹《ふ》きしく
秋《あき》の野《の》は
つらぬきとめぬ
玉《たま》ぞ散《ち》りける

文屋朝康《ふんやのあさやす》

歌《うた》の意味《いみ》

草葉《くさば》の上《うえ》の白露《しらつゆ》に風《かぜ》がしきりに吹《ふ》きつける秋《あき》の野《の》は、まるで糸《いと》を通《とお》していない真珠《しんじゅ》の玉《たま》が乱《みだ》れ散《ち》ったようだなあ。

白露《しらつゆ》を真珠《しんじゅ》に見立《みた》てたドラマティックな歌《うた》

白露《しらつゆ》を玉《たま》に見立《みた》てる手法《しゅほう》は古《ふる》くから使《つか》われています。秋《あき》の野《の》に吹《ふ》きつける風《かぜ》が葉《は》をゆらし、葉《は》の上《うえ》にのった露《つゆ》の玉《たま》が散乱《さんらん》する様子《ようす》を、作者《さくしゃ》は「糸《いと》でとめない真珠《しんじゅ》の玉《たま》が乱《みだ》れ散《ち》るようだ」と表現《ひょうげん》しました。白露《しらつゆ》と玉《たま》のかがやきや美《うつく》しさが引《ひ》き立《た》ち、なおかつ、秋《あき》の野《の》のわびしさや無常感《むじょうかん》をもただよわせています。

白露《しらつゆ》の首《くび》かざりをつなぐキラキラ光《ひか》る蜘蛛《くも》の糸《いと》

朝康《あさやす》の歌《うた》で、ほかに白露《しらつゆ》を題材《だいざい》にした次《つぎ》のようなものもあります。「秋《あき》の野《の》に置《お》く白露《しらつゆ》は玉《たま》なれやつらぬきかくる蜘蛛《くも》の糸筋《いとすぢ》」。蜘蛛《くも》の糸《いと》の上《うえ》にのる白露《しらつゆ》を「糸《いと》につながれた真珠《しんじゅ》の首《くび》かざりのようだ」とあらわした、なんとも繊細《せんさい》で女性的《じょせいてき》な見立《みた》ての歌《うた》になっています。

言葉《ことば》の意味《いみ》

◆**吹《ふ》きしく**
しきりに風《かぜ》が吹《ふ》く様子《ようす》。

◆**つらぬきとめぬ玉《たま》**
糸《いと》を通《とお》していない真珠《しんじゅ》。

出典《しゅってん》 後撰和歌集《ごせんわかしゅう》

カルタをはやく取《と》るコツ！

「しら」ときたら「つら」を探《さが》せ！

しら つゆに

つらぬきとめぬ

歌人《かじん》プロフィール

文屋朝康《ふんやのあさやす》（生没年不明《せいぼつねんふめい》）

㉒文屋康秀《ふんやのやすひで》の息子《むすこ》。『古今和歌集《こきんわかしゅう》』に1首《しゅ》、『後撰《ごせん》和歌集《わかしゅう》』に2首《しゅ》しか残《のこ》っていない。官位《かんい》は低《ひく》かったが、歌人《かじん》としての才能《さいのう》は高《たか》く評価《ひょうか》された。

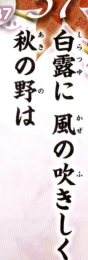

秋《あき》も深《ふか》まってきたなあ
白露《しらつゆ》が光《ひか》っている！
ビュウウウ!!
わっ
おおっ
まるで糸《いと》から外《はず》れてきらめいている真珠《しんじゅ》のようではないか！

38

CD38

忘《わす》らるる　身《み》をば思《おも》はず《ワ》
誓《ちか》ひ《イ》てし
人《ひと》の命《いのち》の
惜《を》《オ》しくもあるかな

右近《うこん》

歌《うた》の意味《いみ》

忘《わす》れられてしまうわが身《み》のことはなんとも思《おも》いませんが、私《わたし》との愛《あい》を神《かみ》にちかったあなたの命《いのち》が、天罰《てんばつ》で失《うしな》われるのではないかと気《き》がかりです。

フラれた腹《はら》いせにキツイ皮肉《ひにく》を言《い》い放《はな》つ

歌《うた》の意味《いみ》をよくとれば「私《わたし》はどうなってもいいけれど、あなたのことだけが心配《しんぱい》」と、捨《す》てられてもなおいじらしい女性《じょせい》に見《み》えます。しかし、同時《どうじ》に「私《わたし》を捨《す》てたあなたは、きっと死《し》ぬわよ!」とおどしているようにも聞《き》こえます。当時《とうじ》の愛《あい》は命《いのち》がけ。愛《あい》のちかいを破《やぶ》ると神罰《しんばつ》が下《くだ》ると信《しん》じられていました。

出典《しゅってん》　拾遺和歌集《しゅういわかしゅう》

才能《さいのう》あふれる女流歌人《じょりゅうかじん》は宮廷《きゅうてい》きっての恋多《こいおお》き女《おんな》

醍醐天皇《だいごてんのう》の后《きさき》に仕《つか》えた女房《にょうぼう》だった右近《うこん》。彼女《かのじょ》には、数《かず》かずの男性《だんせい》と恋愛《れんあい》のうわさが伝《つた》えられ、㊸権《ごん》中納言敦忠《ちゅうなごんあつただ》をはじめ、藤原師輔《ふじわらのもろすけ》、⑳元良親王《もとよししんのう》、㊹中納言朝忠《ちゅうなごんあさただ》、源《みなもとの》順《したごう》、㊾大中臣能宣朝臣《おおなかとみのよしのぶあそん》などの名《な》前《まえ》があげられています。

言葉《ことば》の意味《いみ》

◆身《み》
自分自身《じぶんじしん》。和歌《わか》における「身《み》」は「私《わたし》」であることが多《おお》い。

◆人《ひと》
あなた。和歌《わか》における「人《ひと》」は相手《あいて》を示《しめ》すことが多《おお》い。

カルタをはやく取《と》るコツ!

かならず「ひとの」まで覚《おぼ》えよう!

わすら　るる

ひとのいのちの

歌人《かじん》プロフィール

右近《うこん》（生没年不明《せいぼつねんふめい》）

右近少将《うこんのしょうしょう》・藤原季縄《ふじわらのすえただ》の娘《むすめ》。醍醐天皇《だいごてんのう》の后《きさき》・穏子《おんし》の女房《にょうぼう》として仕《つか》えた。⑳元良親王《もとよししんのう》、㊸権中納言《ごんちゅうなごん》敦忠《あつただ》、㊹中納言朝忠《ちゅうなごんあさただ》らと恋愛関係《れんあいかんけい》にあった。

神様《かみさま》に愛《あい》をちかった右近《うこん》と藤原敦忠《ふじわらのあつただ》でしたが
右近《うこん》…
敦忠様《あつただざま》…
むー
プレイボーイの敦忠《あつただ》はすぐに心変《こころが》わり…
あなたに忘《わす》れられたって私《わたし》は平気《へいき》ですけど
べつに
神罰《しんばつ》が下《くだ》って苦《くる》しむあなたを見《み》たくないんです
ピシャーーイ!
神様《かみさま》へのちかいをやぶると命《いのち》を失《うしな》うと信《しん》じられていた時代《じだい》
くくく…
そのためか!? 敦忠《あつただ》は三十八歳《さんじゅうはっさい》の若《わか》さで亡《な》くなった

39

CD39

浅茅生《あさぢふ》《アサジウ》の　小野《をの》《オノ》の篠原《しのはら》
忍《しの》ぶれど　あまりてなどか
人《ひと》の恋《こひ》《コイ》しき

参議等《さんぎひとし》

ロマンティックが止《と》まらない　忍《しの》び続《つづ》ける男《おとこ》の歌《うた》

上《かみ》の句《く》ではものさびしい風景《ふうけい》をえがきつつ、「篠原《しのはら》」「忍《しの》ぶれど」と「しの」を重《かさ》ねることで、忍《しの》びきれない思《おも》いを表現《ひょうげん》し、人知《ひとし》れぬ恋《こい》のつらさを語《かた》っています。しかし下《しも》の句《く》は一転《いってん》し、高《たか》ぶる恋心《こいごころ》を激《はげ》しくうったえる構成《こうせい》に変《か》わります。抑制《よくせい》が効《き》かなくなる人間《にんげん》の心《こころ》の不思議《ふしぎ》さがよくあらわれている歌《うた》です。

出典《しゅってん》　後撰和歌集《ごせんわかしゅう》

盗作《とうさく》ではなく　本歌取《ほんかど》りの恋歌《こいうた》

この歌《うた》は『古今和歌集《こきんわかしゅう》』読《よ》み人知《びとし》らずの「浅茅生《あさぢふ》の小野《をの》の篠原忍《しのはらしの》ぶとも人知《ひとし》るらめやいふ人《ひと》なしに」を本歌《ほんか》としています。源等《みなもとのひとし》の歌《うた》のドラマティックな展開《てんかい》とはちがい、本歌《ほんか》はというと、忍《しの》ぶ恋《こい》の切《せつ》なさをとつとつと語《かた》るような、静《しず》かな歌《うた》になっています。

歌《うた》の意味《いみ》

浅茅《あさじ》の生《は》えた小野《おの》の篠原《しのはら》、その「しの」のように、忍《しの》びこらえてきたが、今《いま》は忍《しの》びきれず、思《おも》いあまって、どうしてこんなにもあなたが恋《こい》しいのか。

言葉《ことば》の意味《いみ》

◆浅茅生《あさぢふ》　丈《たけ》の低《ひく》い茅《ちがや》が生《は》えているところ。

◆篠原《しのはら》　しの竹《だけ》が生《は》えているところ。

カルタをはやく取《と》るコツ！

「あさぢ」ときたら「あまり」を探《さが》せ！

あさぢ　ふの

あまりてなどか

歌人《かじん》プロフィール

参議等《さんぎひとし》（880～951年《ねん》）

源　等《みなもとのひとし》。嵯峨天皇《さがてんのう》のひ孫《まご》。昇進《しょうしん》がおそく50歳《さい》を過《す》ぎてから参議《さんぎ》になる。歌《うた》は４首《しゅ》しか残《のこ》っておらず、歌人《かじん》としての経歴《けいれき》はよくわかっていない。

低《ひく》い茅《ちがや》の野《の》に
しの竹《だけ》が生《は》えている
しの竹《だけ》は
あなたへの思《おも》いを
しのんでいる
私《わたし》だ
でももう
がまんの限界《げんかい》…
私《わたし》はあなたが
好《す》きだあ
あああ
何《なに》かを見《み》てとつぜん
恋心《こいごころ》があふれ出《だ》すことは、
今《いま》もありますよね

表現《ひょうげん》をゆたかにする

和《わ》歌《か》のテクニック②

三十一文字《さんじゅういちもじ》の中《なか》にさまざまな意味《いみ》を持《も》たせる和歌《わか》。作者《さくしゃ》の思《おも》いを表現《ひょうげん》するワザを紹介《しょうかい》するよ。

本歌取《ほんかど》り

古《ふる》い歌《うた》やほかの人《ひと》の歌《うた》を使《つか》って別《べつ》の歌《うた》をつくること。すぐれた表現《ひょうげん》を取《と》り入《い》れることで、表現《ひょうげん》のはばを広《ひろ》げることができる。

〈例《れい》〉

本歌《ほんか》

③あしびきの　山鳥《やまどり》の尾《を》の　しだり尾《を》の　ながながし夜《よ》を　**ひとりかも寝《ね》む**

本歌取《ほんかど》り

91きりぎりす　鳴《な》くや霜夜《しもよ》の　さむしろに　衣《ころも》かたしき　**ひとりかも寝《ね》む**

縁語《えんご》

意味《いみ》につながりのある言葉《ことば》をふたつ以上使《いじょうつか》って、連想《れんそう》ゲームのように別《べつ》の言葉《ことば》を浮《う》かび上《あ》がらせる技法《ぎほう》。

〈例《れい》〉

⑨花《はな》の色《いろ》は　移《うつ》りにけりな　いたづらに　わが身世《みよ》に**ふる**　**ながめ**せし間《ま》に

降《ふ》る　長雨《ながあめ》　縁語《えんご》

ふる→降《ふ》る・古《ふ》る
ながめ→長雨《ながあめ》・眺《なが》め
の掛詞《かけことば》にもなっているのよ

擬人法《ぎじんほう》

自然《しぜん》やものを人《ひと》に見立《みた》てて表現《ひょうげん》し、印象《いんしょう》を強《つよ》める技法《ぎほう》。生《い》き生《い》きとした表現《ひょうげん》になる。

〈例《れい》〉

32山川《やまがは》に　風《かぜ》のかけたる　しがらみは　流《なが》れもあへぬ　紅葉《もみぢ》なりけり

風《かぜ》を人《ひと》に見立《みた》てて
川《かわ》にさくを立《た》てた、
と表現《ひょうげん》している
んだね

第《だい》3章《しょう》

恋《こい》しいあなたへおくる和《わ》歌《か》

平《へい》安《あん》時《じ》代《だい》中《ちゅう》期《き》〜後《こう》期《き》

※10人《にん》の場合《ばあい》もあります。

天皇《てんのう》	帝《みかど》ともいう。
上皇《じょうこう》	天皇《てんのう》の位《くらい》をゆずった元天皇《もとてんのう》。
法王《ほうおう》	出家《しゅっけ》した上皇《じょうこう》。 (上皇《じょうこう》・法王《ほうおう》ともに「院《いん》」と呼《よ》ばれる)
親王《しんのう》	天皇《てんのう》の兄弟《きょうだい》や息子《むすこ》。皇子《おうじ》。
内親王《ないしんのう》	天皇《てんのう》の姉妹《しまい》や娘《むすめ》。皇女《こうじょ》。
皇后《こうごう》・中宮《ちゅうぐう》	天皇《てんのう》の妻《つま》。

本当《ほんとう》だ！百人一首《ひゃくにんいっしゅ》には、藤原定家《ふじわらのていか》じゃなく権中納言定家《ごんちゅうなごんていか》って書《か》いてある！

役職表《やくしょくひょう》

太政大臣《だいじょうだいじん》	政治《せいじ》のトップ。
左大臣《さだいじん》・右大臣《うだいじん》	太政大臣《だいじょうだいじん》に次《つ》ぐ役職《やくしょく》。左大臣《さだいじん》のほうが上《うえ》の位《くらい》。
大納言《だいなごん》・中納言《ちゅうなごん》・少納言《しょうなごん》	左大臣《さだいじん》・右大臣《うだいじん》に次《つ》ぐ役職《やくしょく》。大《だい》・中《ちゅう》・少《しょう》の順《じゅん》に上《うえ》の位《くらい》。
参議《さんぎ》	納言《なごん》の次《つぎ》の位《くらい》。
卿《きょう》	「八省《はっしょう》」と呼《よ》ばれる中央行政官庁《ちゅうおうぎょうせいかんちょう》のトップ。
大輔《たいふ》	卿《きょう》の次《つぎ》の役職《やくしょく》。
大夫《たいふ》	「八省《はっしょう》」の下《した》の役所《やくしょ》「職《しょく》」のトップ。

私《わたし》の「権中納言《ごんちゅうなごん》」の「権《ごん》」は、定員《ていいん》を超《こ》えて任命《にんめい》された役職《やくしょく》なのだ

平安時代《へいあんじだい》は貴族社会《きぞくしゃかい》だから、出世《しゅっせ》はほとんど家柄《いえがら》で決《き》まっていたのです
ただし才能《さいのう》があって人《ひと》に認《みと》められれば出世《しゅっせ》につながることもあったのでみな教養《きょうよう》を身《み》につけました
蹴鞠《けまり》
管弦《かんげん》
※（琵琶《びわ》、笙《しょう》、琴《こと》）
船遊《ふなあそ》び
小弓《こゆみ》
※小《ちい》さな弓矢《ゆみや》で的《まと》に当《あ》てる室内《しつない》ゲーム
どう見《み》ても、ただ遊《あそ》んでいるようにしか見《み》えないんだけど……
うーん
教養《きょうよう》を身《み》につけてみんなと上手《うま》くコミュニケーションをとることが貴族社会《きぞくしゃかい》を生《い》き抜《ぬ》く大切《たいせつ》な方法《ほうほう》だったんですよ
いえいえ
そう考《かんが》えると遊《あそ》びにも真剣《しんけん》になっちゃうわね

ええ！遊《あそ》びも真剣勝負《しんけんしょうぶ》！それが平安貴族《へいあんきぞく》なんです！
そうそう
真剣《しんけん》になりすぎて「歌合《うたあわせ》」で死人《しにん》が出《で》たことも…
ええっ!!?
死人《しにん》!!?
それどういうこと!?
「歌合《うたあわせ》」とは、平安時代《へいあんじだい》に流行《りゅうこう》した和歌《わか》の一大《いちだい》イベントで…
一、
前《まえ》もって出《だ》された題《だい》（テーマ）で、和歌《わか》をつくっておく。
二、
歌人《かじん》は左右《さゆう》２組《くみ》に分《わ》かれて、一首《いっしゅ》ずつ和歌《わか》を出《だ》す。
三、
左右《さゆう》にひとりずつついた「講師《こうじ》」が、声《こえ》に出《だ》して歌《うた》を読《よ》み上《あ》げる。
四、
審判《しんぱん》である「判者《はんざ》」が、どちらの歌《うた》がすぐれているか判定《はんてい》する。

……
これのどこで死人《しにん》が出《で》るの？
百人一首《ひゃくにんいっしゅ》の41番《ばん》は、歌合《うたあわせ》で披露《ひろう》された和歌《わか》なのだ
壬生忠見《みぶのただみ》
恋《こい》すてふ　わが名《な》はまだき立《た》ちにけり　人知《ひとし》れずこそ　思《おも》ひそめしか
同《おな》じく百人一首《ひゃくにんいっしゅ》の40番《ばん》となっている平兼盛《たいらのかねもり》の和歌《わか》と勝負《しょうぶ》して、負《ま》けてしまった作者《さくしゃ》の壬生忠見《みぶのただみ》はなんと…
くやしさのあまり食《た》べものがのどを通《とお》らなくなって死《し》んでしまった
ぱったり
と、いわれているのです
きゃ～～っ!! うそ～～
平安時代《へいあんじだい》コワすぎっ！
作者《さくしゃ》の壬生忠見《みぶのただみ》は位《くらい》が低《ひく》く苦《くる》しい生活《せいかつ》を強《し》いられていたから、この歌合《うたあわせ》は、彼《かれ》にとって出世《しゅっせ》をかけた大勝負《おおしょうぶ》だったのだ
何《なに》も死《し》ななくても…
かわいそう
そんなに辛《つら》かったの…
つくり話《ばなし》、という説《せつ》もあります
ええっ
ガク
それくらい遊《あそ》びや和歌《わか》を詠《よ》むことが、平安貴族《へいあんきぞく》にとって大切《たいせつ》だったのだよ
ずびー

CD40

40

忍《しの》ぶれど 色《いろ》に出《い》でにけり
わが恋《こひ》《コイ》は
ものや思《おも》ふ《ウ》と
人《ひと》の問《と》ふ《ウ》まで

平兼盛《たいらのかねもり》

歌《うた》の意味《いみ》

かくしていてもやはり態度《たいど》にあらわれてしまったのだなあ、私《わたし》の恋心《こいごころ》は。「恋《こい》をしているのでは？」と、人《ひと》が尋《たず》ねるまでに。

恋心《こいごころ》を言《い》い当《あ》てられたとまどいを歌《うた》に

この㊵と次《つぎ》の㊶は、歌《うた》の出来《でき》を競《きそ》う歌合《うたあわせ》で披露《ひろう》されたものです。かくしていた恋心《こいごころ》を人《ひと》に指摘《してき》されるようになり、とまどう心《こころ》の動《うご》きがドラマティックにえがかれています。「わが恋《こい》は」が上《かみ》の二句《にく》と下《しも》の二句《にく》をつないでおり、構成的《こうせいてき》にも工夫《くふう》された歌《うた》です。

出典《しゅってん》 拾遺和歌集《しゅういわかしゅう》

歌合《うたあわせ》は互角《ごかく》の勝負《しょうぶ》 天皇《てんのう》がつぶやいたのは…

この勝負《しょうぶ》は天徳《てんとく》四年《ねん》、村上天皇《むらかみてんのう》の内裏歌合《だいりうたあわせ》の席《せき》で競《きそ》われました。どちらもすばらしい歌《うた》だったため、勝敗《しょうはい》を決《き》める判者《はんざ》も困《こま》り果《は》て、天皇《てんのう》の顔色《かおいろ》をうかがいました。すると天皇《てんのう》が「忍《しの》ぶれど～」と、つぶやいたので兼盛《かねもり》の歌《うた》が勝《か》ちとなりました。天皇《てんのう》は兼盛《かねもり》の歌《うた》のほうが気《き》に入《い》ったようです。

言葉《ことば》の意味《いみ》

◆**色《いろ》**
目《め》に見《み》える態度《たいど》や表情《ひょうじょう》、そぶり。

◆**ものや思《おも》ふ**
恋《こい》のもの思《おも》いをしているのですか、という問《と》い。

カルタをはやく取《と》るコツ！

「しの」ときたら「もの」を探《さが》せ！

しの ぶれど
もの やおもふと

歌人《かじん》プロフィール

平兼盛《たいらのかねもり》（生年不明《せいねんふめい》～990年《ねん》）

⑮光孝天皇《こうこうてんのう》の孫《まご》で、㊾赤染衛門《あかぞめえもん》の父《ちち》といわれる。村上《むらかみ》・冷泉《れいぜい》・円融《えんゆう》・花山《かざん》・一条天皇《いちじょうてんのう》の5代《だい》にわたって仕《つか》え、活躍《かつやく》した。

ぽわ〜ん
おい あれ…

兼盛《かねもり》どの恋《こい》でもしておられるのか?
あ… いや…
顔《かお》に出《で》てますよー
ヒューヒュー
うりうり♡
あなたを想《おも》う気持《きも》ちが顔《かお》に出《で》てしまって冷《ひ》やかされちゃいました

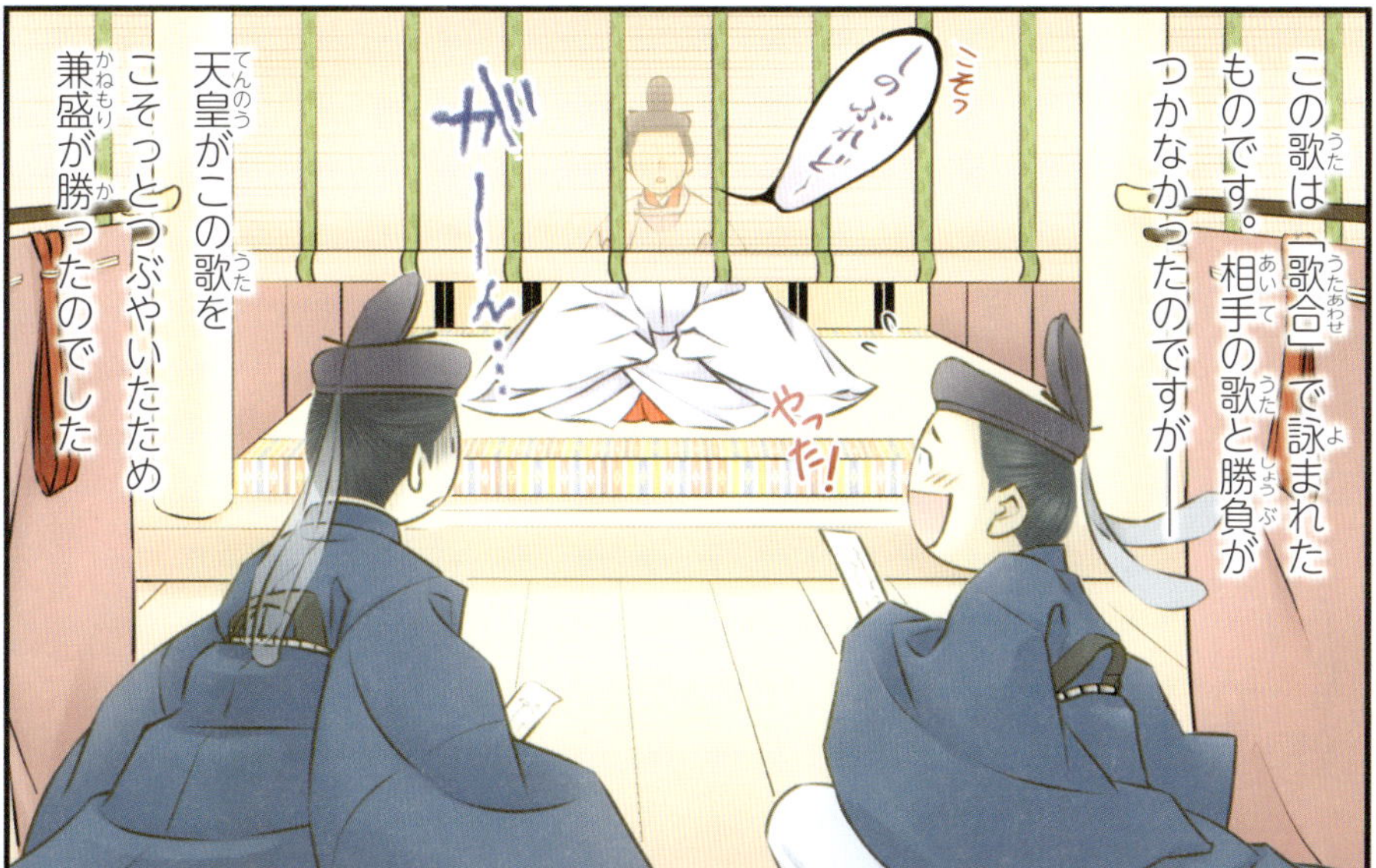
この歌《うた》は「歌合《うたあわせ》」で詠《よ》まれたものです。相手《あいて》の歌《うた》と勝負《しょうぶ》がつかなかったのですが——
こそっ
しのぶれど
があーん…
やった!
天皇《てんのう》がこの歌《うた》をこそっとつぶやいたため兼盛《かねもり》が勝《か》ったのでした

41

CD41

恋《こひ》《コイ》すてふ《チョウ》　わが名《な》はまだき
立《た》ちにけり
人《ひと》知《し》れずこそ
思《おも》ひ《イ》そめしか

壬生忠見《みぶのただみ》

歌合《うたあわせ》に僅差《きんさ》で負《ま》けても しみじみとした秀歌《しゅうか》

天徳《てんとく》四年《ねん》、村上天皇《むらかみてんのう》の内裏歌合《だいりうたあわせ》の席《せき》で、前歌《ぜんか》の㊵に負《ま》けた歌《うた》です。負《ま》けたといっても、勝負《しょうぶ》の優《ゆう》劣《れつ》はつけがたく、天皇《てんのう》の好《この》みにより負《ま》けてしまっただけなので、決《けっ》して出来《でき》が悪《わる》かったわけではありません。むしろ静《しず》かで、あとからしみじみと胸《むね》にしみる純愛《じゅんあい》の歌《うた》です。

出典《しゅってん》 拾遺和歌集《しゅういわかしゅう》

くやしさのあまり拒食症《きょしょくしょう》になった歌人《かじん》

鎌倉時代《かまくらじだい》に書《か》かれた、人《ひと》びとの間《あいだ》で語《かた》り伝《つた》えられた話《はなし》を集《あつ》めた『沙石集《しゃせきしゅう》』によると、作者《さくしゃ》の忠見《ただみ》はこの勝負《しょうぶ》のあと、落胆《らくたん》のあまり拒《きょ》食症《しょくしょう》となり、亡《な》くなったと記《しる》されています。たぶんそれは事実《じじつ》ではないと思《おも》われますが、それほど歌《か》人達《じんたち》にとっては歌合《うたあわせ》の勝負《しょうぶ》が大切《たいせつ》なものだったという証拠《しょうこ》です。

言葉《ことば》の意味《いみ》

◆**てふ**
「という」が短《みじか》くなった言《い》い方《かた》。

◆**まだき**
早《はや》くも、早《はや》すぎる。

カルタをはやく取《と》るコツ！

「ひと」で始《はじ》まる下《しも》の句《く》はたくさんあるから注意《ちゅうい》！

こひ　すてふ
ひとしれずこそ

歌《うた》の意味《いみ》

恋《こい》をしているという評判《ひょうばん》が早《はや》くも立《た》ってしまった。誰《だれ》にも知《し》られないように、あの人《ひと》を想《おも》い始《はじ》めたばかりだというのに。

歌人《かじん》プロフィール　壬生忠見《みぶのただみ》（生没年不明《せいぼつねんふめい》）

㉚壬生忠岑《みぶのただみね》の息子《むすこ》で、三十六歌仙《さんじゅうろっかせん》のひとり。歌《か》人《じん》としての実力《じつりょく》はあったが、役人《やくにん》としての身分《みぶん》は低《ひく》く、地方《ちほう》に赴任《ふにん》するなど苦労人《くろうにん》だった。

※現在《げんざい》の兵庫県《ひょうごけん》

42

CD42

契《ちぎ》りきな かたみに袖《そで》を
しぼりつつ
末《すゑ》《スエ》の松山《まつやま》
波越《なみこ》さじとは

清原元輔《きよはらのもとすけ》

女性《じょせい》の心変《こころが》わりが受《う》け入《い》れられず強《つよ》く責《せ》める歌《うた》

この歌《うた》は「君《きみ》をおきてあだし心《こころ》をわが持《も》たば末《すゑ》の松山波《まつやまなみ》も越《こ》えなむ」という本歌《ほんか》をふまえて詠《よ》んだものです。ないはずのことが起《お》こってしまった、つまり裏切《うらぎ》らないはずのあなたが裏切《うらぎ》ったと、間接的《かんせつてき》に相手《あいて》を責《せ》めています。愛《あい》を失《うしな》った悲《かな》しみがよく伝《つた》わってきます。

出典《しゅってん》 後拾遺和歌集《ごしゅういわかしゅう》

和歌《わか》の制作請負人《せいさくうけおいにん》 人《ひと》にたのまれ愛《あい》を詠《うた》う

村上天皇《むらかみてんのう》の時代《じだい》・天暦《てんりゃく》五年《ねん》（九五一年《ねん》）に、和歌《わか》の仕事《しごと》をする和歌所《わかしょ》が設《もう》けられ「梨壺《なしつぼ》の五人《ごにん》」といわれる役人《やくにん》がいました。その中《なか》のひとりが元輔《もとすけ》。元輔《もとすけ》は歌《うた》を詠《よ》むのが早《はや》く、人《ひと》の代《か》わりに歌《うた》を詠《よ》む代作《だいさく》をよくたのまれました。この歌《うた》も、女性《じょせい》にフラれた男性《だんせい》にたのまれたものでした。

言葉《ことば》の意味《いみ》

◆**契《ちぎ》りきな**
かたく約束《やくそく》をしたのに。

◆**末《すゑ》の松山《まつやま》**
陸奥国《むつのくに》の歌枕《うたまくら》。現在《げんざい》の宮城県多賀城市《みやぎけんたがじょうし》あたり。

歌《うた》の意味《いみ》

かたくちかいましたよね。おたがいに涙《なみだ》に濡《ぬ》れた袖《そで》を何度《なんど》もしぼりながら、あの末《すえ》の松山《まつやま》を波《なみ》が越《こ》えることがないように、ふたりの愛《あい》も決《けっ》して変《か》わらないと。

カルタをはやく取《と》るコツ！

上《かみ》の句《く》は、はじめの4文字《もじ》を覚《おぼ》えよう！

ちぎりき な

すゑのまつやま

歌人《かじん》プロフィール

清原元輔《きよはらのもとすけ》（908～990年《ねん》）

㊱清原深養父《きよはらのふかやぶ》の孫《まご》で、(62)清少納言《せいしょうなごん》の父《ちち》。三十六歌仙《さんじゅうろっかせん》のひとり。『後撰和歌集《ごせんわかしゅう》』の撰者《せんじゃ》のひとり。なかなかおちゃめな性格《せいかく》だったらしい。

あのとき
涙《なみだ》でちかった
ふたりの約束《やくそく》
どんなことがあっても
末《すえ》の松山《まつやま》を波《なみ》が越《こ》す
ことがないように
おたがいに
心変《こころが》わりすることは
絶対《ぜったい》にないと…
なのに
あなたは…
こんな歌《うた》では
いかがかな?
ありがとう
ございました!
これで
あの人《ひと》の心《こころ》が
動《うご》くかも〜〜!
女性《じょせい》にフラれた
男性《だんせい》にたのまれて
元輔《もとすけ》が代《か》わりに詠《よ》んで
あげた歌《うた》なのです

43

CD43

逢《あ》ひ《イ》見《み》ての　のちの心《こころ》に
くらぶれば
昔《むかし》はものを
思《おも》は《ワ》ざりけり

権中納言敦忠《ごんちゅうなごんあつただ》

結《むす》ばれたあとに訪《おとず》れる恋《こい》の苦悩《くのう》に泣《な》く男性《だんせい》

念願《ねんがん》かなって想《おも》っていた女性《じょせい》と一夜《いちや》を過《す》ごし、朝方帰《あさがたかえ》ってから女《じょ》性《せい》に「後朝《きぬぎぬ》の歌《うた》」としておくったもの。やっと結《むす》ばれてみたものの、気《き》持《も》ちが晴《は》れやかになるどころか、かえってさまざまな苦悩《くのう》が押《お》し寄《よ》せてきた。逢《あ》う前《まえ》のなやみなどなんでもなかったという心情《しんじょう》を詠《よ》んでいます。

出典《しゅってん》 拾遺和歌集《しゅういわかしゅう》

女流歌人《じょりゅうかじん》・右近《うこん》との恋愛《れんあい》で早死《はやじ》に？

敦忠《あつただ》は美男子《びなんし》で性格《せいかく》もよく、芸《げい》事《ごと》にもすぐれていたモテ男《お》。多《おお》くの恋愛遍歴《れんあいへんれき》があり、そのうちのひとりが、㊳右近《うこん》。敦忠《あつただ》が三十八歳《さんじゅうはっさい》で早死《はやじ》にしたのは、右近《うこん》の歌《うた》による「天罰《てんばつ》」説《せつ》と、㉔菅家《かんけ》（菅原道真《すがわらのみちざね》）にたたられた藤原時平《ふじわらのときひら》の息子《むすこ》だったからというふたつの説《せつ》があります。

歌《うた》の意味《いみ》

あなたに逢《あ》って愛《あい》し合《あ》ったあとの、苦《くる》しいこの胸《むね》の内《うち》に比《くら》べたら、逢《あ》わない前《まえ》までのもの思《おも》いなんて、なんでもないものでしたよ。

言葉《ことば》の意味《いみ》

◆**逢《あ》ひ見《み》て**
一夜《いちや》をともにして契《ちぎ》りを交《か》わした。

◆**のち**
男女《だんじょ》が愛《あい》し合《あ》った翌朝《よくあさ》と解釈《かいしゃく》するのが一般的《いっぱんてき》。

カルタをはやく取《と》るコツ！

「あひ」ときたら「むかし」を探《さが》せ！

あひ みての
むかしはものを

歌人《かじん》プロフィール

権中納言敦忠《ごんちゅうなごんあつただ》（906〜943年《ねん》）

藤原敦忠《ふじわらのあつただ》。左大臣《さだいじん》・藤原時平《ふじわらのときひら》の三男《さんなん》。母親《ははおや》は⑰在原業平《ありわらのなりひら》のひ孫《まご》。美男子《びなんし》で人柄《ひとがら》もよく、モテモテだった。和歌《わか》のほか、管弦《かんげん》にすぐれていた。

恋《こい》しくて
恋《こい》しくて
ずっと想《おも》っていた
あなたとやっと
結《むす》ばれた
これで
心《こころ》おだやかに
過《す》ごせる
と思《おも》ったのに
なんだろう
この気持《きも》ちは…
どくせんよく
すぐあいたい
ふあん
なやましい
くるしい
しっと
せつない
片思《かたおも》いしていた
ころのほうが
単純《たんじゅん》な気持《きも》ちだった…！

CD44

44

逢《あ》《オ》ふ《ウ》ことの　たえてしなくば
なかなかに
人《ひと》をも身《み》をも
恨《うら》みざらまし

中納言朝忠《ちゅうなごんあさただ》

歌《うた》の意味《いみ》

逢《あ》うことがまったくなかったならば、かえってあの人《ひと》の冷《つめ》たさや自分《じぶん》の不幸《ふこう》を恨《うら》むこともなかっただろうに。

いっそ逢《あ》わずにいられたらそのほうが楽《らく》なのに…

恋《こい》の苦《くる》しさゆえに「まったく逢《あ》えなければいいのに」と、逆説的《ぎゃくせってき》な表現《ひょうげん》をしているところがこの歌《うた》の特徴《とくちょう》です。しかし、この歌《うた》は女性《じょせい》と一度《いちど》逢《あ》ったことがあるのか、それともないのか、よくわかりません。撰者《せんじゃ》の藤原定家《ふじわらのていか》は、前者《ぜんしゃ》の「一度《いちど》逢《あ》っているからこそ逢《あ》えない時間《じかん》が苦《くる》しい」と解釈《かいしゃく》していたようです。

出典《しゅってん》　拾遺和歌集《しゅういわかしゅう》

複雑《ふくざつ》な恋心《こいごころ》を詠《よ》み内裏歌合《だいりうたあわせ》で勝《か》った歌《うた》

この歌《うた》は㊵・㊶と同《おな》じく、村上天皇《むらかみてんのう》の内裏歌合《だいりうたあわせ》で勝《か》った歌《うた》です。このときは、「未《いま》だ逢《あ》はざる恋《こい》」（まだ逢《あ》っておらず結《むす》ばれる前《まえ》）として詠《よ》まれました。どちらにしても恋心《こいごころ》というものは、複雑《ふくざつ》で思《おも》いどおりにいかないものなのでしょうね。

言葉《ことば》の意味《いみ》

◆**逢《あ》ふ**　男女《だんじょ》が一夜《いちや》を過《す》ごすこと。

◆**たえてしなくば**　もう二度《にど》とないのなら。

◆**なかなかに**　かえって。

カルタをはやく取《と》るコツ！

下《しも》の句《く》は「ひとをも」まで覚《おぼ》えよう！

あふ　ことの

ひとをもみをも

歌人《かじん》プロフィール

中納言朝忠《ちゅうなごんあさただ》（910〜966年《ねん》）

藤原朝忠《ふじわらのあさただ》。㉕三条右大臣《さんじょうのうだいじん》の子《こ》。朱雀《すざく》・村上天皇《むらかみてんのう》の時代《じだい》に活躍《かつやく》した歌人《かじん》。㊳右近《うこん》の恋人《こいびと》だったとも。武官《ぶかん》でありながら、笙《しょう》や笛《ふえ》の名手《めいしゅ》だった。

いっそのこと
あなたに
逢《あ》わなければ
よかったのに…
そうすれば
あなたを
恨《うら》んだり
つらくて
苦《くる》しんだり
することも
なかったのに！
どうして
出逢《であ》って
しまったのか…
切《せつ》なさ…
でも…
出逢《であ》う前《まえ》の
ふたりにはもう
もどれない…

45

CD45

あは《ワ》れとも いふ《ウ》べき人《ひと》は 思《おも》ほ《オ》えで 身《み》のいたづ《ズ》らに なりぬべきかな

謙徳公《けんとくこう》

歌《うた》の意味《いみ》

私《わたし》のことを「かわいそうに」と言《い》ってくれる人《ひと》がいるとも思《おも》えず、この身《み》は恋《こい》のために死《し》んでしまいそうです。

恋《こい》しくて恋《こい》しくて恋《こい》にやられそうな男《おとこ》の歌《うた》

恋人《こいびと》の女性《じょせい》からつれなくされ「恋《こい》しくて死《し》にそうです」とうったえても、きっと「かわいそう」とも言《い》ってくれないだろうねと、自分《じぶん》のさびしさや孤独《こどく》を強調《きょうちょう》していいます。ちょっとすねた言《い》い回《まわ》しで相《あい》手《て》にアプローチするのも、意外《いがい》と効果《こうか》があるのは、今《いま》も昔《むかし》も変《か》わらないのかもしれません。

出典《しゅってん》 拾遺和歌集《しゅういわかしゅう》

恋愛《れんあい》ドラマは風流《ふうりゅう》で雅《みやび》なもの

恋《こい》は和歌《わか》の重大《じゅうだい》なテーマです。平安時代《へいあんじだい》の恋歌《こいうた》は、昔《むかし》の思《おも》い出話《でばなし》を持《も》ち出《だ》して、心変《こころが》わりをした相《あい》手《て》に気持《きも》ちを改《あらた》めてくれるようにうったえたり、おさえきれない気《き》持《も》ちをぶつけたり。このように、恋愛《れんあい》ドラマの主人公《しゅじんこう》になりきって「もの思《おも》ふ」=思《おも》いなやむことが風《ふう》流《りゅう》とされていました。

言葉《ことば》の意味《いみ》

◆**あはれとも**
かわいそうだと。

◆**思《おも》ほえで**
思《おも》われないので。

◆**いたづらに**
死《し》んでしまう。

歌人《かじん》プロフィール

謙徳公《けんとくこう》(924〜972年《ねん》)

藤原伊尹《ふじわらのこれただ》。㉖貞信公《ていしんこう》(藤原忠平《ふじわらのただひら》)の孫《まご》で、㊿藤原《ふじわらの》義孝《よしたか》の父《ちち》。謙徳公《けんとくこう》は、死後《しご》におくられた名《な》。エリート美男子《びなんし》で、政治家《せいじか》としても活躍《かつやく》した。

カルタをはやく取《と》るコツ!

「あはれ」ときたら「みの」を探《さが》せ!

あはれ とも

みの いたづらに

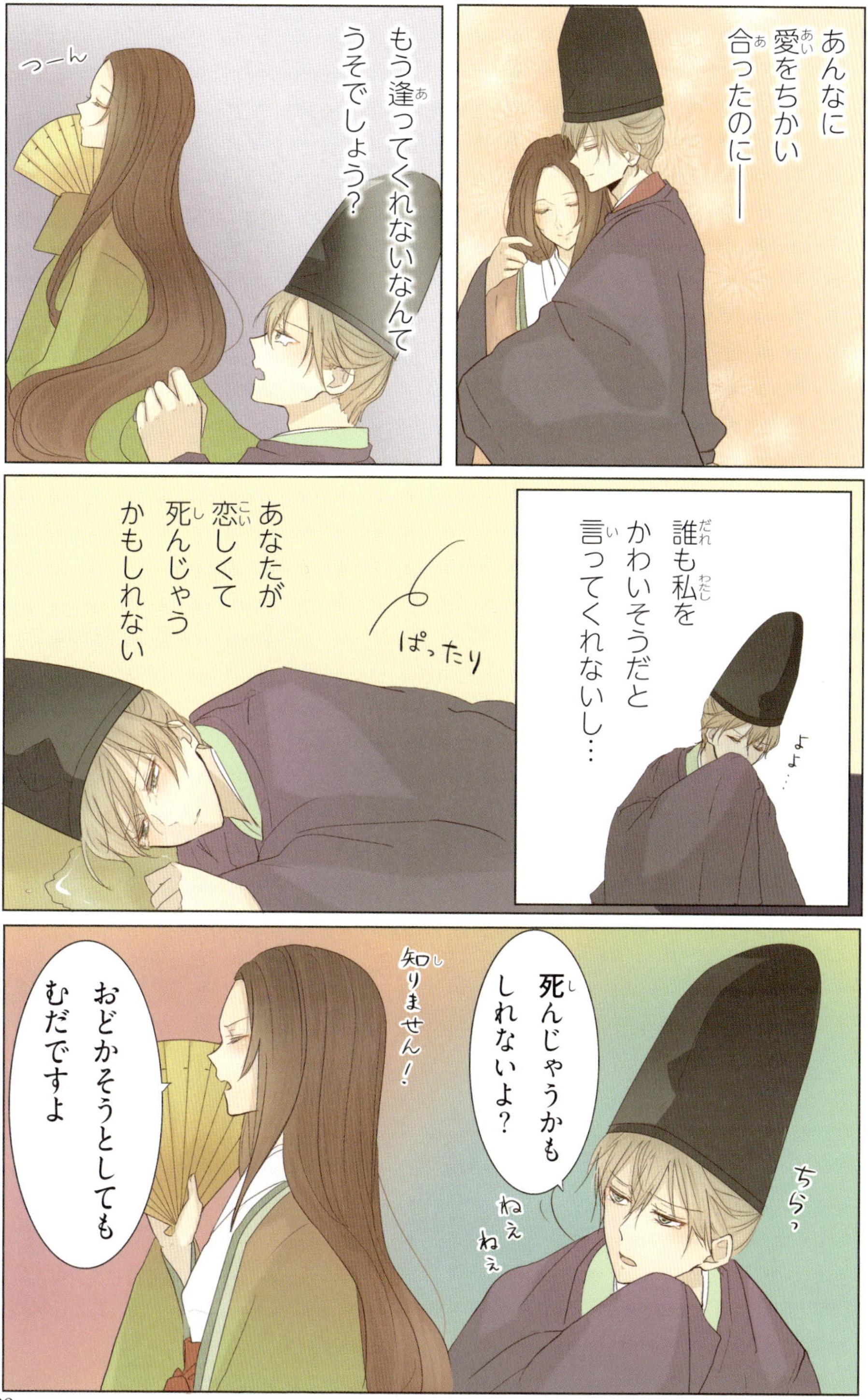

あんなに愛《あい》をちかい合《あ》ったのに――
もう逢《あ》ってくれないなんてうそでしょう？
つーん
誰《だれ》も私《わたし》をかわいそうだと言《い》ってくれないし…
よよ…
あなたが恋《こい》しくて死《し》んじゃうかもしれない
ぱったり
ちらっ
死《し》んじゃうかもしれないよ？
ねぇ ねぇ
知《し》りません！
おどかそうとしてもむだですよ

46

CD46

由良《ゆら》の門《と》を 渡《わた》る舟人《ふなびと》 梶《かぢ》《カジ》を絶《た》え 行方《ゆくへ》《ユクエ》も知《し》らぬ 恋《こひ》《コイ》のみちかな

曾禰好忠《そねのよしただ》

恋歌《こいうた》の革新《かくしん》を目指《めざ》した平安《へいあん》の自由人《じゆうじん》

広《ひろ》い海《うみ》の中《なか》で、舟《ふね》を漕《こ》ぐ梶《かじ》を失《うしな》い漂流《ひょうりゅう》し、なすすべもない不安《ふあん》な状態《じょうたい》をまず例《れい》にあげています。そして、この先《さき》どうなるともわからない恋路《こいじ》への不安《ふあん》、漂《ただよ》わざるをえない恋心《こいごころ》を重《かさ》ねて見《み》せた、斬新《ざんしん》な歌《うた》です。好忠《よしただ》は、常識《じょうしき》にとらわれない新《あたら》しい視点《してん》を持《も》った歌人《かじん》だったようです。

出典《しゅってん》 新古今和歌集《しんこきんわかしゅう》

変《か》わり者《もの》も相《あい》まって「曾丹《そたん》」と呼《よ》ばれる

好忠《よしただ》は丹後掾《たんごのじょう》という低《ひく》い身分《みぶん》の役人《やくにん》で、変《か》わった行動《こうどう》も多《おお》かったらしく、苗字《みょうじ》の曾禰《そね》の曾《そ》を取《と》り「曾丹後《そたんご》」「曾丹《そたん》」とあだ名《な》で呼《よ》ばれていたのだとか。自身《じしん》の家集《かしゅう》のタイトルも「曾丹集《そたんしゅう》」とされています。実《じつ》は才能《さいのう》にあふれ、自由《じゆう》で時代《じだい》の最先端《さいせんたん》をゆく歌人《かじん》だったといわれています。

言葉《ことば》の意味《いみ》

◆由良《ゆら》の門《と》
現在《げんざい》の京都府宮津市《きょうとふみやづし》にある由良川《ゆらがわ》の河口《かこう》。

◆梶《かぢ》
舟《ふね》をこぐための櫂《かい》や櫓《ろ》のこと。

歌《うた》の意味《いみ》

由良《ゆら》の門《と》を漕《こ》いで渡《わた》る舟人《ふなびと》が、梶《かじ》をなくして、どこへ漕《こ》いで行《い》ったらよいのかわからないように、これからどうしてよいのか途方《とほう》にくれる恋《こい》の道《みち》だよ。

カルタをはやく取《と》るコツ！

「ゆら」ときたら「ゆく」を探《さが》せ！

ゆら のとを

ゆくへもしらぬ

歌人《かじん》プロフィール

曾禰好忠《そねのよしただ》(生没年不明《せいぼつねんふめい》)

丹後掾《たんごのじょう》(掾《じょう》は、長官《ちょうかん》・次官《じかん》に次《つ》ぐ3番目《ばんめ》の位《くらい》)だったので、「曾丹《そたん》」と呼《よ》ばれた。斬新《ざんしん》な歌《うた》を読《よ》み、新《あたら》しい歌《うた》の世界《せかい》を切《き》り開《ひら》いた。

ザザー…
しばらく逢《あ》っていない恋人《こいびと》のことを考《かん》える…
まるで梶《かじ》を流《なが》されてしまいゆらゆら漂《ただよ》う舟人《ふなびと》のように
この恋《こい》の行《い》く先《さき》もどうなることやら
あいつの歌《うた》サッパリわかんないよねー
ふんっ
好忠《よしただ》の歌《うた》は新《あたら》しすぎて当時《とうじ》の人《ひと》に理解《りかい》されず彼《かれ》が死《し》んだあとによい歌《うた》だと認《みと》められたのでした

47

CD47

八《や》重《へ》葎《むぐら》 茂《しげ》れる宿《やど》の
寂《さび》しきに
人《ひと》こそ見《み》えね
秋《あき》は来《き》にけり

恵《え》慶《ぎょう》法《ほう》師《し》

荒《あ》れ果《は》てた家《いえ》に秋《あき》が訪《おとず》れるさびしさ

雑草《ざっそう》がのび、荒廃《こうはい》したこの家《いえ》はさびしい。人《ひと》は誰《だれ》も来《こ》ないけれど、秋《あき》って「やつ」は毎年《まいとし》きちんとやって来《く》ると、秋《あき》を擬人化《ぎじんか》してさびしさをいっそう引《ひ》き立《た》てています。この荒廃《こうはい》した家《いえ》とは、⑭に出《で》てくる河原院《かわらのいん》のこと。過《す》ぎ行《ゆ》く時《じ》間《かん》と自然《しぜん》の流《なが》れを重《かさ》ね合《あ》わせた歌《うた》です。

出典《しゅってん》 拾遺和歌集《しゅういわかしゅう》

贅《ぜい》を尽《つ》くした邸宅《ていたく》河原院《かわらのいん》が詩人《しじん》のサロンに

河原院《かわらのいん》は、⑭河原左大臣《かわらのさだいじん》がつくった豪華絢爛《ごうかけんらん》な邸宅《ていたく》で、この歌《うた》の時代《じだい》からさかのぼること約百年《やくひゃくねん》前《まえ》に建《た》てられました。彼《かれ》の死後《しご》、そこは荒《あ》れ果《は》てましたが、ひ孫《まご》の安法法師《あんぽうほうし》が住《す》みつき、庭園《ていえん》を愛《あい》する風流人《ふうりゅうじん》が集《つど》うサロンのような場《ば》所《しょ》になりました。この歌《うた》は、そうした集《あつ》まりの中《なか》で詠《よ》まれました。

言葉《ことば》の意味《いみ》

◆八重葎《やへむぐら》

「八重《やへ》」は何重《なんじゅう》にも、「葎《むぐら》」は雑草《ざっそう》のこと。いく重《え》にも草《くさ》が茂《しげ》った様子《ようす》。

◆宿《やど》

ここでは家《いえ》のこと。

歌《うた》の意味《いみ》

いく重《え》にも、つる草《くさ》が茂《しげ》ったこの家《いえ》はさびしいので、人《ひと》は誰《だれ》も訪《おとず》れないけれど、秋《あき》だけは確《たし》かにやって来《き》たのだった。

カルタをはやく取《と》るコツ!

下《しも》の句《く》は「ひとこそみ」まで覚《おぼ》えよう!

やへ むぐら

ひとこそみえね

歌人《かじん》プロフィール

恵慶法師《えぎょうほうし》（生没年不明《せいぼつねんふめい》）

僧侶歌人《そうりょかじん》。播磨国《はりまのくに》（現在《げんざい》の兵庫県《ひょうごけん》）の国分寺《こくぶんじ》の講《こう》師《じ》（僧侶《そうりょ》を監督《かんとく》する役《やく》）だったことも。⑳平兼盛《たいらのかねもり》、㊻曾禰好忠《そねのよしただ》、㊽源重之《みなもとのしげゆき》らと交流《こうりゅう》があった。

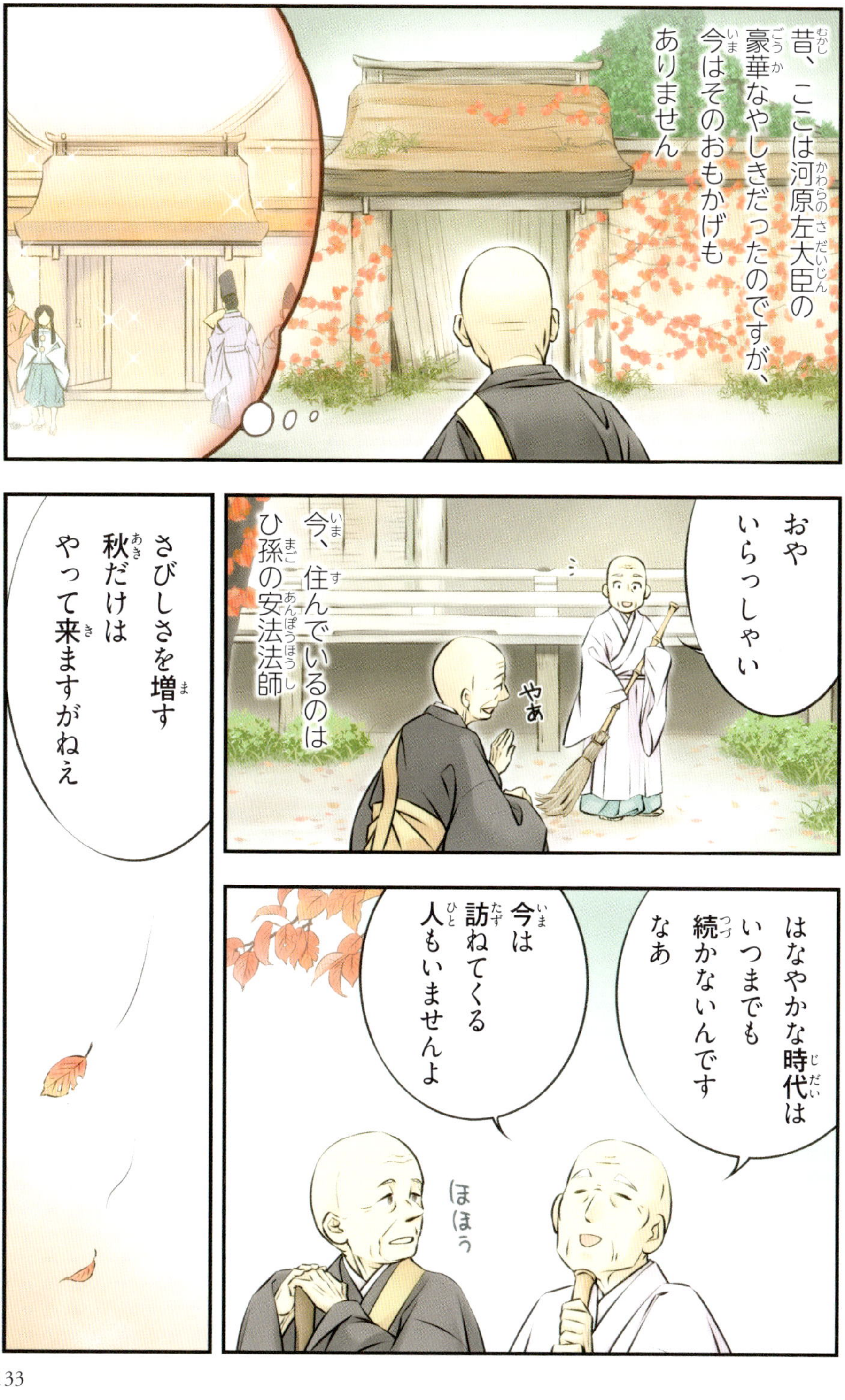
昔《むかし》、ここは河原左大臣《かわらのさだいじん》の豪華《ごうか》なやしきだったのですが、今《いま》はそのおもかげもありません
おや いらっしゃい
やぁ
今《いま》、住《す》んでいるのはひ孫《まご》の安法法師《あんぽうほうし》
はなやかな時代《じだい》はいつまでも続《つづ》かないんですなあ
今《いま》は訪《たず》ねてくる人《ひと》もいませんよ
ほほう
さびしさを増《ま》す秋《あき》だけはやって来《き》ますがねえ

48

CD48

風《かぜ》をいたみ 岩《いは》《イワ》打《う》つ波《なみ》の おのれのみ くだけてものを 思《おも》ふ《ウ》ころかな

源重之《みなもとのしげゆき》

打《う》ちつける波《なみ》は男性《だんせい》 微動《びどう》だにしない岩《いわ》は女性《じょせい》

最初《さいしょ》の句《く》で、吹《ふ》きすさぶ風《かぜ》が波《なみ》を荒《あら》あらしく岩《いわ》にぶつけ、粉《こな》ごなにくだけ散《ち》っている風景《ふうけい》をえがきました。三句以下《さんくいか》で相手《あいて》を微動《びどう》だにしない岩《いわ》にたとえ、自分《じぶん》だけが思《おも》いを寄《よ》せてははね返《かえ》され、反応《はんのう》のないことをなげいています。自《し》然描写《ぜんびょうしゃ》と、空回《からまわ》りする恋愛感情《れんあいかんじょう》を重《かさ》ねた高《たか》い技量《ぎりょう》を思《おも》わせる歌《うた》です。

出典《しゅってん》 詞花和歌集《しかわかしゅう》

当《あ》たってくだける恋《こい》は流行《りゅうこう》の言《い》い回《まわ》し

「くだけてものを思《おも》ふ」は、恋《こい》の思《おも》いの激《はげ》しさをあらわす言葉《ことば》ですが、当時《とうじ》、流行《りゅうこう》していた言《い》い回《まわ》しで、さまざまな歌人達《かじんたち》が使《つか》いました。㊻曾禰好忠《そねのよしただ》も「山《やま》がつのはてに刈《か》りほす麦《むぎ》の穂《ほ》のくだけてものを思《おも》ふころかな」と歌《うた》の中《なか》で使《つか》っています。

言葉《ことば》の意味《いみ》

◆**いたみ** 激《はげ》しいので、はなはだしいので。

◆**おのれのみ** 自分《じぶん》だけが。

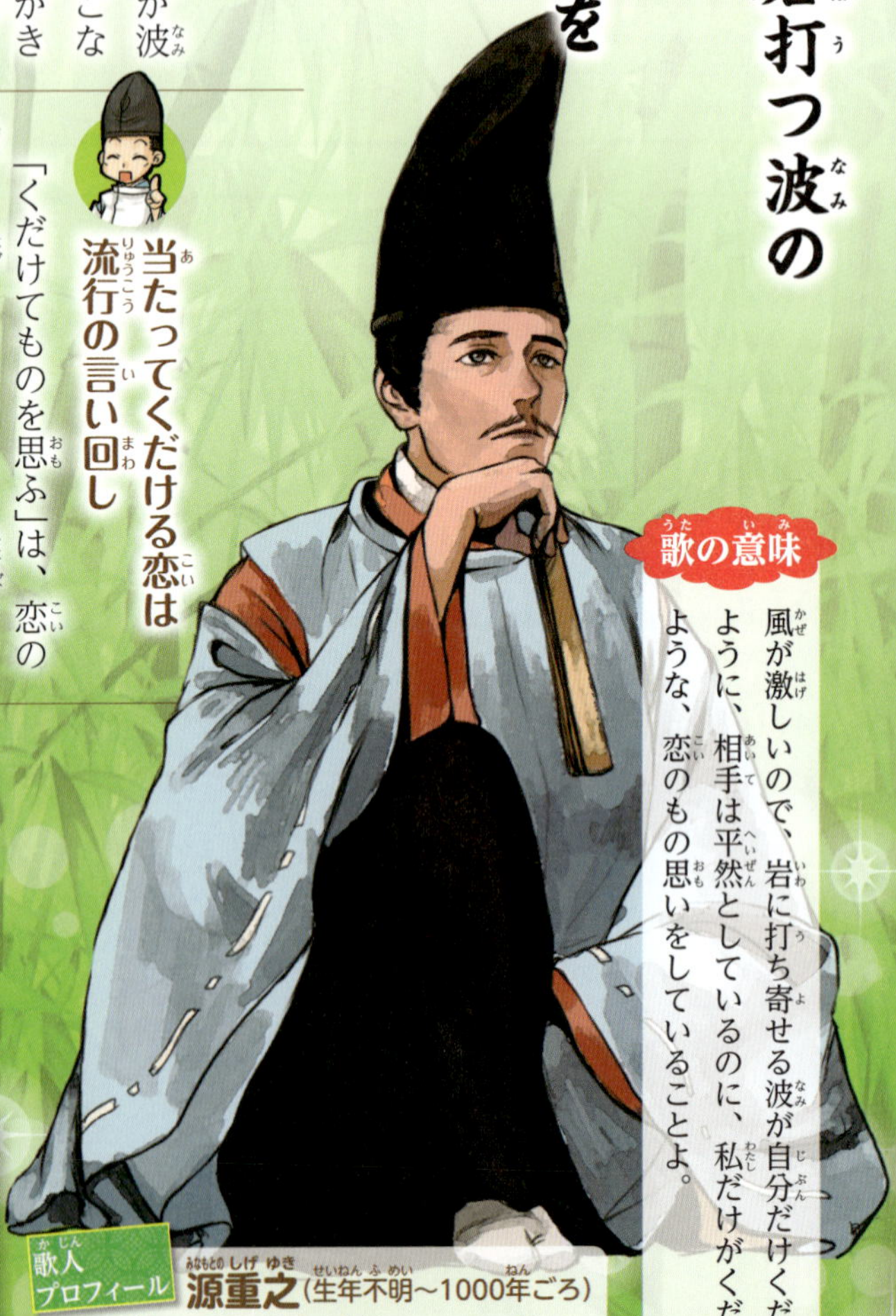

歌《うた》の意味《いみ》

風《かぜ》が激《はげ》しいので、岩《いわ》に打《う》ち寄《よ》せる波《なみ》が自分《じぶん》だけくだけ散《ち》るように、相手《あいて》は平然《へいぜん》としているのに、私《わたし》だけがくだけ散るような、恋《こい》のもの思《おも》いをしていることよ。

歌人《かじん》プロフィール

源重之《みなもとのしげゆき》（生年不明《せいねんふめい》～1000年《ねん》ごろ）

清和天皇《せいわてんのう》のひ孫《まご》。地方《ちほう》へ赴任《ふにん》することが多《おお》く、旅《たび》の歌《うた》を多《おお》く残《のこ》した。陸奥国《むつのくに》で亡《な》くなったとも伝《つた》わる。㊵平兼盛《たいらのかねもり》、㊻曾禰好忠《そねのよしただ》と交流《こうりゅう》があった。

カルタをはやく取《と》るコツ！

「かぜを」ときたら「くだけ」を探《さが》せ！

かぜを いたみ

くだけてものを

あまりにも風《かぜ》が激《はげ》しくて
波《なみ》は岩《いわ》を打《う》って自分《じぶん》だけくだけ散《ち》る
ザパーン
岩《いわ》のほうはびくともしないのと同《おな》じように
あの人《ひと》は冷《つめ》たく平気《へいき》でいるのに…
私《わたし》だけが心《こころ》もくだけるばかり
ザパーン
アターック
またダめか〜
落《お》ちこむ〜

49

CD49

御垣守《みかきもり》 衛士《ゑじ》のたく火《ひ》の 夜《よる》は燃《も》え 昼《ひる》は消《き》えつつ ものをこそ思《おも》へ《エ》

大中臣能宣朝臣《おおなかとみのよしのぶあそん》

恋《こい》の炎《ほのお》が赤《あか》あかと京都《きょうと》の暗闇《くらやみ》を照《て》らす

夜《よる》にたかれる衛士《えじ》のかがり火《び》を自分《じぶん》の恋心《こいごころ》にたとえ、昼間《ひるま》はそれが消《き》えたように思《おも》いなやむと詠《よ》んでいます。闇《やみ》と炎《ほのお》の対比《たいひ》と、夜《よる》と昼《ひる》の気持《きも》ちの対比《たいひ》がリンクした歌《うた》です。当時《とうじ》の男女《だんじょ》は、夜《よる》だけしか逢《あ》うことができなかったので、気《き》持《も》ちの落差《らくさ》が激《はげ》しくなるのも無理《むり》はないのかもしれません。

出典《しゅってん》 詞花和歌集《しかわかしゅう》

平安時代《へいあんじだい》にもあった夜間警備《やかんけいび》の仕事《しごと》

「衛士《えじ》」とは、律令制下《りつりょうせいか》でおもに諸国《しょこく》の軍団《ぐんだん》から交代《こうたい》で選《えら》ばれて毎《まい》年上京《としじょうきょう》し、宮中《きゅうちゅう》の警備《けいび》にあたった兵士《へいし》のことです。所属《しょぞく》は衛門府《えもんふ》。宮中《きゅうちゅう》の御門《みかど》の前《まえ》で夜《よる》はかがり火《び》をたいて、一晩中《ひとばんじゅう》立《た》っている仕事《しごと》ですから、今《いま》でいう「夜間警備《やかんけいび》」にあたる大変《たいへん》な仕事《しごと》でした。

言葉《ことば》の意味《いみ》

◆**御垣守《みかきもり》**
宮中《きゅうちゅう》の門番《もんばん》。門《もん》の警護《けいご》をする人《ひと》。

◆**衛士《ゑじ》**
地方《ちほう》から集《あつ》められた、宮《きゅう》中《ちゅう》を警護《けいご》する兵士《へいし》。

歌《うた》の意味《いみ》

宮中《きゅうちゅう》の門番《もんばん》をする衛士《えじ》がたくかがり火《び》が、夜《よる》は赤《あか》あかと燃《も》え、昼《ひる》は消《き》え入《い》るように、私《わたし》の心《こころ》も夜《よる》は燃《も》え、昼《ひる》は消《き》え入《い》るようにして、恋《こい》のもの思《おも》いをしているよ。

カルタをはやく取《と》るコツ!

「みかき」ときたら「ひる」を探《さが》せ!

みかき もり

ひるはきえつつ

歌人《かじん》プロフィール

大中臣能宣朝臣《おおなかとみのよしのぶあそん》(921～991年《ねん》)

伊勢神宮《いせじんぐう》の祭主《さいしゅ》の家柄《いえがら》で、㉛伊勢大輔《いせのたいふ》の祖父《そふ》。村上天皇《むらかみてんのう》の命《めい》で設置《せっち》された和歌所《わかしょ》「梨壺《なしつぼ》」で、『万《まん》葉集《ようしゅう》』の解読《かいどく》や『後撰和歌集《ごせんわかしゅう》』の編《へん》さんをした。

夜《よる》はかがり火《び》のように
恋《こい》の炎《ほのお》が燃《も》えさかり
昼《ひる》は昼《ひる》で火《ひ》も消《き》えるように
恋《こい》のなやみで苦《くる》しんでいます
はぁ
なんで夜《よる》だけ燃《も》え上《あ》がるのかって?
恋人《こいびと》と逢《あ》えるのが夜《よる》だけだったからさ!
ギュッ
逢《あ》いたかった〜

50

CD50

君《きみ》がため　惜《を》《オ》しからざりし
命《いのち》さへ《エ》
長《なが》くもがなと
思《おも》ひ《イ》けるかな

藤原義孝《ふじわらのよしたか》

君《きみ》のために生《い》きていたい！と願《ねが》っておくった歌《うた》

前日《ぜんじつ》までは、逢《あ》うためなら命《いのち》も惜《お》しくないと思《おも》っていたのに、いざ逢《あ》ってみると一日《いちにち》でも少《すこ》しでも長《なが》く生《い》きて、いっしょにいたいと願《ねが》うようになったという歌《うた》です。一夜《いちや》をともに過《す》ごしたあと女性《じょせい》におくった「後朝《きぬぎぬ》の歌《うた》」とされています。若《わか》い男性《だんせい》のまっすぐな気持《きも》ちがよくあらわされています。

出典《しゅってん》 後拾遺和歌集《ごしゅういわかしゅう》

信仰心《しんこうしん》のあつい貴公子《きこうし》 死後《しご》は極楽浄土《ごくらくじょうど》へ

長生《ながい》きしたいと願《ねが》った義孝《よしたか》でしたが、皮肉《ひにく》なことに、二十一歳《にじゅういっさい》という若《わか》さで病死《びょうし》してしまいます。生前《せいぜん》は仏教《ぶっきょう》の信仰心《しんこうしん》があつく、臨終《りんじゅう》の直前《ちょくぜん》には「死《し》んでも法華経《ほけきょう》を読《よ》みたいので火葬《かそう》にしないでほしい」と遺言《ゆいごん》を残《のこ》し、死後《しご》は極楽往生《ごくらくおうじょう》をとげたといわれています。

言葉《ことば》の意味《いみ》

◆**君《きみ》**　恋《こい》しい相手《あいて》。

◆**長《なが》くもがな**　長《なが》くあってほしいと願《ねが》う気持《きも》ち。

カルタをはやく取《と》るコツ！

「きみがため」で始《はじ》まる歌《うた》がもう一首《いっしゅ》あるよ！

きみがため を し…

ながくもがなと

歌《うた》の意味《いみ》

あなたに逢《あ》うためなら捨《す》てても惜《お》しくないと思《おも》っていた私《わたし》の命《いのち》だったけれども、あなたに逢《あ》えた今朝《けさ》は、この先《さき》ずっと逢《あ》い続《つづ》けたいと思《おも》うようになりました。

歌人《かじん》プロフィール　**藤原義孝《ふじわらのよしたか》**（954〜974年《ねん》）

㊺謙徳公《けんとくこう》の三男《さんなん》。大変《たいへん》な美男子《びなんし》だったが、21歳《さい》のとき流行《はや》り病《やまい》で亡《な》くなる。仏教《ぶっきょう》を深《ふか》く信仰《しんこう》し、極楽浄土《ごくらくじょうど》への往生《おうじょう》をとげたといわれている。

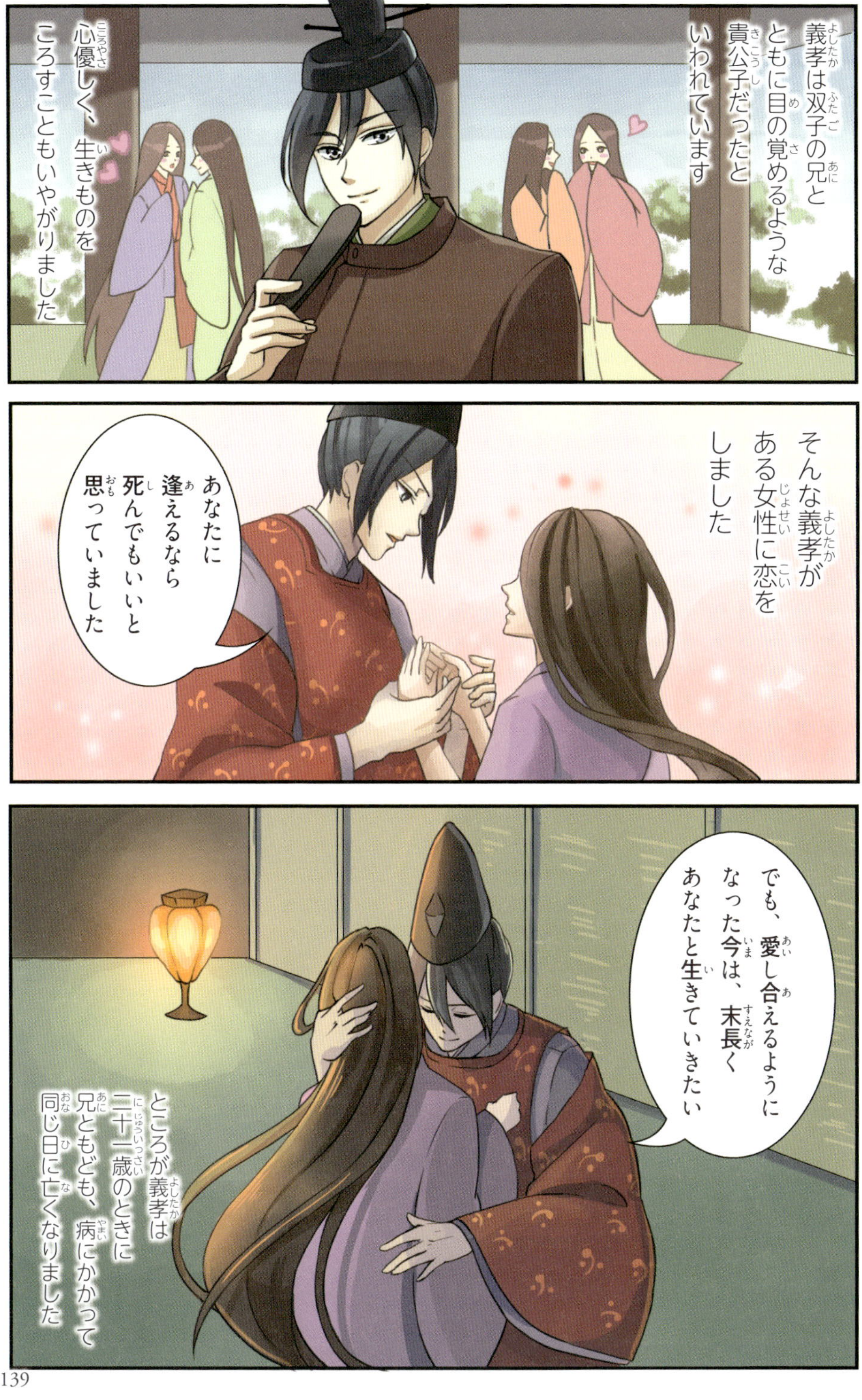
義孝《よしたか》は双子《ふたご》の兄《あに》と
ともに目《め》の覚《さ》めるような
貴公子《きこうし》だったと
いわれています
心優《こころやさ》しく、生《い》きものを
ころすこともいやがりました
そんな義孝《よしたか》が
ある女性《じょせい》に恋《こい》を
しました
あなたに逢《あ》えるなら死《し》んでもいいと思《おも》っていました
でも、愛《あい》し合《あ》えるようになった今《いま》は、末長《すえなが》くあなたと生《い》きていきたい
ところが義孝《よしたか》は
二十一歳《にじゅういっさい》のときに
兄《あに》ともども、病《やまい》にかかって
同《おな》じ日《ひ》に亡《な》くなりました

CD51

51

かくとだに えやは《ワ》いぶきの さしも草《ぐさ》 さしも知《し》らじな 燃《も》ゆる思《おも》ひ《イ》を

藤原実方朝臣《ふじわらのさねかたあそん》

歌《うた》の意味《いみ》

このようにあなたに恋《こい》していることさえ言《い》えません。だから、伊吹山《いぶきやま》のさしも草《ぐさ》が燃《も》える火《ひ》のように、これほどにも燃《も》える想《おも》いであることを、あなたは知《し》らないでしょうね。

貴公子《きこうし》の燃《も》え上《あ》がる恋《こい》 ラブレターにお灸《きゅう》のもぐさ？

この歌《うた》も、恋《こい》の燃《も》え上《あ》がる思《おも》いを詠《よ》んでいます。さしも草《ぐさ》で知《し》られる伊吹山《いぶきやま》↓さしも草《ぐさ》はお灸《きゅう》↓お灸《きゅう》は燃《も》える↓燃《も》える恋心《こいごころ》と、連想《れんそう》ゲームのような構成《こうせい》になっています。お灸《きゅう》をする恋人《こいびと》に、さしも草《ぐさ》をそえ「あなたに私《わたし》のこの熱《あつ》い気《き》持《も》ちがわかりますか？」と、歌《うた》をおくったのかもしれません。

出典《しゅってん》 後拾遺和歌集《ごしゅういわかしゅう》

東北《とうほく》へ左遷《させん》を命《めい》じられ その土地《とち》で亡《な》くなる

実方《さねかた》は藤原行成《ふじわらのゆきなり》ともめたとき、彼《かれ》の冠《かんむり》を投《な》げ捨《す》てたところを運悪《うんわる》く一条天皇《いちじょうてんのう》に目撃《もくげき》され、それがもとで陸奥守《むつのかみ》に任《にん》ぜられました。実《さね》方《かた》は赴任先《ふにんさき》で亡《な》くなりました。故《こ》郷《きょう》に帰《かえ》りたかった実方《さねかた》は、その後《ご》すずめになってもどってきたといわれています。

言葉《ことば》の意味《いみ》

◆**かくとだに**
このようにあなたに恋《こい》をしているということさえ。

◆**さしも草《ぐさ》**
ヨモギのこと。お灸《きゅう》にするもぐさの原料《げんりょう》となる。

カルタをはやく取《と》るコツ！

「かく」ときたら「さし」を探《さが》せ！

かく **とだに**

さしもしらじな

歌人《かじん》プロフィール

藤原実方朝臣《ふじわらのさねかたあそん》（生年不明《せいねんふめい》～998年《ねん》）

㉖貞信公《ていしんこう》（藤原忠平《ふじわらのただひら》）のひ孫《まご》。円融《えんゆう》・花山天皇《かざんてんのう》に仕《つか》え重用《ちょうよう》された。ときには口論《こうろん》した相手《あいて》の冠《かんむり》を投《な》げ捨《す》てる、激《はげ》しい一面《いちめん》を持《も》っていた。

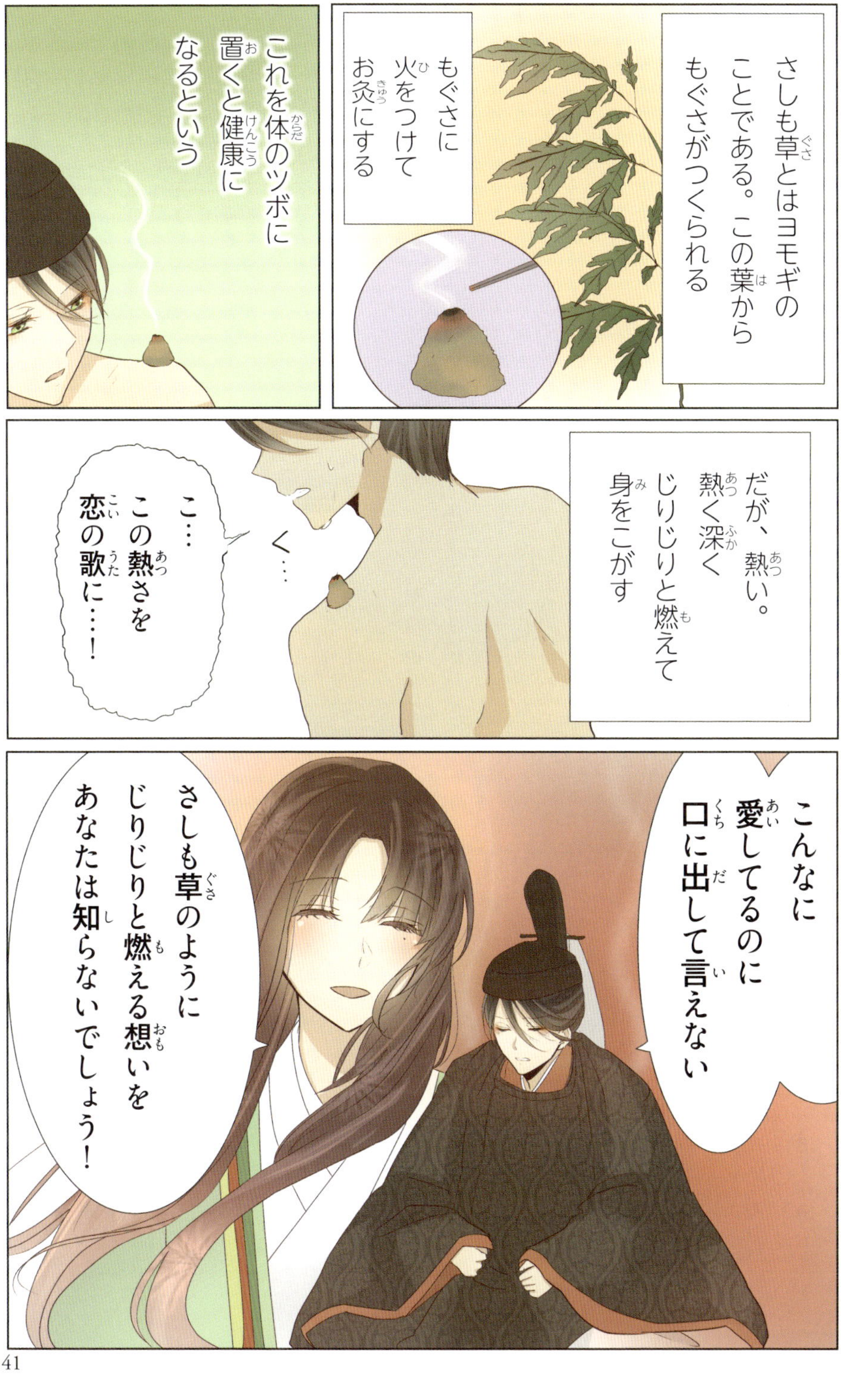
さしも草《ぐさ》とはヨモギのことである。この葉《は》からもぐさがつくられる
もぐさに火《ひ》をつけてお灸《きゅう》にする
これを体《からだ》のツボに置《お》くと健康《けんこう》になるという
だが、熱《あつ》い。熱《あつ》く深《ふか》くじりじりと燃《も》えて身《み》をこがす
く…
こ…この熱《あつ》さを恋《こい》の歌《うた》に…!
こんなに愛《あい》してるのに口《くち》に出《だ》して言《い》えない
さしも草《ぐさ》のようにじりじりと燃《も》える想《おも》いをあなたは知《し》らないでしょう!

52

CD52

明《あ》けぬれば 暮《く》るるものとは 知《し》りながら なほ《オ》恨《うら》めしき 朝《あさ》ぼらけかな

藤原道信朝臣《ふじわらのみちのぶあそん》

歌《うた》の意味《いみ》

夜《よ》が明《あ》けるとまたいずれ日《ひ》が暮《く》れるときが来《く》るのはわかっていても、やはり恨《うら》めしい朝《あさ》ぼらけだなあ。

夜《よる》が楽《たの》しい時間《じかん》なだけに帰《かえ》りの朝《あさ》は恨《うら》めしい

夜《よ》が明《あ》ければ日《ひ》が暮《く》れて、またすぐに逢《あ》える。そうはわかっていても、夜明《よあ》けはやはり恨《うら》めしいと、後《うし》ろ髪《がみ》を引《ひ》かれる思《おも》いで帰《かえ》る男性《だんせい》の心情《しんじょう》をえがいています。『後拾遺和歌集《ごしゅういわかしゅう》』の詞書《ことばがき》によると、この朝《あさ》は雪《ゆき》が降《ふ》る哀愁漂《あいしゅうただよ》う情景《じょうけい》で、まさに中世的《ちゅうせいてき》な艶《なま》めかしい世界《せかい》をあらわしているようです。

出典《しゅってん》 後拾遺和歌集《ごしゅういわかしゅう》

後朝《きぬぎぬ》の歌《うた》をおくる恋人同士《こいびとどうし》の儀式《ぎしき》

男女《だんじょ》が一夜《いちや》のデートを楽《たの》しみ別《わか》れた朝《あさ》に、男性《だんせい》から女性《じょせい》へ必《かなら》ず歌《うた》をおくる習慣《しゅうかん》がありました。その歌《うた》を「後朝《きぬぎぬ》の歌《うた》」といいます。「きぬぎぬ」と読《よ》むのは、男女《だんじょ》が別《わか》れる際《さい》に、脱《ぬ》いでいた着物《きもの》を着《き》たから、またはおたがいの衣《ころも》(=きぬ)を交換《こうかん》したから、などの説《せつ》があります。

言葉《ことば》の意味《いみ》

◆明《あ》けぬれば暮《く》るる
夜《よ》は明《あ》けたら、やがて暮《く》れる。夜明《よあ》けは恋人《こいびと》と別《わか》れる時間《じかん》、夕暮《ゆうぐ》れは恋人《こいびと》に逢《あ》える時間《じかん》だった。

カルタをはやく取《と》るコツ!

下《しも》の句《く》が「なほ」で始《はじ》まる歌《うた》がもう一首《いっしゅ》あるよ!

あけ ぬれば
なほうらめしき

歌人《かじん》プロフィール

藤原道信朝臣《ふじわらのみちのぶあそん》(972〜994年《ねん》)

㊺謙徳公《けんとくこう》の孫《まご》。おじの藤原兼家《ふじわらのかねいえ》の養子《ようし》となり、一条天皇《いちじょうてんのう》の時代《じだい》に活躍《かつやく》。美男子《びなんし》で和歌《わか》の才能《さいのう》があったが23歳《さい》で病死《びょうし》。人《ひと》びとに惜《お》しまれた。

もう朝《あさ》か…
そろそろ帰《かえ》らねばならぬな…
チチ…
チュンチュン
夜《よ》が明《あ》けたらまた日《ひ》が暮《く》れる——
それがわかっているのに
明《あ》け方《がた》というのは恨《うら》めしいものだな…

53

CD53

嘆《なげ》きつつ ひとり寝《ぬ》る夜《よ》の
あくる間《ま》は
いかに久《ひさ》しき
ものとかは知《し》る

右大将道綱母《うだいしょうみちつなのはは》

歌《うた》の意味《いみ》

なげきながらひとりで寝《ね》る夜《よる》が明《あ》けるまでの時間《じかん》は、どんなに長《なが》いものか、あなたはおわかりにならないでしょうね。

夫《おっと》がほかの女性宅《じょせいたく》へお泊《と》まりもどっても門《もん》を開《あ》けなかった妻《つま》

作者《さくしゃ》の夫《おっと》、藤原兼家《ふじわらのかねいえ》との夫婦生《ふうふせい》活《かつ》を記《しる》した『蜻蛉日記《かげろうにっき》』に、この歌《うた》の経緯《けいい》が書《か》かれています。ある冬《ふゆ》の日《ひ》、夫《おっと》がほかの女性宅《じょせいたく》へ出《で》かけて行《い》き、その後帰《ごかえ》ってきました。しかし、作者《さくしゃ》は門《もん》を開《あ》けずに夫《おっと》を追《お》い返《かえ》しました。一夫多妻制《いっぷたさいせい》だったこの時代《じだい》ですが、妻《つま》のくやしさやなげきが伝《つた》わってくる歌《うた》です。

出典《しゅってん》 拾遺和歌集《しゅういわかしゅう》

開《あ》かない門《もん》 妻《つま》の怒《いか》りに夫《おっと》は？

翌朝《よくあさ》、作者《さくしゃ》はしおれた菊《きく》をこの歌《うた》にそえ、兼家《かねいえ》へと届《とど》けさせました。門《もん》の前《まえ》で待《ま》たされ、追《お》い返《かえ》されたあげくにこの歌《うた》をおくられた兼家《かねいえ》は「げにやげに冬《ふゆ》の夜《よ》ならぬ槙《まき》の戸《と》も遅《おそ》くあくるはわびしかりけり」つまり、「冬《ふゆ》の夜《よる》の長《なが》さだけでなく、戸《と》が開《あ》くのがおそいのもつらいものです」と返《かえ》しました。

言葉《ことば》の意味《いみ》

◆**あくる**
夜《よる》が「明《あ》くる」と、門《もん》が「開《あ》くる」の掛詞《かけことば》。

◆**いかに**
どんなに。

カルタをはやく取《と》るコツ！

「なげき」ときたら「いか」を探《さが》せ！

なげき つつ

いかにひさしき

歌人《かじん》プロフィール

右大将道綱母《うだいしょうみちつなのはは》(937年《ねん》ごろ～995年《ねん》)

藤原兼家《ふじわらのかねいえ》の妻《つま》として道綱《みちつな》を産《う》んだ。第二夫人《だいにふじん》だったため兼家《かねいえ》との結婚生活《けっこんせいかつ》はあまり幸《しあわ》せではなく、『蜻蛉日記《かげろうにっき》』に夫《おっと》への不満《ふまん》をつづった。

あの方《かた》は今夜《こんや》もいらっしゃらない
ひとり寝《ね》の夜《よる》がこんなに長《なが》いなんて
あなたは知《し》らないでしょうね
数日後《すうじつご》なかなか逢《あ》いに来《き》てくれない夫《おっと》がやって来《き》ました
おい開《あ》けてくれ
ドンドン
おーい
ドンドン
でも彼女《かのじょ》は迎《むか》えに出《で》ません
あなたもそこで待《ま》つ身《み》のつらさを感《かん》じなさい
そしてあきらめて帰《かえ》った夫《おっと》にしおれた菊《きく》とともにこの歌《うた》をおくりました
すまん…
たしかに待《ま》つのはつらかった…

54

CD54

忘《わす》れじの ゆく末《すゑ》《スエ》までは かたければ 今日《けふ》《キョウ》をかぎりの 命《いのち》ともがな

儀同三司母《ぎどうさんしのはは》

あなたに愛《あい》された今日《きょう》 命《いのち》が終《お》われればと願《ねが》う女性《じょせい》

夫《おっと》の藤原道隆《ふじわらのみちたか》が、作者《さくしゃ》のもとに通《かよ》い始《はじ》めたころの歌《うた》です。「ふたりの愛《あい》は永遠《えいえん》だよ」と言《い》われても、当時《とうじ》の恋愛事情《れんあいじじょう》では男性《だんせい》を信《しん》じようにも不安《ふあん》は残《のこ》ります。いっそのこと「幸《しあわ》せの絶頂《ぜっちょう》の今《いま》、死《し》んでしまったほうが楽《らく》なのでは?」と女性《じょせい》が思《おも》っても仕方《しかた》がないのかもしれません。

出典《しゅってん》 新古今和歌集《しんこきんわかしゅう》

身分《みぶん》の高《たか》い息子《むすこ》を持《も》った偉大《いだい》な母《はは》

この歌《うた》の作者《さくしゃ》は儀同三司母《ぎどうさんしのはは》といいますが、この儀同三司《ぎどうさんし》とは太政大臣《だいじょうだいじん》・右大臣《うだいじん》・左大臣《さだいじん》と同格《どうかく》の准大臣《じゅんだいじん》の地位《ちい》のこと。准大臣《じゅんだいじん》だったのは息子《むすこ》の藤原伊周《ふじわらのこれちか》であり、その母親《ははおや》という意味《いみ》です。伊周《これちか》のほか隆家《たかいえ》・定子《ていし》を産《う》み、晩年《ばんねん》は夫《おっと》の没落《ぼつらく》とともに不幸《ふこう》の末《すえ》に亡《な》くなったとされています。

言葉《ことば》の意味《いみ》

◆忘《わす》れじ
いつまでも忘《わす》れない、とちかった愛《あい》の言葉《ことば》。

◆かたければ
困難《こんなん》なので。

カルタをはやく取《と》るコツ!

下《しも》の句《く》は「けふを」まで覚《おぼ》えよう!

わすれじの
けふをかぎりの

歌《うた》の意味《いみ》

どんなに忘《わす》れないとおっしゃっても、将来《しょうらい》のことはあてにならないので、そうおっしゃってくださる今日《きょう》が最後《さいご》の命《いのち》であってほしいものです。

歌人《かじん》プロフィール

儀同三司母《ぎどうさんしのはは》(生年不明《せいねんふめい》〜996年《ねん》)

当時《とうじ》の女性《じょせい》としてはめずらしく、高階貴子《たかしなのきし》と名《な》前《まえ》がわかっている。藤原道隆《ふじわらのみちたか》の妻《つま》で、伊周《これちか》・隆《たか》家《いえ》・定子《ていし》などを産《う》む。漢詩《かんし》も読《よ》める才女《さいじょ》だった。

「いつまでも忘《わす》れないよ」とあなたはおっしゃってくださいます
でもそのお心《こころ》はいつ変《か》わるかわかりません
それならばいっそ今日《きょう》、この愛《あい》につつまれたまま死《し》んでしまいたい…
これはまだ、夫《おっと》が妻《つま》のもとに通《かよ》い始《はじ》めたころの話《はなし》。ふたりは正式《せいしき》に夫婦《ふうふ》となり心《こころ》変《が》わりをすることはありませんでした♡
息子《むすこ》も生《う》まれたぞ！

CD55

55

滝《たき》の音《おと》は　絶《た》えて久《ひさ》しく　なりぬれど　名《な》こそ流《なが》れて　なほ《オ》聞《き》こえけれ

大納言公任《だいなごんきんとう》

かつて栄《さか》えた史跡《しせき》を訪《たず》ね感慨《かんがい》にふけって詠《よ》んだ歌《うた》

公任《きんとう》は、藤原道長《ふじわらのみちなが》のおともで嵯峨天皇《さがてんのう》の離宮《りきゅう》だった大覚寺《だいかくじ》に出《で》かけました。庭《にわ》の滝殿《たきどの》をながめ、そのあとに詠《よ》まれた歌《うた》です。今《いま》は水《みず》が枯《か》れ、かつて栄華《えいが》をほこっていた時代《じだい》に聞《き》こえていた滝《たき》の音《おと》はなくなりましたが、その名声《めいせい》は今《いま》も世《よ》に伝《つた》わっていると、嵯峨天皇《さがてんのう》をたたえています。

出典《しゅってん》 千載和歌集《せんざいわかしゅう》

平安《へいあん》の都《みやこ》を定着《ていちゃく》させた嵯峨天皇《さがてんのう》の時代《じだい》への賛美《さんび》

嵯峨天皇《さがてんのう》の父《ちち》・桓武天皇《かんむてんのう》は奈良《なら》から京都《きょうと》へ都《みやこ》を移《うつ》しました。そして、嵯峨天皇《さがてんのう》は定都《ていと》の天皇《てんのう》と呼《よ》ばれ、平安王朝《へいあんおうちょう》の礎《いしずえ》を築《きず》きました。重要文書《じゅうようぶんしょ》などをあつかう蔵人所《くろうどどころ》という役所《やくしょ》や、警察《けいさつ》の役目《やくめ》をする検《け》非違使所《びいしどころ》を設置《せっち》して律令制《りつりょうせい》を補強《ほきょう》するなど、のちの世《よ》にも尊敬《そんけい》され仰《あお》がれた天皇《てんのう》だったのです。

言葉《ことば》の意味《いみ》

◆**滝《たき》の音《おと》**
京都市右京区《きょうとしうきょうく》にある大覚寺《だいかくじ》の滝殿《たきどの》の、滝《たき》の音《おと》。九《きゅう》世紀《せいき》ごろ、ここに嵯峨天皇《さがてんのう》の離宮《りきゅう》があった。

歌《うた》の意味《いみ》

滝《たき》の水音《みずおと》が絶《た》えてから長《なが》い年月《ねんげつ》がたったけれども、その名声《めいせい》は今《いま》も世間《せけん》に流《なが》れ、聞《き》こえてくることよ。

カルタをはやく取《と》るコツ！

「たき」ときたら「なこ」を探《さが》せ！

たき のおとは

なこそながれて

歌人《かじん》プロフィール

大納言公任《だいなごんきんとう》（966～1041年《ねん》）

藤原公任《ふじわらのきんとう》。四条大納言《しじょうのだいなごん》と呼《よ》ばれた。漢詩《かんし》・和《わ》歌《か》・管弦《かんげん》にすぐれた人《ひと》として「三船《さんせん》の才《さい》」と称《しょう》された。博学《はくがく》で、一条天皇《いちじょうてんのう》の政治《せいじ》を支《ささ》えたひとり。

左大臣《さだいじん》だった藤原道長《ふじわらのみちなが》のおともで京都《きょうと》の大覚寺《だいかくじ》を訪《おとず》れたときのこと
嵯峨天皇《さがてんのう》の御世《みよ》にはとうとうと滝《たき》が流《なが》れ落《お》ちていたものだが…
しかしながらすばらしい滝《たき》との名声《めいせい》は、今《いま》に伝《つた》わっておりますよ
うむ そうだな
私《わたし》も
後世《こうせい》に残《のこ》るような歌《うた》を詠《よ》みたいものだ

六《ろっ》歌《か》仙《せん》ってどんな人《ひと》？

「六《ろっ》歌《か》仙《せん》」とは、㉟紀貫之《きのつらゆき》が「近《ちか》き世《よ》にその名《な》聞《き》こえたる人《ひと》」として紹介《しょうかい》した、平安時代初期《へいあんじだいしょき》の六人《ろくにん》の歌人《かじん》のこと。紀貫之《きのつらゆき》が「歌仙《かせん》」と呼《よ》んだわけではなく、のちの時代《じだい》にそう呼《よ》ばれるようになったんだよ。紀貫之《きのつらゆき》の評価《ひょうか》を読《よ》むとかなり辛口《からくち》で、「歌《うた》の上手《うま》い人《ひと》」というよりも「最近《さいきん》の流行《りゅうこう》」を紹介《しょうかい》したという感《かん》じだね。

⑧喜撰法師《きせんほうし》

「言葉《ことば》がひかえめで、歌《うた》の始《はじ》まりと終《お》わりがあいまい」

⑫僧正遍昭《そうじょうへんじょう》

「歌《うた》の技法《ぎほう》はたくさん知《し》っているが、真実味《しんじつみ》がない」

㉒文屋康秀《ふんやのやすひで》

「言葉《ことば》の使《つか》い方《かた》は上手《うま》いけれど、歌《うた》の内容《ないよう》と合《あ》っていない」

⑨小野小町《おののこまち》

「神話《しんわ》の衣通姫《そとおりひめ》のようで、おもむき深《ぶか》いが、強《つよ》さはない」

⑰在原業平朝臣《ありわらのなりひらあそん》

「情熱的《じょうねつてき》で詩情《しじょう》にあふれているが、言葉《ことば》が足《た》りない」

大友黒主《おおとものくろぬし》

「歌《うた》に品《ひん》がない！」

六人《ろくにん》の中《なか》で、ただひとり、百人一首《ひゃくにんいっしゅ》に選《えら》ばれなかった。

第《だい》4章《しょう》

女《じょ》流《りゅう》作《さっ》家《か》達《たち》の時《じ》代《だい》

平《へい》安《あん》時《じ》代《だい》後《こう》期《き》

教《おし》えて清少納言《せいしょうなごん》さん! ～女房《にょうぼう》ってどんな人《ひと》?～
さらさら…
清少納言《せいしょうなごん》
清少納言《せいしょうなごん》は日本初《にほんはつ》のエッセイとなる『枕草子《まくらのそうし》』を書《か》いたことで有名《ゆうめい》です
964年《ねん》ごろ生《う》まれ／職業《しょくぎょう》 歌人《かじん》・女流作家《じょりゅうさっか》／曽祖父《そうそふ》、父《ちち》も学者《がくしゃ》・歌人《かじん》として有名《ゆうめい》
清原元輔《きよはらのもとすけ》の娘《むすめ》で一条天皇《いちじょうてんのう》の后《きさき》である中宮定子《ちゅうぐうていし》のもとで「女房《にょうぼう》」として働《はたら》いていました
ねーねー女房《にょうぼう》って何《なに》?
あなた達《たち》誰《だれ》?
ぎょっ
コホン
女房《にょうぼう》は宮廷《きゅうてい》や貴族《きぞく》のやしきで侍女《じじょ》として働《はたら》く女性《じょせい》のことなの
女房《にょうぼう》の「房《ぼう》」は「部屋《へや》」という意味《いみ》で、侍女《じじょ》といっても、部屋《へや》を与《あた》えられた上級《じょうきゅう》の侍女《じじょ》なのだ
へえええーっ

平安時代《へいあんじだい》は一夫多妻制《いっぷたさいせい》だったので
天皇《てんのう》に娘《むすめ》を嫁《とつ》がせた父親《ちちおや》は娘《むすめ》のために賢《かしこ》くてセンスのある女性《じょせい》を探《さが》し出《だ》して女房《にょうぼう》にしました
平安時代《へいあんじだい》には教養《きょうよう》がある女性《じょせい》が好《この》まれたので、女房《にょうぼう》は教育係《きょういくがかり》として大活躍《だいかつやく》していたのだ
后達《きさきたち》は天皇《てんのう》のいちばんのお気《き》に入《い》りになろうと争《あらそ》っていました
后達《きさきたち》の争《あらそ》いはそのまま女房達《にょうぼうたち》の争《あらそ》いでもあったのよ
天皇《てんのう》のいちばんのお気《き》に入《い》りになれば、一族《いちぞく》みんなが出世《しゅっせ》できるってわけなの！
やるわよ
うちの姫様《ひめさま》がいちばんよ！
おー!!

后達《きさきたち》の周《まわ》りに集《あつ》められた優秀《ゆうしゅう》な女房達《にょうぼうたち》は才能《さいのう》を競《きそ》い合《あ》い、知的《ちてき》な会話《かいわ》をするサロンをつくり上《あ》げていました
特《とく》に有名《ゆうめい》なのが私《わたし》がお仕《つか》えした中宮定子様《ちゅうぐうていしさま》とライバルの中宮彰子《ちゅうぐうしょうし》様《さま》のサロンよ！
定子《ていし》
彰子《しょうし》
中宮定子《ちゅうぐうていし》／藤原道隆《ふじわらのみちたか》の娘《むすめ》
（女房《にょうぼう》に清少納言《せいしょうなごん》）
中宮彰子《ちゅうぐうしょうし》／藤原道長《ふじわらのみちなが》の娘《むすめ》
（女房《にょうぼう》に紫式部《むらさきしきぶ》）
一条天皇《いちじょうてんのう》
清少納言《せいしょうなごん》さんも百人一首《ひゃくにんいっしゅ》に撰《えら》ばれているんだね
百人一首《ひゃくにんいっしゅ》の女性《じょせい》の作者《さくしゃ》は21人《にん》。そのうち14人《にん》が女房《にょうぼう》です
『源氏物語《げんじものがたり》』で有名《ゆうめい》な紫式部《むらさきしきぶ》も女房《にょうぼう》でした

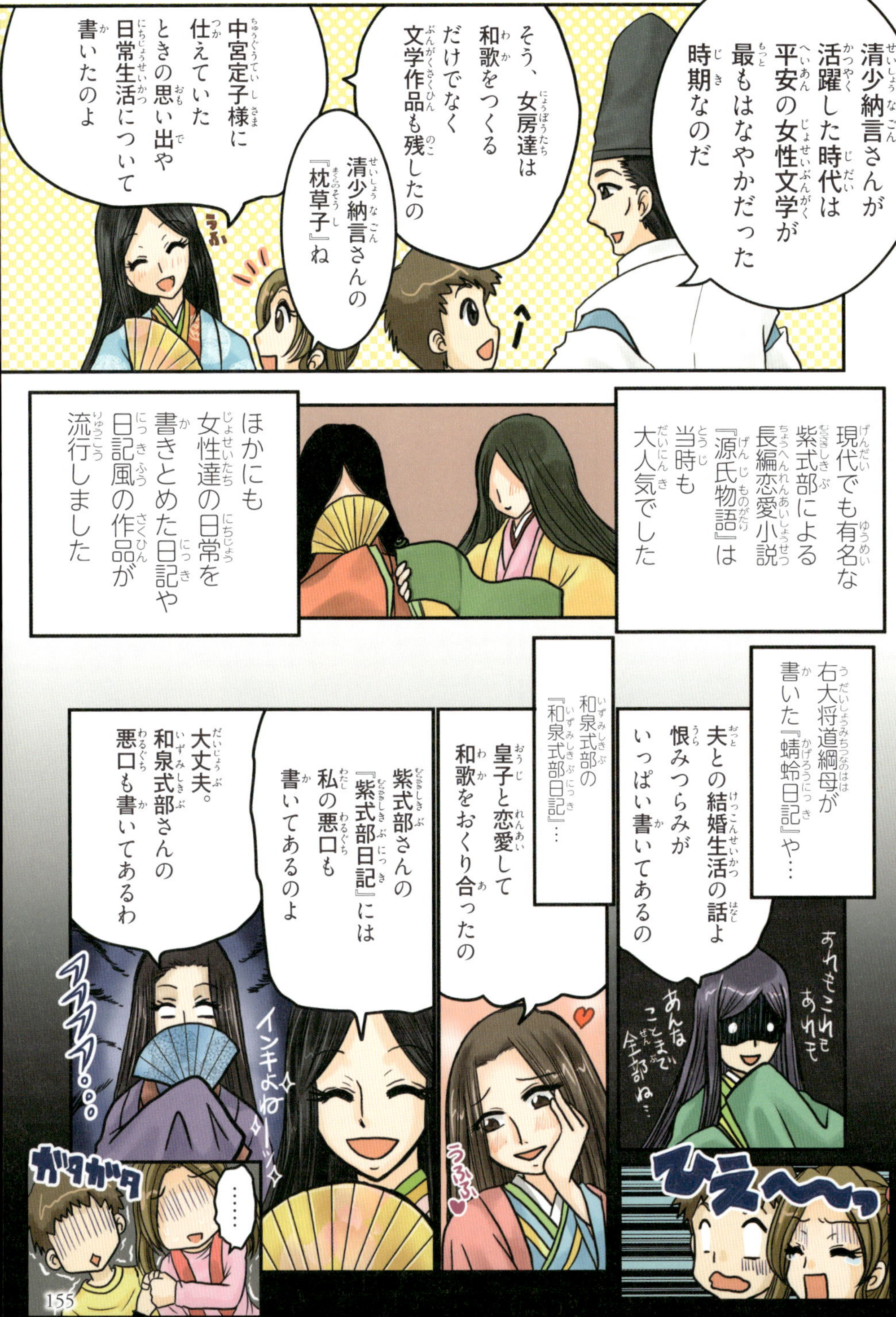
清少納言《せいしょうなごん》さんが活躍《かつやく》した時代《じだい》は平安《へいあん》の女性文学《じょせいぶんがく》が最《もっと》もはなやかだった時期《じき》なのだ
そう、女房達《にょうぼうたち》は和歌《わか》をつくるだけでなく文学作品《ぶんがくさくひん》も残《のこ》したの
清少納言《せいしょうなごん》さんの『枕草子《まくらのそうし》』ね
中宮定子様《ちゅうぐうていしさま》に仕《つか》えていたときの思《おも》い出《で》や日常生活《にちじょうせいかつ》について書《か》いたのよ
うふ
現代《げんだい》でも有名《ゆうめい》な紫式部《むらさきしきぶ》による長編恋愛小説《ちょうへんれんあいしょうせつ》『源氏物語《げんじものがたり》』は当時《とうじ》も大人気《だいにんき》でした
ほかにも女性達《じょせいたち》の日常《にちじょう》を書《か》きとめた日記《にっき》や日記風《にっきふう》の作品《さくひん》が流行《りゅうこう》しました
右大将道綱母《うだいしょうみちつなのはは》が書《か》いた『蜻蛉日記《かげろうにっき》』や…
夫《おっと》との結婚生活《けっこんせいかつ》の話《はなし》よ恨《うら》みつらみがいっぱい書《か》いてあるの
あれもこれもあれも
あんなことまで全部《ぜんぶ》ね…
和泉式部《いずみしきぶ》の『和泉式部日記《いずみしきぶにっき》』…
皇子《おうじ》と恋愛《れんあい》して和歌《わか》をおくり合《あ》ったの
うふふ
紫式部《むらさきしきぶ》さんの『紫式部日記《むらさきしきぶにっき》』には私《わたし》の悪口《わるぐち》も書《か》いてあるのよ
インキよねーッ
大丈夫《だいじょうぶ》。和泉式部《いずみしきぶ》さんの悪口《わるぐち》も書《か》いてあるわ
フフフ…。
ガタガタ
……
ひえ〜っ

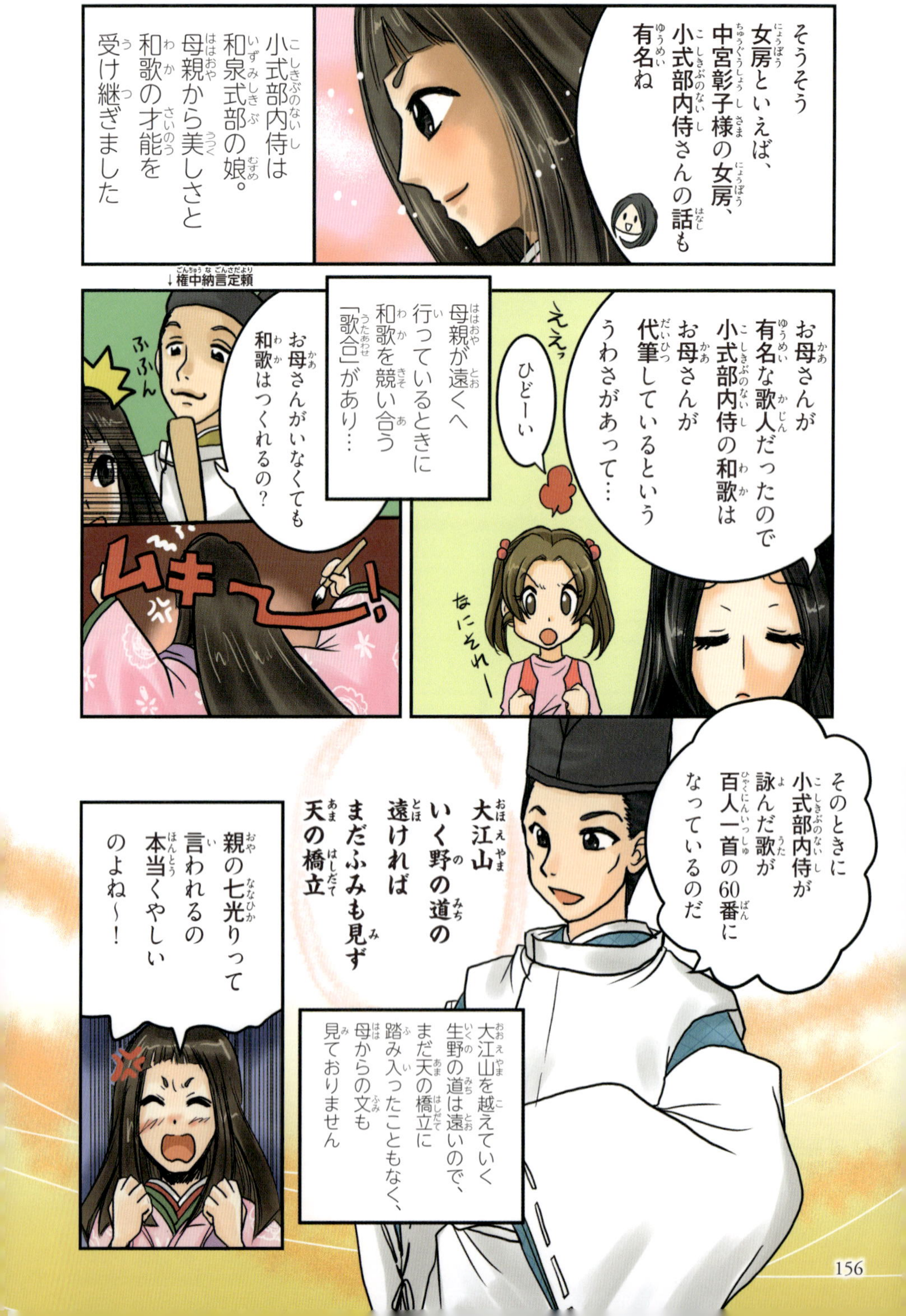

そうそう 女房《にょうぼう》といえば、中宮彰子様《ちゅうぐうしょうしさま》の女房《にょうぼう》、小式部内侍《こしきぶのないし》さんの話《はなし》も有名《ゆうめい》ね
小式部内侍《こしきぶのないし》は和泉式部《いずみしきぶ》の娘《むすめ》。母親《ははおや》から美《うつく》しさと和歌《わか》の才能《さいのう》を受《う》け継《つ》ぎました
お母《かあ》さんが有名《ゆうめい》な歌人《かじん》だったので小式部内侍《こしきぶのないし》の和歌《わか》はお母《かあ》さんが代筆《だいひつ》しているといううわさがあって…
ええっ
ひどーい
なにそれー
母親《ははおや》が遠《とお》くへ行《い》っているときに和歌《わか》を競《きそ》い合《あ》う「歌合《うたあわせ》」があり…
↓権中納言定頼《ごんちゅうなごんさだより》
ふふん
お母《かあ》さんがいなくても和歌《わか》はつくれるの？
ムキーッ!
そのときに小式部内侍《こしきぶのないし》が詠《よ》んだ歌《うた》が百人一首《ひゃくにんいっしゅ》の60番《ばん》になっているのだ
大江山《おほえやま》 いく野《の》の道《みち》の 遠《とほ》ければ まだふみも見《み》ず 天《あま》の橋立《はしだて》
大江山《おおえやま》を越《こ》えていく生野《いくの》の道《みち》は遠《とお》いので、まだ天《あま》の橋立《はしだて》に踏《ふ》み入《い》ったこともなく、母《はは》からの文《ふみ》も見《み》ておりません
親《おや》の七光《ななひか》りって言《い》われるの本当《ほんとう》くやしいのよね〜！

立派《りっぱ》な親《おや》を持《も》つ苦労《くろう》は私《わたし》にもわかるわ…
私《わたし》の父《ちち》は清原元輔《きよはらのもとすけ》で曽祖父《そうそふ》は清原深養父《きよはらのふかやぶ》。どちらも有名《ゆうめい》な歌人《かじん》なの
36番《ばん》 清原深養父《きよはらのふかやぶ》
おふたりとも百人一首《ひゃくにんいっしゅ》に登場《とうじょう》する作者《さくしゃ》だな
42番《ばん》 清原元輔《きよはらのもとすけ》
ふう…
ひいおじいさん、お父《とう》さん、娘《むすめ》と、3人《にん》とも百人一首《ひゃくにんいっしゅ》にのってるなんてスゴすぎる！
ふえー…
でもね、歌人《かじん》の家柄《いえがら》だったばっかりに、歌会《うたかい》になるたびに「和歌《わか》を詠《よ》んで」と言《い》われて苦労《くろう》したのよ
和歌《わか》が上手《うま》くて当《あ》たり前《まえ》って思《おも》われているし、ヘタな和歌《わか》を詠《よ》んだら、立派《りっぱ》な父親《ちちおや》を持《も》つのに、なんていやみを言《い》われるし…
平安時代《へいあんじだい》の人《ひと》も現代《げんだい》の人《ひと》と同《おな》じような悩《なや》みを持《も》つのねぇ
当《あ》たり前《まえ》だよ八百年前《はっぴゃくねんまえ》も現代《げんだい》も人《ひと》が思《おも》うことは同《おな》じようなことなのだ
さめざめ…
泣《な》いちゃった…

56

CD56

あらざらむ《ン》
この世《よ》のほかの
思《おも》ひ《イ》出《で》に
いまひとたびの
逢《あ》《オ》ふ《ウ》こともがな

和泉式部《いずみしきぶ》

恋多《こいおお》き女性《じょせい》が死《し》ぬ前《まえ》にひと目《め》逢《あ》いたい人《ひと》

この歌《うた》から㉜まで、平安時代《へいあんじだい》に活躍《かつやく》した女流歌人《じょりゅうかじん》の歌《うた》が続《つづ》きます。そのスタートが、恋《こい》に生《い》きた和泉式部《いずみしきぶ》の、その人生《じんせい》を象徴《しょうちょう》するような歌《うた》。重《おも》い病《やまい》にかかり死期《しき》をさとったとき「死《し》ぬ前《まえ》にひと目《め》だけでも逢《あ》いたい」との想《おも》いを歌《うた》にしました。いつ、誰《だれ》におくった歌《うた》なのかはわかっていません。

出典《しゅってん》 後拾遺和歌集《ごしゅういわかしゅう》

『和泉式部日記《いずみしきぶにっき》』は不倫《ふりん》ラブストーリー

有名《ゆうめい》な物語風日記《ものがたりふうにっき》『和泉式部日記《いずみしきぶにっき》』は、女流日記文学《じょりゅうにっきぶんがく》の代表作《だいひょうさく》です。和泉式部《いずみしきぶ》は、夫《おっと》と結婚《けっこん》し出産《しゅっさん》したあとに冷泉天皇《れいぜいてんのう》の第三皇子《だいさんおうじ》・第四皇子《だいよんおうじ》と続《つづ》けて恋愛関係《れんあいかんけい》を持《も》ちましたが、そのうちの弟《おとうと》・敦道親王《あつみちしんのう》との恋愛《れんあい》を書《か》いたものがこの本《ほん》です。しかし本当《ほんとう》に和泉式部《いずみしきぶ》が書《か》いたのか疑問《ぎもん》が残《のこ》るとされています。

言葉《ことば》の意味《いみ》

◆**あらざらむ**
生《い》きていないだろう、という意味《いみ》。「死《し》ぬ」を遠回《とおまわ》しにした表現《ひょうげん》。

◆**いまひとたびの**
もう一度《いちど》。切実《せつじつ》な気持《きも》ちがこもっている。

歌《うた》の意味《いみ》

私《わたし》はもうすぐに死《し》んで、この世《よ》からいなくなるでしょう。あの世《よ》への思《おも》い出《で》として、せめてもう一度《いちど》だけあなたにお逢《あ》いしたいのです。

カルタをはやく取《と》るコツ！

下《しも》の句《く》が「いまひとたびの」は二首《にしゅ》あるよ！

あらざ らむ
いまひとたびの あふ

歌人《かじん》プロフィール

和泉式部《いずみしきぶ》(976年《ねん》ごろ～没年不明《ぼつねんふめい》)
和泉守《いずみのかみ》・橘道貞《たちばなのみちさだ》の妻《つま》で、㊵小式部内侍《こしきぶのないし》の母《はは》。冷泉天皇《れいぜいてんのう》の皇子《おうじ》らと恋愛関係《れんあいかんけい》に。『和泉式部日記《いずみしきぶにっき》』には、敦道親王《あつみちしんのう》との恋愛《れんあい》がつづられている。

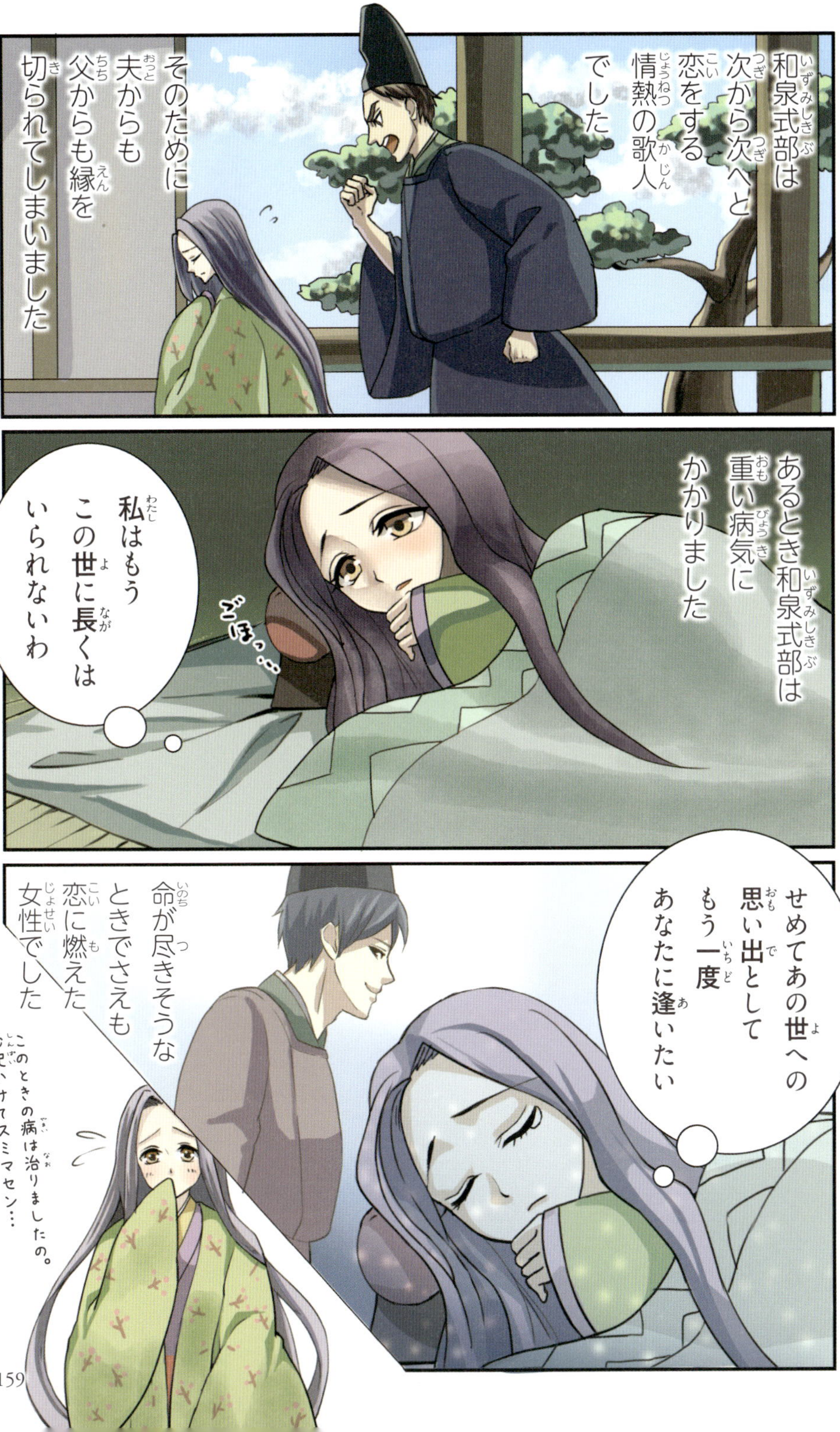
和泉式部《いずみしきぶ》は次《つぎ》から次《つぎ》へと恋《こい》をする情熱《じょうねつ》の歌人《かじん》でした
そのために夫《おっと》からも父《ちち》からも縁《えん》を切《き》られてしまいました
あるとき和泉式部《いずみしきぶ》は重《おも》い病気《びょうき》にかかりました
私《わたし》はもうこの世《よ》に長《なが》くはいられないわ
ごほっ…
せめてあの世《よ》への思《おも》い出《で》としてもう一度《いちど》あなたに逢《あ》いたい
命《いのち》が尽《つ》きそうなときでさえも恋《こい》に燃《も》えた女性《じょせい》でした
このときの病《やまい》は治《なお》りましたの。心配《しんぱい》かけてスミマセン…

57

CD57

めぐり逢《あ》ひ《イ》て 見《み》しやそれとも
分《わ》かぬ間《ま》に
雲隠《くもがく》れにし
夜半《よは》《ヨワ》の月《つき》かな

紫式部《むらさきしきぶ》

月光《げっこう》に女友達《おんなともだち》との別《わか》れをなげく文学才女《ぶんがくさいじょ》

友人《ゆうじん》との再会《さいかい》を、ふと見《み》えたかと思《おも》うとすぐにかくれてしまう月《つき》になぞらえています。楽《たの》しいときもつかの間《ま》、彼女《かのじょ》はまるで雲《くも》が月《つき》をかくすような早《はや》さで帰《かえ》ってしまったのです。この歌《うた》は自撰集《じせんしゅう》『紫式部集《むらさきしきぶしゅう》』の巻頭歌《かんとうか》に置《お》かれた一首《いっしゅ》で、友人関係《ゆうじんかんけい》を大切《たいせつ》にした彼女《かのじょ》らしい歌《うた》です。

出典《しゅってん》 新古今和歌集《しんこきんわかしゅう》

定家《ていか》が尊敬《そんけい》する『源氏物語《げんじものがたり》』の作者《さくしゃ》

『源氏物語《げんじものがたり》』は、世界《せかい》にも知《し》られる歴史的長編小説《れきしてきちょうへんしょうせつ》。七十四年間《ななじゅうよねんかん》の物語《ものがたり》を、五十四帖《ごじゅうよんじょう》にまとめた壮大《そうだい》な文学作品《ぶんがくさくひん》です。撰者《せんじゃ》の藤原定家《ふじわらのていか》は『源氏物語《げんじものがたり》』を深《ふか》く愛《あい》し、物語《ものがたり》をふまえた数多《かずおお》くの歌《うた》、写本《しゃほん》や注釈《ちゅうしゃく》書《しょ》を残《のこ》しています。定家《ていか》にとって彼女《かのじょ》は尊敬《そんけい》する先輩文学者《せんぱいぶんがくしゃ》だったのでしょう。

歌《うた》の意味《いみ》

やっとめぐり逢《あ》って、見《み》たのが月《つき》（幼友達《おさなともだち》のあなた）だったのかどうかもわからないうちに、また雲《くも》の中《なか》にかくれてしまった夜半《よわ》の月《つき》（あなた）ですね。

言葉《ことば》の意味《いみ》

◆**めぐり逢《あ》ひて**
「月《つき》」と「友《とも》」と両方《りょうほう》に「逢《あ》う」という掛詞《かけことば》。「めぐる」は月《つき》の縁語《えんご》でもある。

◆**夜半《よは》の月《つき》**
夜中《よなか》の月《つき》。ここでは友《とも》の比喩《ひゆ》でもある。

カルタをはやく取《と》るコツ！

「め」と「く」の組《く》み合《あ》わせはこれだけ！

め ぐりあひて

くもがくれにし

歌人《かじん》プロフィール

紫式部《むらさきしきぶ》（970年《ねん》ごろ～没年不明《ぼつねんふめい》）

藤原為時《ふじわらのためとき》の娘《むすめ》で、藤原宣孝《ふじわらののぶたか》の妻《つま》となり㊽大弐三位《だいにのさんみ》を産《う》む。夫《おっと》の死後《しご》、藤原道長《ふじわらのみちなが》に招《まね》かれ、一条天皇《いちじょうてんのう》の中宮彰子《ちゅうぐうしょうし》に仕《つか》えた。

紫式部《むらさきしきぶ》は幼《おさな》いころの友達《ともだち》と久《ひさ》しぶりに逢《あ》いました
お久《ひさ》しぶりです
まあ何年《なんねん》ぶりかしら。見《み》ちがえたわ。本当《ほんとう》にあなたなの
いろいろお話《はなし》を聞《き》かせて
ねえあのこと覚《おぼ》えてる?
あらこんな時間《じかん》
帰《かえ》らなくちゃ
月《つき》が雲《くも》にかくれるようにあなたの姿《すがた》も見《み》えなくなった
お逢《あ》いしたのが本当《ほんとう》にあなただったのかわからないくらい——

CD58

58

有馬山《ありまやま》 猪名《ゐな》《イナ》の笹原《ささはら》
風吹《かぜふ》けば
いでそよ人《ひと》を
忘《わす》れやは《ワ》する

大弐三位《だいにのさんみ》

歌《うた》の意味《いみ》

有馬山《ありまやま》から猪名《いな》の笹原《ささはら》へと風《かぜ》が吹《ふ》き、笹《ささ》の葉《は》がそよそよとそよぐ。そうですよ、そのように、私《わたし》はあなたのことを忘《わす》れなどするでしょうか、忘《わす》れはしません。

身勝手《みがって》な薄情男《はくじょうおとこ》にツッコミを入《い》れる歌《うた》

久《ひさ》しぶりに訪《たず》ねてきた男性《だんせい》が、苦《くる》し紛《まぎ》れに「私《わたし》のことを忘《わす》れたと思《おも》って…」と言《い》ってきたので、作《さく》者《しゃ》が言《い》い返《かえ》した歌《うた》です。最初《さいしょ》に風《かぜ》のように流《なが》れる言葉《ことば》でさびしさを感《かん》じさせる風景描写《ふうけいびょうしゃ》を、後半《こうはん》では心情《しんじょう》をぶつけています。「忘《わす》れやはする」は、当時《とうじ》流行《はや》っていた決《き》めゼリフです。

出典《しゅってん》 後拾遺和歌集《ごしゅういわかしゅう》

母娘《ははむすめ》ともに才能《さいのう》ある有名女流歌人《ゆうめいじょりゅうかじん》

作者《さくしゃ》は㊼紫式部《むらさきしきぶ》の娘《むすめ》・藤原賢子《ふじわらのけんし》で、明《あか》るく勝気《かちき》な宮廷女房《きゅうていにょうぼう》だったようです。百人一首《ひゃくにんいっしゅ》にはこうした親子《おやこ》共演《きょうえん》がいくつか登場《とうじょう》します。平安《へいあん》から鎌倉時代《かまくらじだい》にかけて活躍《かつやく》した女流歌人《じょりゅうかじん》を集《あつ》めて選抜《せんばつ》した『女《にょう》房三十六歌仙《ぼうさんじゅうろっかせん》』でも、母親《ははおや》とともに選《えら》ばれています。

言葉《ことば》の意味《いみ》

◆**猪名《ゐな》の笹原《ささはら》**
現在《げんざい》の兵庫県《ひょうごけん》と大阪府《おおさかふ》の境目《さかいめ》を流《なが》れる猪名川《いながわ》の岸《きし》に広《ひろ》がっていた笹原《ささはら》。

◆**いでそよ**
そう、そうですよ、という意味《いみ》。「そよ」は笹《ささ》の葉《は》音《おと》との掛詞《かけことば》。

カルタをはやく取《と》るコツ！

「ありあけ」と聞《き》きまちがえないように！

ありま **やま**

いでそよひとを

歌人《かじん》プロフィール

大弐三位《だいにのさんみ》（999年《ねん》ごろ～没年不明《ぼつねんふめい》）

㊼紫式部《むらさきしきぶ》の娘《むすめ》の藤原賢子《ふじわらのけんし》。中宮彰子《ちゅうぐうしょうし》に仕《つか》えた。後冷泉院《ごれいぜいいん》の乳母《めのと》になり従三位《じゅさんみ》になったことと、夫《おっと》の地位《ちい》を合《あ》わせて「大弐三位《だいにのさんみ》」と呼《よ》ばれた。

近《ちか》ごろ来《き》ていただけませんね
いや、あなたが私《わたし》を忘《わす》れたと思《おも》っていまして…
あら私《わたし》のせいだと?
風《かぜ》が吹《ふ》くと笹《ささ》がそよぐように
私《わたし》の心《こころ》もあなたのやさしい言葉《ことば》にそよぎます
どうしてあなたのことを忘《わす》れたりするでしょう!!
わなわな
人《ひと》のせいにするんじゃないわよ!

59

CD59

やすらは《ワ》で　寝《ね》なましものを
さ夜《よ》更《ふ》けて
かたぶくまでの
月《つき》を見《み》しかな

赤染衛門《あかぞめえもん》

夜《よ》が明《あ》けるまで待《ま》っても あなたは来《こ》なかった

藤原道隆《ふじわらのみちたか》が、赤染衛門《あかぞめえもん》の姉妹《しまい》と恋仲《こいなか》になり「今夜行《こんやい》くよ」と言《い》って期待《きたい》させておきながら、訪《たず》ねて来《き》ませんでした。その翌朝《よくあさ》、作者《さくしゃ》が姉妹《しまい》に代《か》わって詠《よ》んだ歌《うた》です。あまり恨《うら》めしさはなく、「さっさと寝《ね》ればよかった。徹夜《てつや》しちゃったじゃない」というような軽《かる》い愚痴《ぐち》になっています。

出典《しゅってん》 後拾遺和歌集《ごしゅういわかしゅう》

馬内侍《うまのないし》の家集《かしゅう》にも 同《おな》じ歌《うた》が

この歌《うた》は『赤染衛門集《あかぞめえもんしゅう》』にも収《おさ》められていますが、同時代《どうじだい》の女流歌人《じょりゅうかじん》・馬内侍《うまのないし》の家集《かしゅう》にも見《み》られます。それがなぜなのかはわかりませんが、当時《とうじ》は、他人《たにん》の歌《うた》を借《か》りてしまうこともあった、とする説《せつ》もあります。「すぐれた歌《うた》は女房達《にょうぼうたち》の共有財産《きょうゆうざいさん》」ということだったのかもしれません。

言葉《ことば》の意味《いみ》

◆**やすらはで**

ちゅうちょしないで、ためらわないで。

◆**寝《ね》なましものを**

寝《ね》ただろうに。

カルタをはやく取《と》るコツ！

「やす」ときたら「かた」を探《さが》せ！

やすらはで

かたぶくまでの

歌《うた》の意味《いみ》

ぐずぐずとあなたが来《く》るのを待《ま》ったりせず、さっさと寝《ね》てしまえばよかったのに、夜《よ》が更《ふ》けて、西《にし》の山《やま》にかたむくまで月《つき》を見《み》てしまいました。

歌人《かじん》プロフィール

赤染衛門《あかぞめえもん》（958年《ねん》ごろ～没年不明《ぼつねんふめい》）

母親《ははおや》が㊵平兼盛《たいらのかねもり》と離婚後《りこんご》、赤染時用《あかぞめときもち》と再婚《さいこん》したが、実《じつ》の父《ちち》は兼盛《かねもり》。一条天皇《いちじょうてんのう》の中宮彰子《ちゅうぐうしょうし》に仕《つか》えた。

赤染《あかぞめ》衛門《えもん》の姉妹《しまい》が
藤原道隆《ふじわらのみちたか》に
恋《こい》をしました
今夜《こんや》行《い》くよ
でもあの方《かた》は通《かよ》う相手《あいて》がたくさんいるって
期待《きたい》しちゃだめよ
わくわく
……
ふわぁ〜あ
あなたが来《く》るって言《い》ったからうっかり徹夜《てつや》しちゃったじゃない!
うとうと…
さっさと寝《ね》ちゃえばよかったわ!
と代《か》わりにおくっておこう

60

CD60

大江《おほえ》《オオエ》山《やま》いく野《の》の道《みち》の
遠《とほ》《トオ》ければ
まだふみも見《み》ず
天《あま》の橋立《はしだて》

小式部内侍《こしきぶのないし》

母《はは》の七光《ななひか》りを乗《の》り越《こ》え評価《ひょうか》を上《あ》げた歌《うた》

㊻和泉式部《いずみしきぶ》を母《はは》に持《も》つ作者《さくしゃ》。母《はは》が不在《ふざい》のときに開《ひら》かれた歌合《うたあわせ》で、㊹権中納言定頼《ごんちゅうなごんさだより》（藤原定頼《ふじわらのさだより》）が「歌《うた》はどうしましたか？　お母《かあ》さんのもとへ出《だ》したお使《つか》いは、まだもどりませんか？」と、母親《ははおや》の代作《だいさく》を疑《うたが》うような発言《はつげん》をしました。作者《さくしゃ》は定頼《さだより》の袖《そで》をつかみ、この歌《うた》で応《おう》戦《せん》しました。

出典《しゅってん》 金葉和歌集《きんようわかしゅう》

皮肉《ひにく》を言《い》った男性《だんせい》は恋人《こいびと》だった

皮肉《ひにく》を言《い》われたあと、すぐに地《ち》名《めい》を巧《たく》みに詠《よ》みこんだ歌《うた》で応戦《おうせん》した小式部内侍《こしきぶのないし》。定頼《さだより》もすぐに歌《うた》を返《かえ》そうとしましたが思《おも》いつかずに降参《こうさん》し、その場《ば》を立《た》ち去《さ》りました。さすが、才女《さいじょ》の娘《むすめ》も才女《さいじょ》。このときは火花《ひばな》を散《ち》らしたふたりですが、実《じつ》は恋人同士《こいびとどうし》だったといわれています。

言葉《ことば》の意味《いみ》

◆**いく野《の》の道《みち》**
現在《げんざい》の京都府福知山市《きょうとふふくちやましし》の生野《いくの》。「行《い》く」との掛詞《かけことば》。

◆**ふみも見《み》ず**
「文《ふみ》（手紙《てがみ》）」と「踏《ふ》み」との掛詞《かけことば》。

歌《うた》の意味《いみ》

母《はは》の住《す》む丹後国《たんごのくに》は、大江山《おおえやま》を越《こ》え、生野《いくの》を通《とお》って行《い》く道《みち》のりが遠《とお》いので、まだ、かの有名《ゆうめい》な天《あま》の橋立《はしだて》を踏《ふ》んでみたこともありませんし、母《はは》からの手紙《てがみ》も届《とど》いておりません。

カルタをはやく取《と》るコツ！

「おほえ」ときたら「まだ」と探《さが》せ！

おほえ やま
まだふみもみず

歌人《かじん》プロフィール

小式部内侍《こしきぶのないし》（生年不明《せいねんふめい》〜1025年《ねん》）

㊻和泉式部《いずみしきぶ》と橘道貞《たちばなのみちさだ》の娘《むすめ》で、中宮彰子《ちゅうぐうしょうし》に仕《つか》えた。この歌《うた》を詠《よ》みかけた相手《あいて》、㊹権中納言定頼《ごんちゅうなごんさだより》は恋人《こいびと》だった。若《わか》くして母《はは》に先立《さきだ》って亡《な》くなる。

これは、母親《ははおや》が有名人《ゆうめいじん》だと子《こ》どもが大変《たいへん》だという話《はなし》——
ぷん
ぷん
小式部《こしきぶ》さんの歌《うた》って上手《うま》すぎません？
きっとお母様《かあさま》がつくってらっしゃるのよ
ひそ
ひそ
ムー
聞《き》こえてるし 自分《じぶん》でつくってるのに
母親《ははおや》が出《で》かけているときに歌合《うたあわせ》がありました
ムカッ
小式部《こしきぶ》さん お母《かあ》さんから 歌《うた》は届《とど》きましたか？
お待《ま》ちになって！
ガシッ
大江山《おおえやま》を越《こ》えて生野《いくの》の道《みち》は遠《とお》いので、まだ天《あま》の橋立《はしだて》に踏《ふ》み入《い》ったこともなく、母《はは》からの文《ふみ》も見《み》ておりませんが、何《なに》か？
ごごごご ごめん!!
ひぃ〜〜

CD61

61

いにしへ《エ》の 奈良《なら》の都《みやこ》の 八重《やへ》《ヤエ》桜《ざくら》 けふ《キヨウ》九重《ここのへ》《ココノエ》に にほひ《オイ》ぬるかな

伊勢大輔《いせのたいふ》

紫式部《むらさきしきぶ》に大役《たいやく》を任《まか》された名門出身《めいもんしゅっしん》の女房《にょうぼう》

一条天皇《いちじょうてんのう》の時代《じだい》に、奈良《なら》から八《や》重桜《えざくら》が献上《けんじょう》されたとき、受《う》け取《と》り役《やく》の57紫式部《むらさきしきぶ》が、出仕《しゅっし》して間《ま》もない女房《にょうぼう》の作者《さくしゃ》にその役目《やくめ》をゆずりました。さらに同席《どうせき》していた藤原《ふじわらの》道長《みちなが》に歌《うた》を詠《よ》むように言《い》われ、即《そく》座《ざ》に詠《よ》んだのがこの歌《うた》です。さすが代々《だいだい》歌人《かじん》を輩出《はいしゅつ》してきた大中臣《おおなかとみ》家出身《けしゅっしん》の才女《さいじょ》です。

出典《しゅってん》 詞花和歌集《しかわかしゅう》

周囲《しゅうい》をどよめかせた伊勢大輔《いせのたいふ》の実力《じつりょく》

「いにしへ」と「けふ」、「八重《やへ》」と「九重《ここのへ》」を対比《たいひ》させ、桜《さくら》の美《うつく》しさと一条天皇《いちじょうてんのう》の世《よ》をたたえた高《たか》い技巧《ぎこう》をこらしたこの歌《うた》。道長《みちなが》の無茶《むちゃ》ぶりにもサラリと秀歌《しゅうか》を披露《ひろう》することができた作者《さくしゃ》でしたが、これはある意味《いみ》、初出仕《はつしゅっし》した名門《めいもん》の娘《むすめ》に実力《じつりょく》テストが出《だ》されたような場面《ばめん》だったのでしょう。

言葉《ことば》の意味《いみ》

◆いにしへの
過《す》ぎ去《さ》った時代《じだい》。かつて栄《さか》えた奈良《なら》の都《みやこ》。

◆九重《ここのへ》
宮中《きゅうちゅう》のこと。「八重《やへ》」と対《つい》になっている。

歌《うた》の意味《いみ》

旧都《きゅうと》奈良《なら》の都《みやこ》で咲《さ》いていた八重桜《やえざくら》が、今日《きょう》は新《あたら》しい都京都《みやこきょうと》に献上《けんじょう》されて、九重《ここのえ》の宮中《きゅうちゅう》で美《うつく》しく咲《さ》きほこっていますよ。

カルタをはやく取《と》るコツ！

下《しも》の句《く》は「けふここ」まで覚《おぼ》えよう！

いに しへの
けふここのへに

歌人《かじん》プロフィール **伊勢大輔《いせのたいふ》**（生没年不明《せいぼつねんふめい》）

伊勢神宮祭主《いせじんぐうさいしゅ》の家柄《いえがら》で、㊾大中臣能宣朝臣《おおなかとみのよしのぶあそん》の孫《まご》娘《むすめ》。中宮彰子《ちゅうぐうしょうし》に仕《つか》え、57紫式部《むらさきしきぶ》や56和泉式部《いずみしきぶ》らと交流《こうりゅう》した。

宮中《きゅうちゅう》に、奈良《なら》から八重桜《やえざくら》がおくられました。取《と》りつぐのは紫式部《むらさきしきぶ》の役目《やくめ》だったのですがこの日《ひ》…
今回《こんかい》はその役目《やくめ》伊勢大輔《いせのたいふ》がよろしいかと
えっ私《わたし》？
歌《うた》を詠《よ》んで受《う》け取《と》りなさい
紫式部様《むらさきしきぶさま》
大丈夫《だいじょうぶ》。あなたならできますよ
詠《よ》めるかな
そして伊勢大輔《いせのたいふ》はみごとな歌《うた》を詠《よ》みあげました
その昔《むかし》奈良《なら》の都《みやこ》に咲《さ》きほこっていた姿《すがた》そのままに美《うつく》しい八重桜《やえざくら》が今日《きょう》は宮中《きゅうちゅう》で咲《さ》きほこっています
すばらしい！
最高《さいこう》だ
みんながこの歌《うた》に感動《かんどう》して、宮中全体《きゅうちゅうぜんたい》がどよめいたのでした

62

CD62

夜《よ》をこめて 鳥《とり》のそら音《ね》は
はかるとも
よに逢坂《あふさか》《オウサカ》の
関《せき》はゆるさじ

清少納言《せいしょうなごん》

男友達《おとこともだち》と歌《うた》でやり合《あ》う勉学《べんがく》に裏打《うらう》ちされた実力《じつりょく》

清少納言《せいしょうなごん》と藤原行成《ふじわらのゆきなり》のくわしいやりとりは左《ひだり》ページのマンガのとおりで、作者《さくしゃ》の代表作品《だいひょうさくひん》『枕草子《まくらのそうし》』にこの歌《うた》の経緯《けいい》があります。一見《いっけん》、言《い》い寄《よ》る男性《だんせい》と、上手《うま》くかわす女性《じょせい》のやりとりに見《み》えますがそうではなく、親《した》しい異性《いせい》の友人間《ゆうじんかん》で交《か》わされた知的《ちてき》で、社交的《しゃこうてき》なやりとりなのです。

出典《しゅってん》 後拾遺和歌集《ごしゅういわかしゅう》

中国《ちゅうごく》の故事《こじ》からたとえを引用《いんよう》

「鳥《とり》のそら音《ね》」とは、鶏《とり》の鳴《な》きまねのこと。これは中国《ちゅうごく》に伝《つた》わる故事《こじ》をふまえたものです。中国《ちゅうごく》の戦国時代《せんごくじだい》の孟嘗君《もうしょうくん》が従者《じゅうしゃ》に鶏《とり》の鳴《な》き声《ごえ》をまねさせて、夜明《よあ》けに鶏《とり》が鳴《な》かないと門《もん》が開《あ》かない函谷関《かんこくかん》の関《せき》守《もり》をだまし、門《もん》を開《あ》けさせにげたという話《はなし》です。漢書《かんしょ》にくわしい作者《さくしゃ》ならではの表現《ひょうげん》ですね。

言葉《ことば》の意味《いみ》

◆**鳥《とり》のそら音《ね》**
夜明《よあ》けを告《つ》げるニワトリの鳴《な》きまね。

◆**逢坂《あふさか》の関《せき》**
逢坂《おうさか》の関《せき》を越《こ》える＝男女《だんじょ》の仲《なか》になるという意味《いみ》。

歌《うた》の意味《いみ》

夜《よ》が明《あ》けていないのに、鶏《とり》の鳴《な》きまねをしてだましても、逢坂《おうさか》の関《せき》の関守《せきもり》はだまされませんし、私《わたし》もすぐ戸《と》を開《あ》けてあなたと逢《あ》ったりしませんよ。

カルタをはやく取《と》るコツ！

「よを」ときたら「よに」を探《さが》せ！

よを こめて

よにあふさかの

歌人《かじん》プロフィール

清少納言《せいしょうなごん》（964年《ねん》ごろ〜1024年《ねん》ごろ）

㊷清原元輔《きよはらのもとすけ》の娘《むすめ》。一条天皇《いちじょうてんのう》の中宮定子《ちゅうぐうていし》に仕《つか》え、『枕草子《まくらのそうし》』を書《か》いた。㊼紫式部《むらさきしきぶ》と比較《ひかく》されることが多《おお》いが、実《じつ》は出仕時期《しゅっしじき》は重《かさ》なっていない。

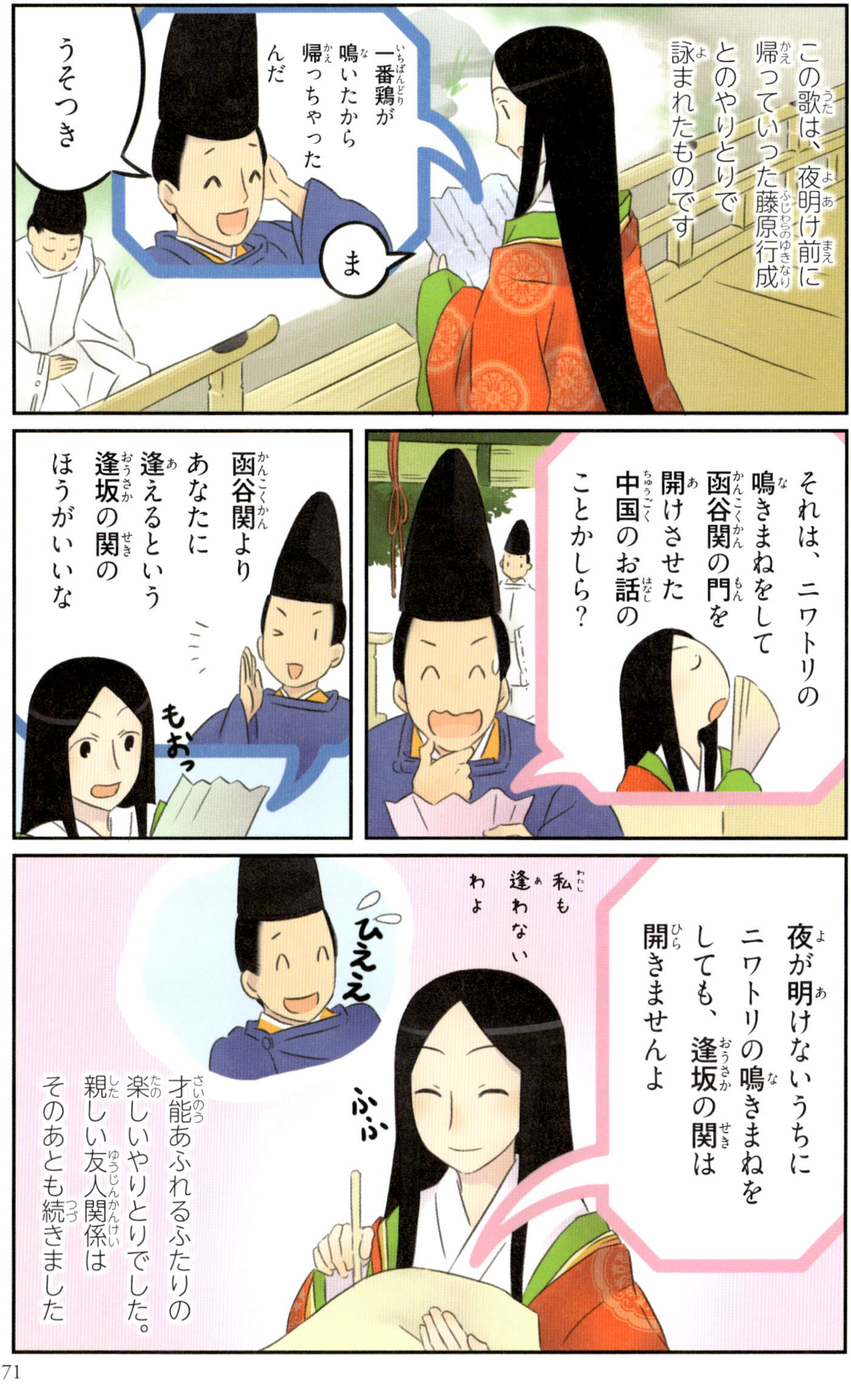
この歌《うた》は、夜明《よあ》け前《まえ》に帰《かえ》っていった藤原行成《ふじわらのゆきなり》とのやりとりで詠《よ》まれたものです
一番鶏《いちばんどり》が鳴《な》いたから帰《かえ》っちゃったんだ
ま
うそつき
それは、ニワトリの鳴《な》きまねをして函谷関《かんこくかん》の門《もん》を開《あ》けさせた中国《ちゅうごく》のお話《はなし》のことかしら？
函谷関《かんこくかん》よりあなたに逢《あ》えるという逢坂《おうさか》の関《せき》のほうがいいな
もおっ
夜《よ》が明《あ》けないうちにニワトリの鳴《な》きまねをしても、逢坂《おうさか》の関《せき》は開《ひら》きませんよ
私《わたし》も逢《あ》わないわよ
ひええ
ふふ
才能《さいのう》あふれるふたりの楽《たの》しいやりとりでした。親《した》しい友人関係《ゆうじんかんけい》はそのあとも続《つづ》きました

CD63

63

今《いま》はただ 思《おも》ひ《イ》絶《た》えなむ《ン》
とばかりを
人《ひと》づてならで
いふ《ウ》よしもがな

左京大夫道雅《さきょうのだいぶみちまさ》

皇女《こうじょ》との悲恋《ひれん》におぼれる どうしようもない不良息子《ふりょうむすこ》

㊽三条院《さんじょういん》の娘《むすめ》、当子内親王《とうしないしんのう》は斎宮《さいぐう》の任務《にんむ》を終《お》え都《みやこ》へもどると、藤原道雅《ふじわらのみちまさ》と恋《こい》に落《お》ちます。彼《かれ》は没落《ぼつらく》した中関白家《なかのかんぱくけ》の息子《むすこ》で、荒《あ》れた生活《せいかつ》をおくっていました。三条院《さんじょういん》は激怒《げきど》し、ふたりの仲《なか》を裂《さ》き、その後道雅《ごみちまさ》が詠《よ》んだのがこの歌《うた》です。皇女《こうじょ》と不良青年《ふりょうせいねん》の恋《こい》は、かないませんでした。

出典《しゅってん》 後拾遺和歌集《ごしゅういわかしゅう》

神事《しんじ》に関《かか》わった 斎宮《さいぐう》という皇族《こうぞく》の仕事《しごと》

斎宮《さいぐう》の任務《にんむ》とは、未婚《みこん》の皇女《こうじょ》が三重県《みえけん》の伊勢神宮《いせじんぐう》に出向《でむ》き奉仕《ほうし》する仕事《しごと》のこと。本殿《ほんでん》よりはなれた寮《りょう》で生活《せいかつ》しながら、年《ねん》に数回《すうかい》、神事《しんじ》のために神宮《じんぐう》へ行《い》き儀式《ぎしき》を行《おこな》います。先代《せんだい》の斎宮《さいぐう》が退《しりぞ》くと、次《つぎ》の斎宮選《さいぐうえら》びは、亀《かめ》の甲羅《こうら》を火《ひ》であぶり、できたひび割《わ》れで占《うらな》って決《き》めていたそうです。

歌《うた》の意味《いみ》

今《いま》となってはただ、あなたのことをあきらめましょうと、そのひと言《こと》だけを、人《ひと》づてではなく、直接《ちょくせつ》あの人《ひと》に言《い》う方法《ほうほう》があったらいいのになあ。

言葉《ことば》の意味《いみ》

◆**今《いま》** 逢《あ》うことができなくなった今《いま》。

◆**いふよしもがな** 言《い》う方法《ほうほう》があればいいのに。

カルタをはやく取《と》るコツ！

下《しも》の句《く》は「ひとづて」まで覚《おぼ》えよう！

いまは ただ

ひとづてならで

歌人《かじん》プロフィール

左京大夫道雅《さきょうのだいぶみちまさ》（992〜1054年《ねん》）

藤原道雅《ふじわらのみちまさ》。幼《おさな》いころに家《いえ》が没落《ぼつらく》したため出世《しゅっせ》できず、当子内親王《とうしないしんのう》との恋愛《れんあい》により天皇《てんのう》の怒《いか》りを買《か》い、不遇《ふぐう》のまま没《ぼっ》した。

藤原道雅《ふじわらのみちまさ》は
三条院《さんじょういん》の娘《むすめ》の
当子内親王《とうしないしんのう》と
恋《こい》に落《お》ちました
三条院《さんじょういん》が大切《たいせつ》に
大切《たいせつ》にした娘《むすめ》です
没落《ぼつらく》した
家《いえ》の男《おとこ》になど
やれるか!!
道雅《みちまさ》さまー
当子《とうし》さま!
その後《ご》、当子内親王《とうしないしんのう》は
髪《かみ》を切《き》って尼《あま》となり、
わずか二十三歳《にじゅうさんさい》で
亡《な》くなってしまいました
なんでェ!
もうだめだ
今《いま》となっては
あきらめる
しかない
せめてこの決心《けっしん》を
直接逢《ちょくせつあ》って
伝《つた》えたいのに…
道雅《みちまさ》はすさんだ
生活《せいかつ》をおくり、
「荒三位《あらざんみ》」と
呼《よ》ばれました

64

CD64

朝《あさ》ぼらけ　宇治《うぢ》《ウジ》の川霧《かはぎり》《カワギリ》
たえだえに
あらは《ワ》れわたる
瀬々《せぜ》の網代木《あじろぎ》

権中納言定頼《ごんちゅうなごんさだより》

宇治川《うじがわ》の霧《きり》と網代木《あじろぎ》をものめずらしそうに詠《よ》む

宇治《うじ》の風物詩《ふうぶつし》でもある、宇治川《うじがわ》の網代木《あじろぎ》が登場《とうじょう》する歌《うた》です。明《あ》け方《がた》、周囲《しゅうい》が明《あか》るくなるとともに、立《た》ちこめていた霧《きり》が晴《は》れてきて、かくれていた網代木《あじろぎ》がゆっくりと見《み》えてきた様子《ようす》をえがきました。時間《じかん》の経過《けいか》とともに変化《へんか》する空気《くうき》感《かん》まで伝《つた》わってくる、風景描写《ふうけいびょうしゃ》にすぐれた絵画《かいが》のような歌《うた》です。

出典《しゅってん》　千載和歌集《せんざいわかしゅう》

宇治《うじ》の地《ち》は貴族達《きぞくたち》の別荘《べっそう》だった

都《みやこ》の南部《なんぶ》に位置《いち》する宇治《うじ》は当時《とうじ》、平安貴族《へいあんきぞく》の別荘地《べっそうち》でした。宇《う》治《じ》は『源氏物語《げんじものがたり》』の「宇治十帖《うじじゅうじょう》」の舞台《ぶたい》でもあり、貴族達《きぞくたち》にとっては、由緒《ゆいしょ》ある文学的《ぶんがくてき》な場所《ばしょ》だったようです。現在《げんざい》でも、世界遺産《せかいいさん》の平等院《びょうどういん》や宇治上神社《うじがみじんじゃ》などでも知《し》られる、一度《いちど》は行《い》ってみたいと思《おも》わせるあこがれの地《ち》です。

言葉《ことば》の意味《いみ》

◆**宇治《うぢ》**
ここでは宇治川《うじがわ》のこと。現在《げんざい》の京都府宇治市《きょうとふうじし》を流《なが》れる川《かわ》。

◆**瀬々《せぜ》**
多《おお》くの浅瀬《あさせ》。

カルタをはやく取《と》るコツ！

「あさぼらけ」で始《はじ》まる歌《うた》がもう一首《いっしゅ》あるよ！

あさぼらけうぢ
あらはれわたる

歌《うた》の意味《いみ》

夜《よる》が白々《しらじら》と明《あ》けるころ、宇治川《うじがわ》の川面《かわも》一面《いちめん》に立《た》ちこめていた川霧《かわぎり》が、あちらこちらでとぎれて晴《は》れ始《はじ》め、その合間《あいま》から次第《しだい》にあらわれてくる、浅瀬《あさせ》にかけられた網代木《あじろぎ》よ。

歌人《かじん》プロフィール

権中納言定頼《ごんちゅうなごんさだより》（995〜1045年《ねん》）

藤原定頼《ふじわらのさだより》。(55)大納言公任《だいなごんきんとう》の息子《むすこ》。容姿端麗《ようしたんれい》で書《しょ》や管弦《かんげん》の才能《さいのう》もあったが、(60)小式部内侍《こしきぶのないし》にやりこめられた件《けん》で、軽薄《けいはく》な性格《せいかく》といわれた。

網代漁《あじろりょう》とは竹《たけ》でつくった網《あみ》をV《ブイ》の字《じ》にならべてアユの稚魚《ちぎょ》をさそいこむ冬《ふゆ》に行《おこな》う漁《りょう》です
網代《あじろ》
竹《たけ》や木《き》で編《あ》んだ網《あみ》
網《あみ》ですくってとる
網代木《あじろぎ》
網代《あじろ》を張《は》るためのくい
これが宇治川《うじがわ》の冬《ふゆ》らしい景色《けしき》であり有名《ゆうめい》でもありました
宇治川《うじがわ》の夜《よ》が明《あ》けてきたなあ
朝霧《あさぎり》が晴《は》れてきた
あれは網代木《あじろぎ》
ああ
美《うつく》しい…

65

CD65

恨《うら》みわび 干《ほ》さぬ袖《そで》だに
あるものを
恋《こひ》《コイ》に朽《く》ちなむ《ン》
名《な》こそ惜《を》《オ》しけれ

相模《さがみ》

恋《こい》のために朽《く》ちていく自分《じぶん》の評判《ひょうばん》が気《き》になる

この歌《うた》は「袖《そで》」と「名《な》」を対比《たいひ》させ、どちらも「朽《く》ちる(だめになってしまう)」ものとして表現《ひょうげん》したところが特徴《とくちょう》です。涙《なみだ》で濡《ぬ》れすぎてしおれきった衣《ころも》の袖《そで》を、自分《じぶん》の落《お》ちた名声《めいせい》と重《かさ》ねたあたりは、ハイテクニック。恋《こい》のためにダメになっていく自分《じぶん》をいとおしんでいます。

出典《しゅってん》 後拾遺和歌集《ごしゅういわかしゅう》

朽《く》ちることへの微妙《びみょう》な解釈《かいしゃく》の差《さ》

「干《ほ》さぬ袖《そで》だにあるものを」には、袖《そで》が朽《く》ちていく説《せつ》のほか、もうひとつの解釈《かいしゃく》があります。それは「涙《なみだ》に濡《ぬ》れた袖《そで》さえ朽《く》ちないのに、私《わたし》の名前《なまえ》ばかり朽《く》ちていく」という、袖《そで》が朽《く》ちない説《せつ》です。袖《そで》と名《な》を対《つい》として朽《く》ちるものと解釈《かいしゃく》するほうが自然《しぜん》でしょう。

言葉《ことば》の意味《いみ》

◆**恨《うら》みわび**
恨《うら》みすぎて気力《きりょく》がなくなってしまった。

◆**干《ほ》さぬ袖《そで》だに**
涙《なみだ》で濡《ぬ》れて乾《かわ》くひまもない袖《そで》さえ(朽《く》ちるのが惜《お》しいのに)。

カルタをはやく取《と》るコツ！

下《しも》の句《く》は「こひに」まで覚《おぼ》えよう！

うら みわび
こひにくちなむ

歌《うた》の意味《いみ》

恨《うら》むことにつかれ、涙《なみだ》を乾《かわ》かすことのない私《わたし》の袖《そで》が朽《く》ちてゆくのさえ惜《お》しいのに、恋《こい》のために朽《く》ちていく私《わたし》の評判《ひょうばん》は、さらに残念《ざんねん》です。

歌人《かじん》プロフィール

相模《さがみ》(995年《ねん》ごろ～1061年《ねん》)

相模守大江公資《さがみのかみおおえのきんより》の妻《つま》だったため、相模《さがみ》と呼《よ》ばれた。数《かず》かずの歌合《うたあわせ》で活躍《かつやく》し、多《おお》くの男性《だんせい》と関係《かんけい》を持《も》ったという。

冷《つめ》たいあなたを恨《うら》んで流《なが》す涙《なみだ》に袖《そで》が乾《かわ》くひまもありません
袖《そで》が朽《く》ちてしまいそう
あなたにふられたとうわさになり
私《わたし》の名前《なまえ》まで朽《く》ちてしまうのがくやしいのです
まぁ…
またふられたみたいよ
この歌《うた》を歌合《うたあわせ》で詠《よ》んだとき相模《さがみ》はすでに五十代《ごじゅうだい》!(当時《とうじ》としては老女《ろうじょ》)
おみごと…!!
恋愛経験《れんあいけいけん》豊富《ほうふ》な相模《さがみ》の余裕《よゆう》の勝利《しょうり》でした♡

66

CD66

もろともに あはれ《ワ》と思《おも》へ《エ》 山桜《やまざくら》 花《はな》よりほかに 知《し》る人《ひと》もなし

前大僧正行尊《さきのだいそうじょうぎょうそん》

大峰《おおみね》の桜《さくら》に語《かた》りかける孤独《こどく》な修行僧《しゅぎょうそう》

行尊《ぎょうそん》は若《わか》いときから、過酷《かこく》な山《さん》岳修行《がくしゅぎょう》をくり返《かえ》していました。吉《よし》野《の》から熊野《くまの》にかけてのびる山《やま》、大《おお》峰山《みねやま》での修行中《しゅぎょうちゅう》思《おも》いがけず、遅咲《おそざ》きの山桜《やまざくら》に出会《であ》った感動《かんどう》を詠《よ》んだ歌《うた》です。緑《みどり》の中《なか》にたった一本《いっぽん》、咲《さ》きほこる桜《さくら》の存在感《そんざいかん》と生命力《せいめいりょく》にはげまされ、信仰《しんこう》の支《ささ》えにしたのかもしれません。

出典《しゅってん》 金葉和歌集《きんようわかしゅう》

仏教者《ぶっきょうしゃ》・修験者《しゅげんじゃ》を極《きわ》め大僧正《だいそうじょう》に

わずか十二歳《じゅうにさい》で天台宗総本山《てんだいしゅうそうほんざん》三《み》井寺《いでら》(園城寺《おんじょうじ》)で出家《しゅっけ》し、その後《ご》、長吏《ちょうり》(寺《てら》の長《おさ》)になった作者《さくしゃ》。修験《しゅげん》者《じゃ》として長《なが》く修行《しゅぎょう》し、加持祈禱《かじきとう》などを行《おこな》いながら、心優《こころやさ》しいお坊《ぼう》さんとして人《ひと》びとの尊敬《そんけい》を集《あつ》めていました。晩年《ばんねん》は僧《そう》の最高位《さいこうい》・大僧《だいそう》正《じょう》にまでなりました。

言葉《ことば》の意味《いみ》

◆**もろともに**
いっしょに、たがいに。

◆**あはれと思《おも》へ**
なつかしいと想《おも》っておくれ。

◆**山桜《やまざくら》**
ここでは大峰山《おおみねやま》の桜《さくら》。

歌《うた》の意味《いみ》

私《わたし》がお前《まえ》をいとおしく想《おも》うように、お前《まえ》も私《わたし》のことを想《おも》っておくれ、山桜《やまざくら》よ。花以外《はないがい》に私《わたし》の気持《きも》ちをわかってくれる人《ひと》もいないのだから。

カルタをはやく取《と》るコツ！

下《しも》の句《く》は「はなより」まで覚《おぼ》えよう！

もろ ともに
はなよりほかに

歌人《かじん》プロフィール

前大僧正行尊《さきのだいそうじょうぎょうそん》(1055～1135年《ねん》)

㊽三条院《さんじょういん》のひ孫《まご》。12歳《さい》で出家《しゅっけ》し、山伏《やまぶし》の修行《しゅぎょう》を重《かさ》ねた。鳥羽天皇《とばてんのう》の護持僧《ごじそう》(天皇《てんのう》のために祈禱《きとう》する僧《そう》)を務《つと》め、のちに天台座主《てんだいざす》、大僧正《だいそうじょう》になる。

天皇《てんのう》のひ孫《まご》として生《う》まれながら
十歳《じっさい》のときに父《ちち》を亡《な》くし
お坊《ぼう》さんになった行尊《ぎょうそん》
若《わか》いころから
過酷《かこく》な山岳修行《さんがくしゅぎょう》を
くり返《かえ》していました
はぁ はぁ
ここは大峰山《おおみねやま》
こんなところに山桜《やまざくら》が…
山桜《やまざくら》よ ともに いつくしみあおう
この山奥《やまおく》ではほかに 心《こころ》が通《つう》じ合《あ》う友《とも》も いないのだから…

CD67

67

春《はる》の夜《よ》の 夢《ゆめ》ばかりなる 手枕《たまくら》に かひ《イ》なく立《た》たむ《ン》 名《な》こそ惜《を》《オ》しけれ

周防内侍《すおうのないし》

中年男《ちゅうねんおとこ》のセクハラを軽《かる》くかわすデキる女性《じょせい》

一条院皇女《いちじょういんこうじょ》で後冷泉天皇《ごれいぜいてんのう》の中宮《ちゅうぐう》となった章子内親王《しょうしないしんのう》の御所《ごしょ》で、春《はる》の月《つき》が美《うつく》しい夜《よる》、人《ひと》びとが夜更《よふ》けまでおしゃべりを楽《たの》しんでいました。しゃべりつかれた作者《さくしゃ》が思《おも》わず「枕《まくら》がほしいわ」と言《い》ったところ、藤原忠家《ふじわらのただいえ》が御簾《みす》の下《した》から腕《うで》だけを差《さ》し出《だ》し「これを枕《まくら》に」と言《い》ったことに対《たい》して返《かえ》したのが、この歌《うた》です。

撰者《せんじゃ》・定家《ていか》と父《ちち》・俊成《しゅんぜい》 歌《うた》のとらえ方《かた》に違《ちが》いが

藤原定家《ふじわらのていか》の父《ちち》・83皇太后宮大夫《こうたいごうぐうのだいぶ》俊成《しゅんぜい》による『千載和歌集《せんざいわかしゅう》』の詞書《ことばがき》から解釈《かいしゃく》すると、「私《わたし》と一夜《いちや》を過《す》ごしませんか」というユーモアに対《たい》して、「春《はる》の夜《よ》」「手枕《たまくら》」など甘《あま》い言葉《ことば》を使《つか》いながら、やんわりと断《ことわ》っている大人《おとな》の恋愛《れんあい》ゲームととらえています。しかし定家《ていか》は甘《あま》い恋物語《こいものがたり》ととらえており、父子間《ふしかん》で見解《けんかい》がちがうようです。

言葉《ことば》の意味《いみ》

◆**春《はる》の夜《よ》の夢《ゆめ》**
短《みじか》く、はかないことのたとえ。

◆**かひなく**
つまらない、何《なん》の意味《いみ》もない。「甲斐《かい》なく」と「腕《うで》（かいな）」の掛詞《かけことば》。

カルタをはやく取《と》るコツ！

「はるす（ぎて）」と聞《き》きまちがえないように！

はるの よの
かひなくたたむ

出典《しゅってん》 千載和歌集《せんざいわかしゅう》

歌《うた》の意味《いみ》

短《みじか》い春《はる》の夜《よる》のような、あなたの手枕《てまくら》のために、つまらないうわさが立《た》ってしまうのは残念《ざんねん》です。

歌人《かじん》プロフィール

周防内侍《すおうのないし》（生年不明《せいねんふめい》～1108年《ねん》）
周防守《すおうのかみ》であった平棟仲《たいらのむねなか》の娘《むすめ》。本名《ほんみょう》は平仲子《たいらのちゅうし》。後《ご》冷泉《れいぜい》・後三条《ごさんじょう》・白河《しらかわ》・堀河天皇《ほりかわてんのう》と、4代《だい》にわたって仕《つか》えた。夫《おっと》や子《こ》どもがいたかどうかは不明《ふめい》。

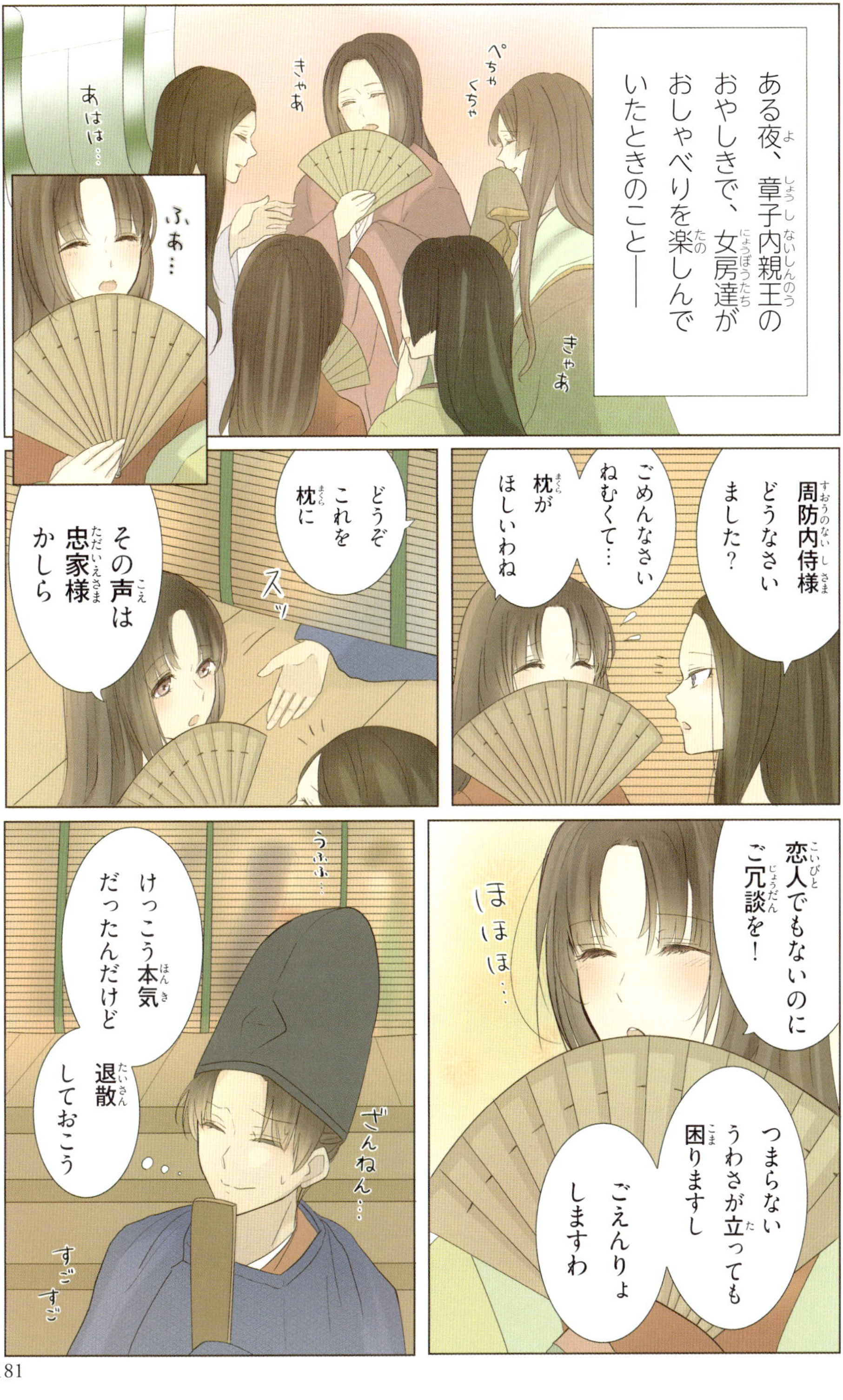

ある夜《よ》、章子内親王《しょうしないしんのう》のおやしきで、女房達《にょうぼうたち》がおしゃべりを楽《たの》しんでいたときのこと――
ぺちゃくちゃ
きゃあ
あはは…
きゃあ
ふぁ…
周防内侍様《すおうのないしさま》どうなさいました？
ごめんなさい ねむくて…
枕《まくら》がほしいわね
どうぞ これを 枕《まくら》に
スッ
その声《こえ》は 忠家様《ただいえさま》 かしら
恋人《こいびと》でもないのに ご冗談《じょうだん》を！
ほほほ…
つまらない うわさが立《た》っても 困《こま》りますし
ごえんりょ しますわ
うふふ…
けっこう本気《ほんき》 だったんだけど
退散《たいさん》 しておこう
ざんねん…
すごすご

68

CD68

心《こころ》にも　あらで憂《う》き世《よ》に
長《なが》らへ《エ》ば　恋《こひ》《コイ》しかるべき
夜半《よは》《ヨワ》の月《つき》かな

三条院《さんじょういん》

歌《うた》の意味《いみ》

心《こころ》にもなく、このつらい世《よ》に生《い》き長《なが》らえていたならば きっと恋《こい》しいと思《おも》うにちがいない今宵《こよい》の月《つき》だなあ。

歌人《かじん》プロフィール

三条院《さんじょういん》(976〜1017年《ねん》)

冷泉天皇《れいぜいてんのう》の第二皇子《だいにおうじ》。藤原道長《ふじわらのみちなが》の甥《おい》。36歳《さい》で即《そく》位《い》したが、わずか5年《ねん》で退位《たいい》に追《お》いこまれ、翌《よく》年亡《ねんな》くなった。悲劇《ひげき》のイメージが強《つよ》い天皇《てんのう》。

失《うしな》われゆく目《め》で見《み》た秋《あき》の月光《げっこう》の美《うつく》しさ

天皇《てんのう》に即位後《そくいご》、二度《にど》にわたり御《ご》所《しょ》が火災《かさい》で焼《や》け、緑内障《りょくないしょう》のような眼病《がんびょう》をわずらい、視力《しりょく》の低下《ていか》になやまされた三条天皇《さんじょうてんのう》。その上《うえ》、藤《ふじ》原道長《わらのみちなが》に退位《たいい》をせまられるなど次《つぎ》つぎと災難《さいなん》におそわれます。この歌《うた》は、かすかな視力《しりょく》で仰《あお》ぎ見《み》た月《つき》の美《うつく》しさと、我《わ》が身《み》の無念《むねん》さを重《かさ》ねた悲《かな》しみに満《み》ちた歌《うた》になっています。

娘《むすめ》の恋愛《れんあい》にも胸《むね》を痛《いた》める天皇《てんのう》

この歌《うた》は、三条院《さんじょういん》が最《もっと》もつらい時期《じき》に詠《よ》んだとされています。とりわけ娘《むすめ》の当子内親王《とうしないしんのう》が、没落《ぼつらく》の道《みち》をたどっている家柄《いえがら》の㊸左京《さきょうの》大夫道雅《だいぶみちまさ》と恋仲《こいなか》になり、宮中《きゅうちゅう》のスキャンダルとなったことにも胸《むね》を痛《いた》めていました。父親《ちちおや》として交際《こうさい》に大反対《だいはんたい》したのは言《い》うまでもありません。

言葉《ことば》の意味《いみ》

◆**憂《う》き世《よ》**
つらい現世《げんせ》のこと。

◆**長《なが》らへば**
生《い》き長《なが》らえていたならば。

カルタをはやく取《と》るコツ！

上《かみ》の句《く》も下《しも》の句《く》も、まちがえやすいから注意《ちゅうい》！

こころに **も**
こひしかるべき

出典《しゅってん》 後拾遺和歌集《ごしゅういわかしゅう》

三十六歳《さんじゅうろくさい》で天皇《てんのう》になった三条天皇《さんじょうてんのう》は、病弱《びょうじゃく》でさらに重《おも》い目《め》の病気《びょうき》でした
早《はや》くおやめなさい
それにつけこんだ藤原道長《ふじわらのみちなが》に退位《たいい》をせまられ、天皇《てんのう》は味方《みかた》もなくひとりぼっちでした
その上《うえ》、宮中《きゅうちゅう》が二度《にど》も火事《かじ》になりついに天皇《てんのう》をやめる決心《けっしん》をしたのです
ゴォォォォ
もうこれ以上《いじょう》生《い》きていたくはないが…
もし、生《い》き長《なが》らえていたら——
今宵《こよい》の月《つき》の美《うつく》しさは
目《め》が見《み》えなくなっても、思《おも》い出《だ》すことだろう
深《ふか》い絶望《ぜつぼう》の中《なか》で仰《あお》ぎ見《み》た秋《あき》の月《つき》はどんなに美《うつく》しかったことでしょう

69

CD69

嵐《あらし》吹《ふ》く 三室《みむろ》の山《やま》の
もみぢ《ジ》葉《ば》は
竜田《たつた》の川《かは》《カワ》の
錦《にしき》なりけり

能因法師《のういんほうし》

川《かわ》に散《ち》りゆく紅葉《もみじ》を錦《にしき》に見立《みた》てる

歌人《かじん》で歌枕《うたまくら》オタクでもあった作《さく》者《しゃ》は、「三室山《みむろやま》」「竜田川《たつたがわ》」と伝統《でんとう》的《てき》な歌枕《うたまくら》を使《つか》い、紅葉《もみじ》を錦《にしき》に見立《みた》てました。ありふれているようですが、山《やま》から川《かわ》への視点《してん》の移動《いどう》や、散《ち》る葉《は》と浮《う》かぶ葉《は》の対比《たいひ》は手《しゅ》法《ほう》として斬新《ざんしん》で、錦秋《きんしゅう》の風景《ふうけい》をきらびやかにイメージできる、すぐれた歌《うた》です。

出典《しゅってん》 後拾遺和歌集《ごしゅういわかしゅう》

変《か》わり者《もの》のお宝《たから》は産業廃棄物《さんぎょうはいきぶつ》？

能因法師《のういんほうし》は少《すこ》し変《か》わり者《もの》だったようです。ある日《ひ》、藤原節信《ふじわらのときのぶ》というやはり変《か》わり者《もの》に出会《であ》って意気《いき》投合《とうごう》。話《はなし》のネタにと思《おも》ったのか、懐《ふところ》にあった小袋《こぶくろ》を出《だ》して節信《ときのぶ》に見《み》せました。中《なか》に入《はい》っていたのはカンナくず。長柄《ながえ》の橋《はし》をつくったとき、木材《もくざい》をけずったあとに出《で》るゴミを大事《だいじ》に持《も》っていたというのです。

言葉《ことば》の意味《いみ》

◆**三室《みむろ》の山《やま》**
現在《げんざい》の奈良県《ならけん》生駒郡《いこまぐん》斑鳩《いかるが》町《ちょう》にある山《やま》。

◆**錦《にしき》**
いろいろな色《いろ》の糸《いと》で織《お》られた、豪華《ごうか》な絹織物《きぬおりもの》。

歌《うた》の意味《いみ》

激《はげ》しい嵐《あらし》が吹《ふ》き散《ち》らす三室山《みむろやま》の紅葉《もみじ》の葉《は》は、竜田川《たつたがわ》の川面《かわも》を彩《いろど》る錦《にしき》だったのだなあ。

カルタをはやく取《と》るコツ！

「あらし」ときたら「たつた」を探《さが》せ！

あらし ふく

たつたのかはの

歌人《かじん》プロフィール

能因法師《のういんほうし》（988年《ねん》～没年不明《ぼつねんふめい》）

出家前《しゅっけまえ》の名前《なまえ》は、橘 永愷《たちばなのながやす》。藤原長能《ふじわらのながよし》に師事《しじ》し、和歌《わか》の道《みち》を極《きわ》めていった。東北地方《とうほくちほう》など、各地《かくち》を旅《たび》して回《まわ》った。

嵐《あらし》が吹《ふ》き散《ち》らした
三室山《みむろやま》の紅葉《もみじ》の葉《は》が
ヒュウウウ…
竜田川《たつたがわ》の
水面《すいめん》をおおいつくし
流《なが》れる様子《ようす》は
錦《にしき》の織物《おりもの》のように
美《うつく》しい！
能因法師様《のういんほうしさま》
三室山《みむろやま》と竜田川《たつたがわ》は
はなれた場所《ばしょ》に
ありますよ
へんですよ
ははは！
これは紅葉《こうよう》の
名所《めいしょ》をふたつ
くっつけて
詠《よ》んでみた
んじゃ
イメージだな
美《うつく》しい絵《え》だろー
各地《かくち》を旅《たび》して歌枕《うたまくら》を集《あつ》めた
「旅《たび》の歌人《かじん》」ならではの歌《うた》です。
山《やま》と川《かわ》を対比《たいひ》させた、美《うつく》しい
情景《じょうけい》が見《み》えてきますね

CD70

70

さびしさに 宿《やど》を立《た》ち出《い》でて ながむれば いづ《ズ》こも同《おな》じ 秋《あき》の夕《ゆふ》《ユウ》暮《ぐ》れ

良暹法師《りょうぜんほうし》

歌《うた》の意味《いみ》

さびしさのあまり、庵《いおり》を立《た》ち出《で》て、外《そと》の景色《けしき》をながめると、どこも同《おな》じで、さびしくない場所《ばしょ》などないとわかった、秋《あき》の夕暮《ゆうぐ》れよ。

さびしさに耐《た》えられず家《いえ》を飛《と》び出《だ》す

さびしさに耐《た》えかねておもむろに外《そと》に出《で》てはみたが、そこにあるのは静《しず》かな秋《あき》の夕暮《ゆうぐ》れだけだったという、実体験《じったいけん》そのままを詠《よ》んだ、秋《あき》のもの悲《がな》しさをあらわした歌《うた》です。さびしさをあえて肯定《こうてい》し、そこに美《うつく》しさを見出《みいだ》すような、それまでの和歌《わか》にはないストレートな手法《しゅほう》が特徴《とくちょう》です。

出典《しゅってん》 後拾遺和歌集《ごしゅういわかしゅう》

実《じつ》は新《あたら》しかった「秋《あき》＝さびしさ」の美《び》

この歌《うた》は「秋《あき》の夕暮《ゆふぐ》れ」で終《お》わり、秋《あき》の郷愁《きょうしゅう》をいっそう強調《きょうちょう》していますが、意外《いがい》にも『万葉集《まんようしゅう》』や『古今和歌集《こきんわかしゅう》』の時代《じだい》には、秋《あき》のわびしい風景《ふうけい》が歌《うた》にほとんど登場《とうじょう》しません。この歌《うた》によって『新古今《しんこきん》和歌集《わかしゅう》』以降《いこう》、秋《あき》の風景《ふうけい》が「さびしさ」をあらわすものとして、さかんに詠《よ》まれるようになりました。

言葉《ことば》の意味《いみ》

◆いづこも同《おな》じ

どこも同《おな》じように。部屋《へや》にひとりでいてもさびしいが、外《そと》の秋《あき》の景色《けしき》もまたさびしい。『後拾遺和《ごしゅういわ》歌集《かしゅう》』では「いづくも」となっている。

カルタをはやく取《と》るコツ！

「さ」と「い」の組《く》み合《あ》わせはこれだけ！

さ びしさに

いづこもおなじ

歌人《かじん》プロフィール

良暹法師《りょうぜんほうし》（生没年不明《せいぼつねんふめい》）

後朱雀《ごすざく》・後冷泉天皇《ごれいぜいてんのう》の時代《じだい》に活躍《かつやく》した歌人《かじん》で、天台宗《てんだいしゅう》の僧《そう》。一時期《いちじき》、比叡山《ひえいざん》から京都《きょうと》・大原《おおはら》に移《うつ》り住《す》み、隠者《いんじゃ》として暮《く》らしていた。

わいわい
良暹法師《りょうぜんほうし》は比叡山《ひえいざん》で修行《しゅぎょう》していたのですが…
こんなにぎやかなところはいやじゃ…
出《で》て行《い》きます
京都《きょうと》の大原《おおはら》でひとり暮《ぐ》らしを始《はじ》めました
ここでひっそり仏《ほとけ》に仕《つか》えるんじゃ
とはいうものの
夕方《ゆうがた》になるとさびしいのう…
ふう
外《そと》に出《で》てもさびしさは同《おな》じか…

71

CD71

夕《ゆふ》《ユウ》されば 門田《かどた》の稲葉《いなば》
おとづ《ズ》れて
蘆《あし》のまろやに
秋風《あきかぜ》ぞ吹《ふ》く

大納言経信《だいなごんつねのぶ》

黄金色《こがねいろ》の稲葉《いなば》をゆらす秋風《あきかぜ》を体感《たいかん》できる歌《うた》

作者《さくしゃ》が、京都郊外《きょうとこうがい》にある源師賢《みなもとのもろかた》の山荘《さんそう》で詠《よ》んだ歌《うた》です。山荘《さんそう》の周《まわ》りを黄金色《こがねいろ》の稲穂《いなほ》がぐるりと囲《かこ》む田園風景《でんえんふうけい》の中《なか》、歌人達《かじんたち》が集《つど》い「田家《でんか》の秋風《あきかぜ》」という題《だい》で歌《うた》を詠《よ》み合《あ》いました。秋風《あきかぜ》が田《た》の葉《は》や稲穂《いなほ》をゆらす音《おと》がさやさやと聞《き》こえ、それが家屋《かおく》に吹《ふ》きこんでくる様《さま》が目《め》に浮《う》かびます。

出典《しゅってん》 金葉和歌集《きんようわかしゅう》

叙景歌《じょけいか》の世界《せかい》を切《き》り開《ひら》いた田園風景《でんえんふうけい》

このころ、貴族達《きぞくたち》の間《あいだ》では山荘《さんそう》趣味《しゅみ》がもてはやされ、田園風景《でんえんふうけい》が歌《うた》に詠《よ》まれるようになります。経《つね》信《のぶ》は新《あら》たな景色《けしき》を歌《うた》に取《と》り入《い》れ、それまでの和歌《わか》のあるべき価値観《かちかん》＝景物《けいぶつ》の本意《ほんい》（事物《じぶつ》の最《もっと》も理想的《りそうてき》な姿《すがた》）から自由《じゆう》になり、自然《しぜん》の風物《ふうぶつ》をありのまま表現《ひょうげん》した叙景歌《じょけいか》の世界《せかい》を切《き》り開《ひら》きました。

言葉《ことば》の意味《いみ》

◆**門田《かどた》**
家《いえ》のすぐそばに広《ひろ》がる、広《ひろ》い田《た》。

◆**蘆《あし》のまろや**
蘆《あし》で屋根《やね》をふいたそまつな小屋《こや》。

歌《うた》の意味《いみ》

夕方《ゆうがた》になると、吹《ふ》く風《かぜ》に門田《かどた》の稲葉《いなば》が音《おと》を立《た》て、蘆《あし》ぶきのそまつな小屋《こや》に秋風《あきかぜ》が吹《ふ》いてくるよ。

カルタをはやく取《と》るコツ！

「ゆふ」ときたら「あし」を探《さが》せ！

ゆふ されば

あしのまろやに

歌人《かじん》プロフィール

大納言経信《だいなごんつねのぶ》（1016〜1097年《ねん》）

源経信《みなもとのつねのぶ》。(74)源俊頼《みなもとのとしより》の父《ちち》。叙景歌《じょけいか》を得意《とくい》とし、新《あたら》しい叙景歌《じょけいか》の世界《せかい》を切《き》り開《ひら》いたといわれる。和歌《わか》のほか、漢詩《かんし》や管弦《かんげん》の才能《さいのう》も豊《ゆた》かだった。

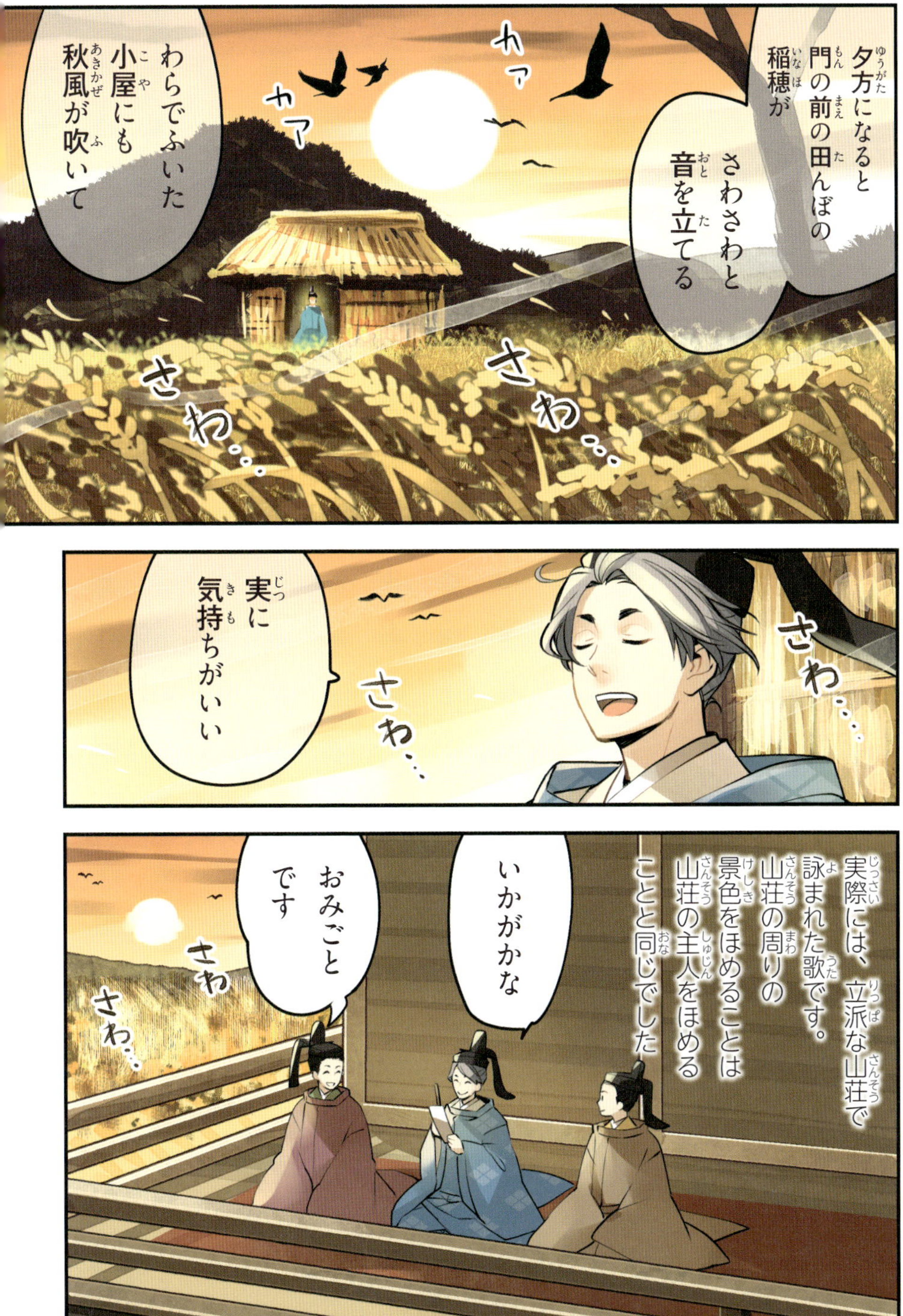
夕方《ゆうがた》になると門《もん》の前《まえ》の田《た》んぼの稲穂《いなほ》が
さわさわと音《おと》を立《た》てる
カァ
カア
わらでふいた小屋《こや》にも秋風《あきかぜ》が吹《ふ》いて
さわ…
さわ…
さわ…
さわ…
実《じつ》に気持《きも》ちがいい
実際《じっさい》には、立派《りっぱ》な山荘《さんそう》で詠《よ》まれた歌《うた》です。山荘《さんそう》の周《まわ》りの景色《けしき》をほめることは山荘《さんそう》の主人《しゅじん》をほめることと同《おな》じでした
いかがかな
おみごとです
さわ
さわ…

CD72

72

音《おと》に聞《き》く　高師《たかし》の浜《はま》の
あだ波《なみ》は
かけじや袖《そで》の
ぬれもこそすれ

祐子内親王家紀伊《ゆうしないしんのうけのきい》

誘《さそ》いの言葉《ことば》をかけられても　きっぱりさっぱり拒否《きょひ》

この歌《うた》は男女《だんじょ》で恋歌《こいうた》を競《きそ》う「堀《ほり》河院艶書合《かわいんけそうぶみあわせ》」で披露《ひろう》されました。藤原俊忠《ふじわらのとしただ》（⑧③皇太后宮大夫俊成《こうたいごうぐうのだいぶしゅんぜい》の父《ちち》）が「人知《ひとし》れぬ思《おも》ひありその浦風《うらかぜ》に波《なみ》のよるこそ言《い》はまほしけれ」と、夜《よる》になったら言《い》い寄《よ》りたいと口説《くど》くと、作者《さくしゃ》は「その波《なみ》は浮気《うわき》な波《なみ》だから、きっと泣《な》きをみるだけ」ときっぱり拒否《きょひ》しました。

出典《しゅってん》　金葉和歌集《きんようわかしゅう》

恋歌《こいうた》の競演《きょうえん》を楽《たの》しむ女房《にょうぼう》

「高師《たかし》の浜《はま》」とは、大阪府堺市《おおさかふさかいし》浜寺《はまでら》から高石市《たかいしし》にあった浜《はま》のこと。「高《たか》し」と「高師《たかし》」の掛詞《かけことば》、「浜《はま》」「波《なみ》」「寄《よ》る」の縁語《えんご》を巧《たく》みに使《つか》い、また俊忠《としただ》が「ありその浦《うら》（富山《とやま》県《けん》）」という歌枕《うたまくら》を入《い》れたのに対《たい》して、紀伊《きい》は「高師《たかし》の浜《はま》」という歌枕《うたまくら》を入《い》れて応《おう》じ、圧巻《あっかん》の技量《ぎりょう》を見《み》せつけました。

言葉《ことば》の意味《いみ》

◆音《おと》に聞《き》く
有名《ゆうめい》な、うわさに名高《なだか》い。

◆あだ波《なみ》
いたずらに立《た》つ波《なみ》。浮気《うわき》な男《おとこ》、の意味をこめている。

歌《うた》の意味《いみ》

有名《ゆうめい》な高師《たかし》の浜《はま》にいたずらに立《た》つ波《なみ》が、かからないようにしましょう、袖《そで》が濡《ぬ》れては困《こま》るので。浮気《うわき》なあなたを相手《あいて》にする気《き》はありません、涙《なみだ》で袖《そで》を濡《ぬ》らすといけませんから。

歌人《かじん》プロフィール

祐子内親王家紀伊《ゆうしないしんのうけのきい》（生没年不明《せいぼつねんふめい》）

後朱雀天皇《ごすざくてんのう》の皇女《こうじょ》・祐子内親王《ゆうしないしんのう》に仕《つか》えた女房《にょうぼう》。紀伊守藤原重経《きいのかみふじわらのしげつね》の妻《つま》といわれる。多《おお》くの歌合《うたあわせ》に参加《さんか》しており、歌人《かじん》としての評価《ひょうか》も高《たか》かった。

カルタをはやく取《と》るコツ！

「おと」ときたら「かけ」を探《さが》せ！

おと　にきく

かけじやそでの

「艶書合《けそうぶみあわせ》」とは、男性《だんせい》が女性《じょせい》に歌《うた》をおくり、女性《じょせい》が返歌《へんか》を詠《よ》み、どちらがすぐれているかを競《きそ》う大会《たいかい》です
あなたをずっと思《おも》っていました 風《かぜ》で波《なみ》が打《う》ち寄《よ》せるように、今夜《こんや》あなたに言《い》い寄《よ》りたいのです
うわさに高《たか》い高師《たかし》の浜《はま》 その波《なみ》は寄《よ》せたと思《おも》えばすぐ引《ひ》いていく浮気《うわき》な波《なみ》
ザザー
浮気《うわき》で有名《ゆうめい》なあなたの言葉《ことば》にはのりませんよ
涙《なみだ》で袖《そで》を濡《ぬ》らすことになりますから！
おっほっほ
まいりました！
このとき、紀伊《きい》、七十歳《ななじっさい》。かんろくの勝利《しょうり》でした！

73

CD73

高砂《たかさご》の 尾《を》《オ》の上《へ》《エ》の桜《さくら》
咲《さ》きにけり
外山《とやま》の霞《かすみ》
立《た》たずもあらなむ《ン》

権中納言匡房《ごんちゅうなごんまさふさ》

ストレートに景色《けしき》を伝《つた》える正統派《せいとうは》

霞《かすみ》を擬人化《ぎじんか》し、高《たか》い山《やま》の峰《みね》の桜《さくら》をかくさないでほしいとうったえる形《かたち》で、間接的《かんせつてき》に桜《さくら》をほめているこの歌《うた》。こったところはなく、正《しょう》面《めん》からわかりやすく堂々《どうどう》と景色《けしき》の素晴《すば》らしさを詠《よ》んだ点《てん》が、高《たか》く評《ひょう》価《か》されています。しみじみとした余情《よじょう》はありませんが、すっきりとした品格《ひんかく》があります。

出典《しゅってん》 後拾遺和歌集《ごしゅういわかしゅう》

歌《うた》の中《なか》に遠近法《えんきんほう》の構図《こうず》を取《と》り入《い》れた漢学者《かんがくしゃ》

内大臣《ないだいじん》・藤原師通《ふじわらのもろみち》のやしきで開《ひら》かれた宴席《えんせき》で「遥《はる》かに山桜《やまざくら》を眺望《ちょうぼう》する」の題《だい》で詠《よ》まれた歌《うた》です。上《かみ》の句《く》と下《しも》の句《く》で遠《とお》くの山《やま》、近《ちか》くの里山《さとやま》と風景《ふうけい》に遠近感《えんきんかん》を取《と》り入《い》れている点《てん》が、当代随一《とうだいずいいち》の漢学者《かんがくしゃ》と名《な》高《だか》い作者《さくしゃ》らしいところ。「高砂《たかさご》の尾《を》の上《へ》の桜《さくら》」とは、高《たか》い地位《ちい》にある師通《もろみち》への称賛《しょうさん》をこめています。

言葉《ことば》の意味《いみ》

◆**高砂《たかさご》**
砂《すな》が積《つ》もってできた山《やま》、高《たか》い山《やま》。歌枕《うたまくら》の「高砂《たかさご》」ではない。

◆**外山《とやま》**
人里《ひとざと》に近《ちか》い山《やま》、あまり高《たか》くない山《やま》。里山《さとやま》。

歌《うた》の意味《いみ》

高《たか》い山《やま》の峰《みね》の桜《さくら》が咲《さ》いたなあ。人里近《ひとざとちか》くの山《やま》の霞《かすみ》よ、どうか立《た》たないでほしい。

カルタをはやく取《と》るコツ！

「たか」ときたら「とやま」を探《さが》せ！

たか さごの

とやまのかすみ

歌人《かじん》プロフィール **権中納言匡房《ごんちゅうなごんまさふさ》**（1041〜1111年《ねん》）

大江匡房《おおえのまさふさ》。大江匡衡《おおえのまさひら》と59赤染衛門《あかぞめえもん》のひ孫《まご》。藤原《ふじわらの》道長《みちなが》の時代《じだい》に活躍《かつやく》した。幼《おさな》いころから神童《しんどう》といわれ、当代《とうだい》きっての漢学者《かんがくしゃ》となった。

匡房《まさふさ》は幼《おさな》いころから天才《てんさい》と名高《なだか》く、宮中《きゅうちゅう》に出仕《しゅっし》しましたが…
人《ひと》の悪口《わるぐち》ばっかり…
あいつさー
ひそひそ
こんなところイヤだ！
やめたい…
もう少《すこ》しがんばってみなよ
源《みなもと》 経信《つねのぶ》にとめられました
藤原師通《ふじわらのもろみち》の別荘《べっそう》で花見《はなみ》の宴《うたげ》が開《ひら》かれたときのこと
匡房《まさふさ》どの一首《いっしゅ》詠んでくれないか
いいですよ
漢詩《かんし》はすばらしいが…
大丈夫《だいじょうぶ》か？
どよっ…!!
遠《とお》くの高《たか》い山《やま》に桜《さくら》が美《うつく》しく咲《さ》いている心《こころ》ゆくまでながめたいから里山《さとやま》の霞《かすみ》よ立《た》たないでおくれ
みごとだ！
おお…!!
すばらしい!!
漢学者《かんがくしゃ》らしい歌《うた》だ！

74

CD74

憂《う》かりける　人《ひと》をはつせの　山《やま》おろし　はげしかれとは　祈《いの》らぬものを

源俊頼朝臣《みなもとのとしよりあそん》

神仏《しんぶつ》に祈《いの》ったけれど かなわなかった恋《こい》

この歌題《かだい》は「祈《いの》れども逢《あ》はざる恋《こい》」。以前《いぜん》に一度《いちど》、恋《こい》の成就《じょうじゅ》を観音様《かんのんさま》に祈《いの》り、その後《ご》も重《かさ》ねて祈《いの》ったのに、冬《ふゆ》の山《やま》から冷《つめ》たい風《かぜ》が下《お》りてくるばかり。時間《じかん》の経過《けいか》を詠《よ》みこみ、擬人化《ぎじんか》した「山《やま》おろし」を相手《あいて》の冷《つめ》たい態度《たいど》にたとえた、情景《じょうけい》と心理描写《しんりびょうしゃ》にすぐれた歌《うた》です。

出典《しゅってん》 千載和歌集《せんざいわかしゅう》

奈良《なら》の初瀬山《はつせやま》は 歌《うた》や物語《ものがたり》の舞台《ぶたい》

「はつせの山《やま》」とは大和国《やまとのくに》にある山《やま》で、現在《げんざい》の奈良県桜井市初瀬町《ならけんさくらいしはせちょう》です。初瀬山《はつせやま》の中腹《ちゅうふく》には本尊《ほんぞん》に十一面観音《じゅういちめんかんのん》をまつる長谷寺《はせでら》があり、平安時代以降観音信仰《へいあんじだいいこうかんのんしんこう》の拠点《きょてん》として参拝《さんぱい》する人《ひと》が絶《た》えませんでした。『源氏物語《げんじものがたり》』をはじめとする王朝物語《おうちょうものがたり》の舞台《ぶたい》としてよく登場《とうじょう》する場所《ばしょ》でもあります。

言葉《ことば》の意味《いみ》

◆**憂《う》かりける** つれない、冷《つめ》たい。

◆**山《やま》おろし** 山《やま》から吹《ふ》きおろす、激《はげ》しく冷《つめ》たい風《かぜ》。『千載和歌集《せんざいわかしゅう》』では「山《やま》おろしよ」となっている。

カルタをはやく取《と》るコツ！

「うか」ときたら「はげ」を探《さが》せ！

うか りける

はげしかれとは

歌《うた》の意味《いみ》

冷淡《れいたん》なあの人《ひと》をふり向かせたいと初瀬《はつせ》の観音様《かんのんさま》に祈願《きがん》したかいもなく、初瀬山《はつせやま》の山《やま》おろしよ、こんなに激《はげ》しく吹《ふ》けとは、こんなに私《わたし》につらくあたれとは、祈《いの》らなかったのに。

歌人《かじん》プロフィール

源俊頼朝臣《みなもとのとしよりあそん》（1055～1129年《ねん》）

(71)大納言経信《だいなごんつねのぶ》（源経信《みなもとのつねのぶ》）の息子《むすこ》で、(85)俊恵法師《しゅんえほうし》の父《ちち》。白河院《しらかわいん》の命《めい》で『金葉和歌集《きんようわかしゅう》』の編者《へんじゃ》となる。歌合《うたあわせ》の審判《しんぱん》をしたことでも知《し》られている。

願《ねが》いがよくかなうという 奈良《なら》の初瀬《はつせ》にある 長谷寺《はせでら》で祈《いの》る俊頼《としより》——
冷《つめ》たいあの人《ひと》が そよ風《かぜ》のように 優《やさ》しくなります ように…
来《こ》ないで!
ビュウウウッ
ひええ 冷《つめ》た〜い!
風《かぜ》までつらくあたる… そんなこと 祈《いの》ってないよお…
いいもん! この経験《けいけん》も 歌《うた》にするもん!
ぐっすん
その後《ご》——
ええ〜 ますます 冷《つめ》たくなったぁ!

75

CD75

契《ちぎ》りおきし させもが露《つゆ》を
命《いのち》にて
あは《ワ》れ今年《ことし》の
秋《あき》もいぬめり

藤原基俊《ふじわらのもととし》

子煩悩《こぼんのう》パパのため息《いき》が聞《き》こえてきそうな歌《うた》

一見《いっけん》、失恋《しつれん》の歌《うた》のように見《み》えますが、そうではありません。詞書《ことばがき》によると、作者《さくしゃ》は息子《むすこ》・光覚《こうかく》を十《じゅう》月《がつ》の興福寺維摩会《こうふくじゆいまえ》の講師《こうじ》という名《めい》誉《よ》ある役《やく》に選《えら》ばれるよう、⑯法性《ほっしょう》寺入道前関白太政大臣《じにゅうどうさきのかんぱくだいじょうだいじん》（藤原忠通《ふじわらのただみち》）に頼《たの》みました。しかし期待《きたい》は裏切《うらぎ》られました。これは落胆《らくたん》した親《おや》の心情《しんじょう》を詠《よ》んだ歌《うた》なのです。

出典《しゅってん》 千載和歌集《せんざいわかしゅう》

頼《たよ》りにせよとの言葉《ことば》を信《しん》じた切実《せつじつ》な親心《おやごころ》

「させもが露《つゆ》」の「させも」とは、さしも草《ぐさ》のこと。これは『新古今《しんこきん》和歌集《わかしゅう》』にある「なほ頼《たの》めしめぢが原《はら》のさせも草《ぐさ》われ世《よ》の中《なか》にあらむかぎりは」という清水観音《きよみずかんのん》の託《たく》宣歌《せんか》（お告《つ》げの歌《うた》）をふまえた「私《わたし》を頼《たよ》りにしていなさい」という意《い》味《み》。「露《つゆ》」は、その言葉《ことば》を大切《たいせつ》にしていることをあらわしています。

言葉《ことば》の意味《いみ》

◆**契《ちぎ》りおきし**
約束《やくそく》しておいた。「おき」は「露《つゆ》」の縁語《えんご》。

◆**命《いのち》にて**
命《いのち》のように大切《たいせつ》に。「命《いのち》」も「露《つゆ》」の縁語《えんご》。

カルタをはやく取《と》るコツ！

「ちぎりき（な）」と聞《き》きまちがえないように！

ちぎりおきし
あはれことしの

歌《うた》の意味《いみ》

約束《やくそく》してくださった「私《わたし》を頼《たよ》りにせよ」というあなたのひと言《こと》を命綱《いのちづな》としているうちに、ああ、今年《ことし》の秋《あき》もむなしく去《さ》っていくようだ。

歌人《かじん》プロフィール

藤原基俊《ふじわらのもととし》（1060〜1142年《ねん》）

㊹源 俊頼《みなもとのとしより》のライバルといわれた、伝統派《でんとうは》の歌人《かじん》。名門《めいもん》の生《う》まれだったが、出世《しゅっせ》はできなかった。

基俊《もととし》の息子《むすこ》はお坊《ぼう》さんです
律師光覚《りっしこうかく》といいます
忠通《ただみち》さん息子《むすこ》が興福寺《こうふくじ》の講師《こうじ》になれるよう取《と》りはからってもらえませんか？
よし！
なんとかしてみよう！
ドン
でも…
落選《らくせん》
ずーん
うが!!
あなたの約束《やくそく》を命《いのち》のように大切《たいせつ》にしてきたのに!!
今年《ことし》の秋《あき》もむなしく過《す》ぎていきますよう…
忠通《ただみち》さんの役立《やくた》たずー!!
もうあきらめようかなあ…

CD76

76

わたの原《はら》 漕《こ》ぎ出《い》でて見《み》れば ひさかたの 雲《く》居《ゐ》《クモイ》にまが《ゴ》ふ《ウ》 沖《おき》つ白波《しらなみ》

法性寺入道前関白太政大臣《ほっしょうじにゅうどうさきのかんぱくだいじょうだいじん》

歌《うた》の意味《いみ》

大海原《おおうなばら》に漕《こ》ぎ出《だ》して見《み》わたすと、空《そら》の雲《くも》と見《み》まちがうような沖《おき》の白波《しらなみ》よ。

過酷《かこく》な現実《げんじつ》を生《い》きながら海《うみ》をテーマに雄大《ゆうだい》な歌《うた》を詠《よ》む

これは⑦⑦崇徳院《すとくいん》が開《ひら》いた内裏歌《だいりうた》合《あわせ》で詠《よ》まれたものです。果《は》てしなく広《ひろ》がる海《うみ》・雲《くも》・波《なみ》が目《め》に浮《う》かび、雄大《ゆうだい》な流《なが》れを感《かん》じるのとは裏《うら》腹《はら》に、このとき作者《さくしゃ》は宮中《きゅうちゅう》の内紛《ないふん》をかかえながら権力闘争《けんりょくとうそう》の真《ま》っ最《さい》中《ちゅう》。のちに起《お》きる天皇家《てんのうけ》の内乱《ないらん》・保元《ほうげん》の乱《らん》で⑦⑦崇徳院《すとくいん》と戦《たたか》うことになるのです。

出典《しゅってん》 詞花和歌集《しかわかしゅう》

大物政治家《おおものせいじか》についた長《なが》い名前《なまえ》

忠通《ただみち》は、百人一首《ひゃくにんいっしゅ》きっての長《なが》い名前《なまえ》「法性寺入道前関白太政大臣《ほっしょうじにゅうどうさきのかんぱくだいじょうだいじん》」で記《しる》されています。その理由《りゆう》は太《だい》政大臣《じょうだいじん》・関白《かんぱく》・摂政《せっしょう》と、政治家《せいじか》としての重役《じゅうやく》を歴任《れきにん》後《ご》、法性寺《ほっしょうじ》に隠《いん》居《きょ》したため。寺《てら》では「法性寺殿《ほっしょうじどの》」と呼《よ》ばれ、書家《しょか》としても活躍《かつやく》し、法《ほっ》性寺流《しょうじりゅう》という流派《りゅうは》を確立《かくりつ》した開祖《かいそ》でもあります。

言葉《ことば》の意味《いみ》

◆**わたの原《はら》**
広《ひろ》びろとした海《うみ》。

◆**雲居《くもゐ》にまがふ**
雲《くも》と見分《みわ》けがつかない様《よう》子《す》。「雲居《くもゐ》」は、ここでは雲《くも》そのもののこと。

カルタをはやく取《と》るコツ!

上《かみ》の句《く》は「こ」まで聞《き》いてね!

わたのはら こぎ

くもゐにまがふ

歌人《かじん》プロフィール

法性寺入道前関白太政大臣《ほっしょうじにゅうどうさきのかんぱくだいじょうだいじん》(1097~1164年《ねん》)

藤原忠通《ふじわらのただみち》。関白《かんぱく》・藤原忠実《ふじわらのただざね》の子《こ》。⑨⑤前大僧正《さきのだいそうじょう》慈円《じえん》の父《ちち》。1156年《ねん》の保元《ほうげん》の乱《らん》で弟《おとうと》の頼長《よりなが》を倒《たお》し、藤原氏《ふじわらし》の頂点《ちょうてん》に立《た》った。

長《なが》い作者名《さくしゃめい》ですが藤原忠通《ふじわらのただみち》のことです
忠通《ただみち》どのどうぞ
では
崇徳院《すとくいん》が天皇《てんのう》になったときの歌合《うたあわせ》で忠通《ただみち》が詠《よ》んだ歌《うた》――
大海原《おおうなばら》に舟《ふね》を漕《こ》ぎ出《だ》してはるかむこうを見《み》わたせば
沖《おき》に、雲《くも》と見《み》まちがえそうなほど白波《しらなみ》が立《た》っている
ザザァ…
この歌《うた》のようにのんびりできればよかったんだけど…
忠通《ただみち》どのお早《はや》く!
おう
のちに忠通《ただみち》は保元《ほうげん》の乱《らん》で崇徳院《すとくいん》と争《あらそ》うことになりました

CD77

77

瀬《せ》をはやみ 岩《いは》《イワ》にせかるる
滝川《たきがは》《タキガワ》の
われても末《すゑ》《スエ》に
逢《あ》は《ワ》む《ン》とぞ思《おも》ふ《ウ》

崇徳院《すとくいん》

いつかきっとまた逢《あ》おうと執念《しゅうねん》の恋《こい》を詠《よ》む

激《はげ》しく流《なが》れる川《かわ》の水《みず》が岩《いわ》に当《あ》たり、左右《さゆう》に分《わ》かれてもまた合流《ごうりゅう》する様子《ようす》を自《みずか》らの恋《こい》する気持《きも》ちになぞらえた歌《うた》です。一度《いちど》は別《わか》れてもまたきっとあの人《ひと》に逢《あ》うのだという強《つよ》く激《はげ》しい思《おも》いをあらわしています。しかし崇徳院《すとくいん》がたどった不《ふ》運《うん》な生涯《しょうがい》をふり返《かえ》ると、恋歌《こいうた》以外《いがい》の意味《いみ》がふくまれているように感《かん》じられます。

出典《しゅってん》 詞花和歌集《しかわかしゅう》

生《い》きて天狗《てんぐ》になった悲劇《ひげき》の天皇《てんのう》

崇徳院《すとくいん》は父親《ちちおや》に愛《あい》されず、譲位《じょうい》を余儀《よぎ》なくされ、保元《ほうげん》の乱《らん》を起《お》こすも敗《やぶ》れて讃岐《さぬき》へ流罪《るざい》となりました。写経《しゃきょう》した経文《きょうもん》をおくり返《かえ》された際《さい》、舌《した》を食《く》いちぎった血《ち》でちかいの文字《もじ》を書《か》き、その後《ご》は生《い》きながら天狗《てんぐ》になったなど、怨念伝説《おんねんでんせつ》が多数残《たすうのこ》っています。結局《けっきょく》、都《みやこ》へはもどれず讃岐《さぬき》で亡《な》くなりました。

言葉《ことば》の意味《いみ》

◆瀬《せ》をはやみ
川《かわ》の流《なが》れが速《はや》いので。

◆滝川《たきがは》
滝《たき》のように流《なが》れが激《はげ》しい川《かわ》。

歌《うた》の意味《いみ》

瀬《せ》が速《はや》いので、岩《いわ》にせきとめられる滝川《たきがわ》が真《ま》っぷたつに分《わ》かれても、いつかまた合流《ごうりゅう》するように、恋《こい》しい人《ひと》と別《わか》れてもまたいつかは逢《あ》おうと思《おも》う。

カルタをはやく取《と》るコツ！

「せ」と「わ」の組《く》み合《あ》わせはこれだけ！

せ をはやみ

われてもすゑに

歌人《かじん》プロフィール **崇徳院《すとくいん》**(1119〜1164年《ねん》)

鳥羽天皇《とばてんのう》の第一皇子《だいいちおうじ》。第《だい》75代天皇《だいてんのう》。保元《ほうげん》の乱《らん》で敗《やぶ》れて讃岐《さぬき》へ流《なが》され、流刑地《るけいち》で亡《な》くなった。生《い》きながら天狗《てんぐ》の姿《すがた》になったという伝説《でんせつ》もある。

岩《いわ》にぶつかってふたつに割《わ》れた
川《かわ》の流《なが》れが
いずれまた
ひとつに
なるように――
私《わたし》も必《かなら》ず
あなたに逢《あ》おう。
たとえ何《なに》があっても!
この歌《うた》を詠《よ》んで数年後《すうねんご》…崇徳院《すとくいん》は保元《ほうげん》の乱《らん》に敗《やぶ》れ讃岐国《さぬきのくに》(現在《げんざい》の香川県《かがわけん》)へ流《なが》されました
戦死者《せんししゃ》の供養《くよう》にと写《うつ》したお経《きょう》を都《みやこ》へおくりましたが
おくり返《かえ》された!
しかもビリビリに破《やぶ》られてる!
許《ゆる》せない!
かくなれば日本国《にっぽんこく》の大魔縁《だいまえん》となってやる!

CD78

78

淡路《あはぢ》《アワジ》島《しま》 通《かよ》ふ《ウ》千鳥《ちどり》の
鳴《な》く声《こゑ》《コエ》に
いく夜《よ》寝覚《ねざ》めぬ
須磨《すま》の関守《せきもり》

源兼昌《みなもとのかねまさ》

流《なが》されて、さびしくて千鳥《ちどり》の鳴《な》き声《ごえ》が響《ひび》く

この歌《うた》の舞台《ぶたい》・須磨《すま》は、『源氏物語《げんじものがたり》』の光源氏《ひかるげんじ》や⑯中納言行平《ちゅうなごんゆきひら》が流《なが》されてさびしく暮《く》らした場所《ばしょ》です。須磨《すま》は、こうしたことからただでさえさびしいイメージなのに、作者《さくしゃ》はさらに悲《かな》しい声《こえ》で鳴《な》く千鳥《ちどり》を歌《うた》に入《い》れ、遠《とお》い昔《むかし》の関守《せきもり》の立場《たちば》からそのさびしさを詠《よ》みました。

出典《しゅってん》 金葉和歌集《きんようわかしゅう》

百人一首《ひゃくにんいっしゅ》と『源氏物語《げんじものがたり》』の深《ふか》い関係《かんけい》

撰者《せんじゃ》の藤原定家《ふじわらのていか》はこの歌《うた》から『源氏物語《げんじものがたり》』の「須磨巻《すまのまき》」を連想《れんそう》していたようです。㊼紫式部《むらさきしきぶ》の『源氏物語《げんじものがたり》』は、歌物語《うたものがたり》の要素《ようそ》が強《つよ》い長編小説《ちょうへんしょうせつ》です。定家自身《ていかじしん》、大《だい》の『源氏物語《げんじものがたり》』ファンで、百人一首《ひゃくにんいっしゅ》の中《なか》にはこの歌《うた》のほかに『源氏物語《げんじものがたり》』と関連《かんれん》がある歌《うた》が多数《たすう》ふくまれています。

言葉《ことば》の意味《いみ》

◆千鳥《ちどり》
チドリ科《か》の鳥《とり》の総称《そうしょう》。冬《ふゆ》の海辺《うみべ》に群《む》れる様子《ようす》を、和歌《わか》に詠《よ》むことが多《おお》い。

◆関守《せきもり》
関所《せきしょ》の番人《ばんにん》。

歌《うた》の意味《いみ》

淡路島《あわじしま》から通《かよ》って来《く》る千鳥《ちどり》の泣《な》く声《こえ》に、いったい幾《いく》夜寝覚《よねざ》めたことだろうか、須磨《すま》の関守《せきもり》は。

カルタをはやく取《と》るコツ!

「あはぢ」ときたら「いくよ」を探《さが》せ!

あはぢ しま
いくよ ねざめぬ

歌人《かじん》プロフィール

源兼昌《みなもとのかねまさ》（生没年不明《せいぼつねんふめい》）

源 俊輔《みなもとのとしすけ》の息子《むすこ》。いくつもの歌合《うたあわせ》に参加《さんか》したことはわかっているが、くわしい経歴《けいれき》は不明《ふめい》。『金葉和歌集《きんようわかしゅう》』などに7首《しゅ》が残《のこ》っている。

関守《せきもり》とは、関所《せきしょ》の番人《ばんにん》のこと。家族《かぞく》とはなれ、ひとりで暮《く》らします
ちょっとさびしい
淡路島《あわじしま》
須磨《すま》の関所《せきしょ》はさびしい漁村《ぎょそん》にありました
冬《ふゆ》になると淡路島《あわじしま》から千鳥《ちどり》がやって来《き》ます
チィ
チィ
関守《せきもり》は千鳥《ちどり》の声《こえ》で目《め》を覚《さ》まし…
チィ
さびしいなあと
思《おも》っただろうなあ…
チィ
チィ
『源氏物語《げんじものがたり》』の中《なか》で光源氏《ひかるげんじ》がわび住《ず》まいをしたという須磨《すま》の地《ち》——そのイメージも重《かさ》ねて詠《よ》んだのでしょう

79

CD79

秋風《あきかぜ》に たなびく雲《くも》の
たえ間《ま》より
漏《も》れ出《い》づる月《つき》の
影《かげ》のさやけさ

左京大夫《さきょうのだいぶ》顕輔《あきすけ》

幽玄《ゆうげん》の世界《せかい》を思《おも》わせる雲間《くもま》から漏《も》れる月光《げっこう》の美《び》

秋《あき》の夜《よる》に雲間《くもま》から漏《も》れる、繊細《せんさい》な月光美《げっこうび》を詠《よ》みました。月《つき》そのものはぼんやりしていても、神秘的《しんぴてき》な光《ひかり》が美《うつく》しいとする考《かんが》え方《かた》は、幽玄《ゆうげん》に通《つう》じます。幽玄《ゆうげん》とは、和歌以《わかい》外《がい》の能《のう》や茶道《さどう》などにも大《おお》いに影響《えいきょう》をおよぼした独特《どくとく》の美意識《びいしき》。その定義《ていぎ》はあいまいで複雑《ふくざつ》、薄暗《うすぐら》さを愛《あい》する奥深《おくぶか》い世界観《せかいかん》です。

出典《しゅってん》 新古今和歌集《しんこきんわかしゅう》

顕季《あきすえ》→顕輔《あきすけ》→顕昭《けんしょう》 和歌《わか》の家元《いえもと》六条家《ろくじょうけ》

顕輔《あきすけ》の父《ちち》・顕季《あきすえ》は、和歌《わか》の流派《りゅうは》・六条家《ろくじょうけ》を創設《そうせつ》した家元《いえもと》。世襲《せしゅう》的《てき》歌道家《かどうけ》成立《せいりつ》の草分《くさわ》け的存在《てきそんざい》で、三人《さんにん》の子《こ》どものうち、歌《うた》の才能《さいのう》を買《か》われた顕輔《あきすけ》が後継《あとつ》ぎになりました。顕輔《あきすけ》の養子《ようし》・顕昭《けんしょう》とともに六《ろく》条家《じょうけ》は院政期《いんせいき》から鎌倉時代初期《かまくらじだいしょき》までの和歌史《わかし》において、重要《じゅうよう》な役割《やくわり》を果《は》たしました。

言葉《ことば》の意味《いみ》

◆**たなびく**
横《よこ》に長《なが》くなびくこと。

◆**影《かげ》**
ここでは光《ひかり》のこと。

歌《うた》の意味《いみ》

秋風《あきかぜ》にたなびく雲《くも》のとぎれた間《あいだ》から、漏《も》れ出《で》てくる月《つき》の光《ひかり》の、なんと明《あか》るくすんでいることか。

カルタをはやく取《と》るコツ!

「あきの」と聞《き》きまちがえないように!

あきかぜに

もれいづるつきの

歌人《かじん》プロフィール

左京大夫《さきょうのだいぶ》顕輔《あきすけ》(1090〜1155年《ねん》)

藤原顕輔《ふじわらのあきすけ》。⑧④藤原清輔《ふじわらのきよすけ》の父《ちち》。⑦⑦崇徳院《すとくいん》の命《めい》で、勅撰集《ちょくせんしゅう》『詞花和歌集《しかわかしゅう》』の撰者《せんじゃ》となった。崇徳院《すとくいん》など4代《だい》の天皇《てんのう》に仕《つか》え、⑦④源俊頼《みなもとのとしより》とも親交《しんこう》があった。

くもっていて
月《つき》が見《み》えない…
残念《ざんねん》だなあ
ヒュウウウ
おっ
おお～
雲《くも》が流《なが》れて
雲《くも》の切《き》れ間《ま》から
月《つき》の光《ひかり》が…
幽玄《ゆうげん》とは
このような
ことだろうか…
顕輔《あきすけ》は歌道《かどう》の家元《いえもと》。
この歌《うた》は崇徳院《すとくいん》におくった
百首《ひゃくしゅ》のうちの一首《いっしゅ》でした

80

CD80

ながからむ《ン》 心《こころ》も知《し》らず 黒髪《くろかみ》の 乱《みだ》れて今朝《けさ》は ものをこそ思《おも》へ《エ》

待賢門院堀河《たいけんもんいんほりかわ》

デートのあとは髪《かみ》も心《こころ》も乱《みだ》れて

男性《だんせい》と一夜《いちや》を過《す》ごして別《わか》れた朝《あさ》の女性《じょせい》の歌《うた》です。乱《みだ》れ髪《がみ》のようなもの思《おも》いとは、昨夜《さくや》のデートを思《おも》い返《かえ》して愛《あい》される喜《よろこ》びにひたりながらも、男性《だんせい》の心変《こころが》わりをどこかで不安《ふあん》に思《おも》っている気持《きも》ちをあらわしています。大人《おとな》の女性《じょせい》の恋愛《れんあい》を「寝乱《ねみだ》れた黒髪《くろかみ》」を軸《じく》に、色《いろ》っぽくえがいています。

出典《しゅってん》 千載和歌集《せんざいわかしゅう》

長《なが》い黒髪《くろかみ》こそ女性《じょせい》の象徴《しょうちょう》

「髪《かみ》は女《おんな》の命《いのち》」という言葉《ことば》があります。かがやく黒髪《くろかみ》は若《わか》さのしるしであり、同時《どうじ》に女性《じょせい》の身体《からだ》の一部《いちぶ》としてエロティシズムや情念《じょうねん》をあらわすものでもあります。長《なが》い黒髪《くろかみ》が登場《とうじょう》する和歌《わか》は数多《かずおお》くあり、絵画《かいが》などにもくり返《かえ》しえがかれるなど、髪《かみ》は女性《じょせい》の最《もっと》も魅力的《みりょくてき》なパーツのひとつなのです。

歌《うた》の意味《いみ》

あなたの愛情《あいじょう》が長続《ながつづ》きするかどうか、わかりません。この黒髪《くろかみ》が乱《みだ》れるように、心《こころ》も乱《みだ》れて、今朝《けさ》はもの思《おも》いに沈《しず》んでいることですよ。

言葉《ことば》の意味《いみ》

◆**乱《みだ》れて** 黒髪《くろかみ》の乱《みだ》れと心《こころ》の乱《みだ》れの、両方《りょうほう》の意味《いみ》を持《も》つ。

◆**今朝《けさ》** 恋人《こいびと》と一夜《いちや》を過《す》ごした翌朝《よくあさ》。

カルタをはやく取《と》るコツ！

下《しも》の句《く》は「みだれて」まで覚《おぼ》えよう！

ながからむ

みだれてけさは

歌人《かじん》プロフィール

待賢門院堀河《たいけんもんいんほりかわ》（生没年不明《せいぼつねんふめい》）

源　顕仲《みなもとのあきなか》の娘《むすめ》で、はじめ白河院《しらかわいん》の皇女《こうじょ》・令子内親王《れいしないしんのう》に仕《つか》えて「前斎院六条《さきのさいいんろくじょう》」と呼《よ》ばれたが、のちに待賢門院璋子《たいけんもんいんしょうし》に仕《つか》え「堀河《ほりかわ》」と呼《よ》ばれた。

いつまでも愛《あい》し続《つづ》けるよ
うれしい
あなたはそう言《い》ってくれるけど——
あなたが帰《かえ》った朝《あさ》私《わたし》の心《こころ》は不安《ふあん》で乱《みだ》れてしまう…
この寝乱《ねみだ》れた黒髪《くろかみ》のように——
その髪《かみ》が乱《みだ》れるほど心《こころ》を乱《みだ》す…
そんな恋《こい》を想像《そうぞう》できますか？
平安時代《へいあんじだい》の美女《びじょ》の条件《じょうけん》は長《なが》くまっすぐな黒《くろ》い髪《かみ》でした
だからみんな髪《かみ》が長《なが》かったのよ

81

CD81

ほととぎす 鳴《な》きつる方《かた》を ながむれば ただ有明《ありあけ》の 月《つき》ぞ残《のこ》れる

後徳大寺左大臣《ごとくだいじのさだいじん》

一晩中《ひとばんじゅう》待《ま》って一瞬《いっしゅん》聞《き》こえた ほととぎすの声《こえ》の余韻《よいん》

当時《とうじ》は、ほととぎすの初音《はつね》を一《ひと》晩中《ばんじゅう》待《ま》って、その鳴《な》き声《ごえ》と夏《なつ》の到《とう》来《らい》を味《あじ》わうという行為《こうい》が風雅《ふうが》なものとされていました。この歌《うた》では、やっと初音《はつね》が聞《き》こえたと思《おも》った瞬間《しゅんかん》、空《そら》を見上《みあ》げてその姿《すがた》を見《み》ようとしましたが、とらえられずに、見《み》えたのは明《あ》け方《がた》の月《つき》だったという余韻《よいん》も味《あじ》わっている様子《ようす》がえがかれています。

夏《なつ》の夜明《よあ》けは色《いろ》っぽい時間帯《じかんたい》

この歌《うた》は聴覚《ちょうかく》の世界《せかい》から入《はい》り、次《つぎ》に視覚《しかく》の世界《せかい》に転《てん》じて月《つき》を見《み》せます。すっきりとした響《ひび》きの歌《うた》ですが、一方《いっぽう》で、ほととぎすの姿《すがた》を追《お》う男性《だんせい》の視線《しせん》や、有明《ありあけ》の月《つき》が朝《あさ》帰《がえ》りを思《おも》わせるなど、恋愛《れんあい》の歌《うた》にも見《み》えます。それは夏《なつ》の夜明《よあ》けという時間帯《じかんたい》が持《も》つ色《いろ》っぽい風情《ふぜい》なのかもしれません。

言葉《ことば》の意味《いみ》

◆ほととぎす
初夏《しょか》のころに飛来《ひらい》する、カッコウ科《か》の鳥《とり》。

◆鳴《な》きつる方《かた》
今鳴《いまな》いた方向《ほうこう》。

出典《しゅってん》 千載和歌集《せんざいわかしゅう》

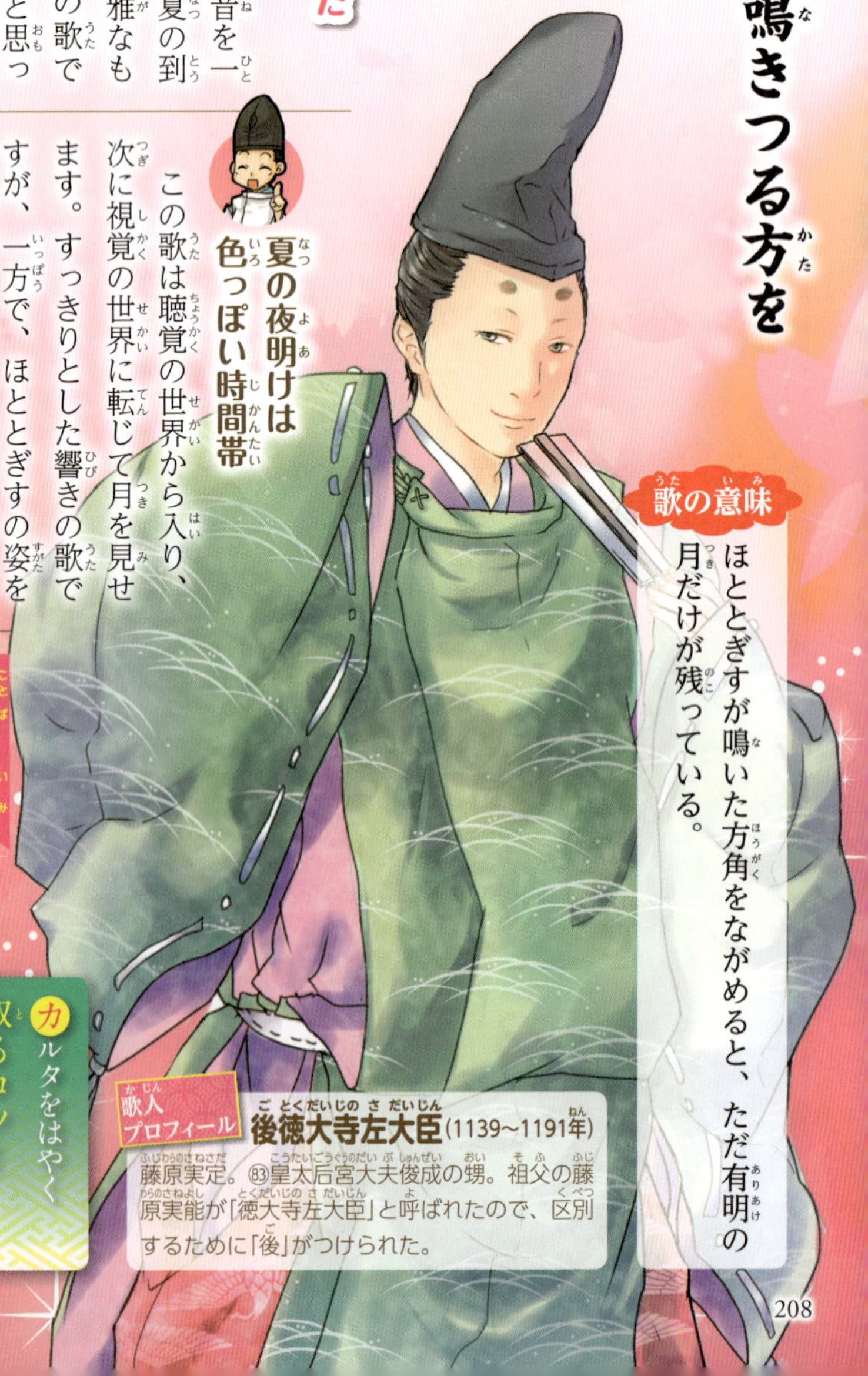

歌《うた》の意味《いみ》

ほととぎすが鳴《な》いた方角《ほうがく》をながめると、ただ有明《ありあけ》の月《つき》だけが残《のこ》っている。

カルタをはやく取るコツ!

はじめの1文字《もじ》で取《と》り札《ふだ》がわかるよ!

ほ ととぎす

ただありあけの

歌人《かじん》プロフィール

後徳大寺左大臣《ごとくだいじのさだいじん》(1139~1191年《ねん》)

藤原実定《ふじわらのさねさだ》。㊸皇太后宮大夫俊成《こうたいごうぐうのだいぶしゅんぜい》の甥《おい》。祖父《そふ》の藤原実能《ふじわらのさねよし》が「徳大寺左大臣《とくだいじのさだいじん》」と呼《よ》ばれたので、区別《くべつ》するために「後《ご》」がつけられた。

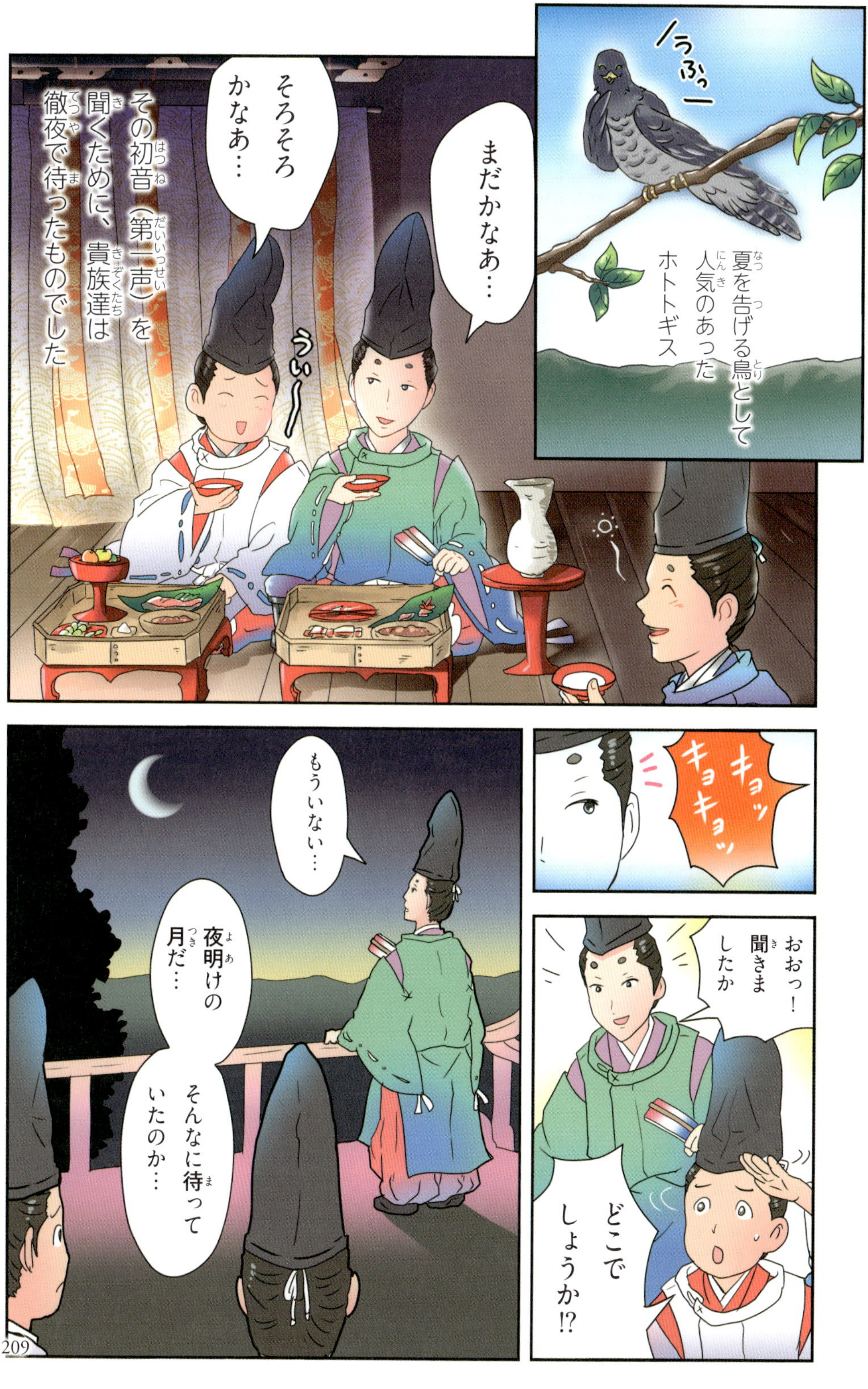
うふっー
夏《なつ》を告《つ》げる鳥《とり》として
人気《にんき》のあった
ホトトギス
まだかなあ…
そろそろかなあ…
うぃ〜
その初音《はつね》（第一声《だいいっせい》）を
聞《き》くために、貴族達《きぞくたち》は
徹夜《てつや》で待《ま》ったものでした
キョッ
キョキョッ
おおっ！
聞《き》きましたか
どこでしょうか⁉
もういない…
夜明《よあ》けの月《つき》だ…
そんなに待《ま》っていたのか…

82

CD82

思《おも》ひ《イ》わび　さても命《いのち》は
あるものを
憂《う》きに堪《た》へ《エ》ぬは
涙《なみだ》なりけり

道因法師《どういんほうし》

本当《ほんとう》は死《し》んでしまいたいのに…恋《こい》の苦悩《くのう》を詠《よ》んだ僧《そう》

恋人《こいびと》の冷《つめ》たさをなげいた歌《うた》。これほど苦《くる》しくても命《いのち》はかろうじて堪《た》えているが、涙《なみだ》はというと堪《こら》え切《き》れずにこぼれ落《お》ちると、命《いのち》と涙《なみだ》を比《くら》べることで哀《かな》しみをにじませています。恋愛《れんあい》は、命《いのち》を投《な》げ出《だ》すことが美徳《びとく》とされていた時代《じだい》、どんなに苦《くる》しんでも死《し》ねない自分《じぶん》が情《なさ》けないと詠《よ》んでいます。

出典《しゅってん》 千載和歌集《せんざいわかしゅう》

歌《うた》に入《い》れこむあまり空気《くうき》を読《よ》めなかった

命《いのち》がけの恋《こい》を繊細《せんさい》に詠《よ》んだ道因《どういん》法師《ほうし》は、高齢《こうれい》になるまで歌道《かどう》に強《つよ》く執着《しゅうちゃく》した歌人《かじん》でした。鴨長明《かものちょうめい》の『無名抄《むみょうしょう》』には、道因法師《どういんほうし》が九十歳《きゅうじっさい》になり耳《みみ》が遠《とお》くなっても果敢《かかん》に歌《うた》合《あわせ》に参加《さんか》する逸話《いつわ》が記《しる》されています。そしてその性格《せいかく》は、血《ち》の気《け》が多《おお》く変《か》わり者《もの》でトラブルメーカーだったようです。

言葉《ことば》の意味《いみ》

◆**思《おも》ひわび**
つれない人《ひと》を思《おも》いなやんで（さらにそれにつかれて）。

◆**憂《う》きに堪《た》へぬは**
命《いのち》は堪《た》えているが、心《こころ》は堪《た》えられない。

歌《うた》の意味《いみ》

恋《こい》の想《おも》いにこれほど苦《くる》しんでいても、それでも命《いのち》は続《つづ》いているのに、つらさに堪《た》えきれず、こぼれ落《お》ちてしまうものは、涙《なみだ》であることよ。

カルタをはやく取《と》るコツ！

「おも」ときたら「うき」を探《さが》せ！

おも　ひわび

うきにたへぬは

歌人《かじん》プロフィール

道因法師《どういんほうし》（1090年《ねん》～没年不明《ぼつねんふめい》）

出家前《しゅっけまえ》の名前《なまえ》は、藤原敦頼《ふじわらのあつより》。歌合《うたあわせ》で自分《じぶん》の歌《うた》が撰《えら》ばれないと抗議《こうぎ》することもあった。90歳《さい》になっても歌合《うたあわせ》に参加《さんか》していたらしい。

つーん
好《す》きな人《ひと》につれなくされ
そんな…
涙《なみだ》ばかりがこぼれていく
つらくてつらくて死《し》んでしまうかと思《おも》ったのに――
ザァァァ
長生《ながい》きしちゃった♡
道因法師《どういんほうし》はとても長生《ながい》きして和歌《わか》をたくさん残《のこ》しました
死後《しご》、『千載和歌集《せんざいわかしゅう》』の撰者藤原俊成《せんじゃふじわらのしゅんぜい》が道因法師《どういんほうし》の歌《うた》をたくさん撰《えら》んだことを喜《よろこ》んで、夢《ゆめ》に出《で》てきてお礼《れい》を言《い》ったとか。
ありがとう〜
よし、あと二首《にしゅ》入《い》れよう！

83

CD83

世《よ》の中《なか》よ 道《みち》こそなけれ
思《おも》ひ《イ》入《い》る
山《やま》の奥《おく》にも
鹿《しか》ぞ鳴《な》くなる

皇太后宮大夫俊成《こうたいごうぐうのだいぶしゅんぜい》

気持《きも》ちの変《か》わり目《め》は鹿《しか》の声《こえ》 はたとさとった心境《しんきょう》を詠《よ》む

若《わか》き俊成《しゅんぜい》はこのころの世相《せそう》の不《ふ》安《あん》、親《した》しい友人達《ゆうじんたち》が出家《しゅっけ》するなど、自身《じしん》の悲《かな》しみや苦《くる》しみからのがれようと世間《せけん》からはなれる決心《けっしん》をし、山奥《やまおく》へ入《はい》ります。しかし、そこで悲《かな》しそうな鹿《しか》の鳴《な》き声《ごえ》を聞《き》き、出家《しゅっけ》したとしても、そしてどこへ行《い》こうとも苦《くる》しみや悲《かな》しみからはのがれられないことをさとりました。

出典《しゅってん》 千載和歌集《せんざいわかしゅう》

六十代《ろくじゅうだい》で出家《しゅっけ》した 御子左家《みこひだりけ》の開祖《かいそ》

(99)後鳥羽院《ごとばいん》に仕《つか》えた宮廷歌人《きゅうていかじん》だった藤原俊成《ふじわらのしゅんぜい》は、和歌《わか》の一門《いちもん》・御子左家《みこひだりけ》を息子《むすこ》の(97)権中納言定家《ごんちゅうなごんていか》とともに創設《そうせつ》します。役人《やくにん》としては出世《しゅっせ》しませんでしたが、歌壇《かだん》では多《おお》くの歌人《かじん》に影響《えいきょう》をあたえる大《おお》御所《ごしょ》になりました。俊成《しゅんぜい》は大病《たいびょう》をしたあと六十三歳《ろくじゅうさんさい》で出家《しゅっけ》。その後《ご》『千載和歌集《せんざいわかしゅう》』をまとめました。

言葉《ことば》の意味《いみ》

◆世《よ》の中《なか》よ
世《よ》の中《なか》というものは。

◆思《おも》ひ入《い》る
「思《おも》いつめる」と「山《やま》に入《はい》る」をかけている。

カルタをはやく取《と》るコツ！

「よのなかは」とまちがえないように！

よのなかよ

やまのおくにも

歌《うた》の意味《いみ》

ああ、この世《よ》の中《なか》にはのがれる道《みち》などないのだなあ。思《おも》いつめて入《はい》ったこの山《やま》の奥《おく》にも、鹿《しか》が悲《かな》しげに鳴《な》いているようだ。

歌人《かじん》プロフィール

皇太后宮大夫俊成《こうたいごうぐうのだいぶしゅんぜい》（1114～1204年《ねん》）

(97)権中納言定家《ごんちゅうなごんていか》の父《ちち》、藤原俊成《ふじわらのしゅんぜい》。(99)後鳥羽院《ごとばいん》に仕《つか》えて、(75)藤原基俊《ふじわらのもととし》らに和歌《わか》を学《まな》ぶ。御子左家《みこひだりけ》という歌《うた》の家《いえ》を創立《そうりつ》、歌壇《かだん》の指導者《しどうしゃ》となった。

平安末期《へいあんまっき》——
カサッ
藤原俊成《ふじわらのしゅんぜい》 二十七歳《にじゅうななさい》
パキッ
このような山奥《やまおく》で暮《く》らしていれば つらい世《よ》の中《なか》から のがれられるだろうか…
私《わたし》も いっそ…
ピィ——…!
悲《かな》しそうな鹿《しか》の鳴《な》き声《ごえ》がする…
ピィ——…
どこへ行《い》っても
生《い》きることのつらさから のがれることはできないのだな
俊成《しゅんぜい》は、出家《しゅっけ》してもさびしくてつらいこと、楽園《らくえん》なんてないことを思《おも》い知《し》ったのでした

CD84

84

ながらへ《エ》ば　またこのごろや しのばれむ《ン》 憂《う》しと見《み》し世《よ》ぞ 今《いま》は恋《こひ》《コイ》しき

藤原清輔朝臣《ふじわらのきよすけあそん》

苦《くる》しみが思《おも》い出《で》に変《か》わるまで実感《じっかん》がこもる人生《じんせい》の教訓《きょうくん》

人《ひと》は忘《わす》れる生《い》きもの。どんなにつらいことも、時間《じかん》が経《た》てばほとんどのことはなつかしい思《おも》い出《で》になります。自分《じぶん》に言《い》い聞《き》かせるようにたんたんと詠《よ》まれた心情《しんじょう》は、つらいことや苦《くる》しいことに耐《た》える実感《じっかん》がこもっています。歳《とし》をとれば誰《だれ》もが感《かん》じる、生《い》きるための普《ふ》遍的《へんてき》なテーマを題材《だいざい》としています。

出典《しゅってん》　新古今和歌集《しんこきんわかしゅう》

この歌《うた》を詠《よ》んだのは三十代《さんじゅうだい》か六十代《ろくじゅうだい》か

清輔《きよすけ》がこの歌《うた》を何歳《なんさい》で詠《よ》んだかについては二説《にせつ》あります。ひとつは三十歳説《さんじっさいせつ》で、そうすると「憂《う》し」の原因《げんいん》は長《なが》い期間仲《きかんなか》が悪《わる》かった父親《ちちおや》・⑲左京大夫顕輔《さきょうのだいぶあきすけ》とのことでしょう。もうひとつは六十歳説《ろくじっさいせつ》で、この場合《ばあい》は、現実《げんじつ》の昇進問題《しょうしんもんだい》や手《て》がけた『続詞花集《しょくしかしゅう》』が実現《じつげん》しなかったことを詠《よ》んだと推測《すいそく》されます。

言葉《ことば》の意味《いみ》

◆**しのばれむ**
なつかしく思《おも》い出《だ》されることだ。

◆**憂《う》しと見《み》し世《よ》**
つらいと思《おも》っていた昔《むかし》。

歌《うた》の意味《いみ》

生《い》き長《なが》らえたならば、つらいと思《おも》っている今日《きょう》このごろも、なつかしく思《おも》い出《だ》されるのだろうか。あれほどつらいと思《おも》っていた昔《むかし》が、今《いま》となっては恋《こい》しいのだから。

カルタをはやく取《と》るコツ！

「ながら」ときたら「うしと」を探《さが》せ！

ながらへば

うしとみしよぞ

歌人《かじん》プロフィール

藤原清輔朝臣《ふじわらのきよすけあそん》（1108～1177年《ねん》）

⑲左京大夫顕輔《さきょうのだいぶあきすけ》の子《こ》。平安時代末期《へいあんじだいまっき》に活躍《かつやく》した。『続詞花集《しょくしかしゅう》』を二条天皇《にじょうてんのう》に奏上《そうじょう》したが、天皇《てんのう》の崩御《ほうぎょ》により実現《じつげん》しなかった。

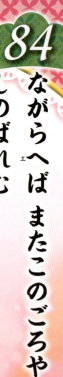

父《ちち》との不仲《ふなか》──
お前《まえ》の歌《うた》など勅撰集《ちょくせんしゅう》に入《い》れん!!
ポイ
なんで!?
せっかく手《て》がけた歌集《かしゅう》も、完成前《かんせいまえ》に天皇《てんのう》が亡《な》くなり世間《せけん》に認《みと》められず
すまぬ…
がっくり…
何《なに》もかも上手《うま》くいかない
つらいなあ…
でも…
この先《さき》生《い》きてさえいれば今《いま》のつらさもなつかしく思《おも》えるかも
昔《むかし》つらいと思《おも》ったことも今《いま》では恋《こい》しく思《おも》えるんだから
ビリッ
こんなもの歌《うた》じゃない
ひどいよ!
ふん
がんこな似《に》たもの親子《おやこ》

85

CD85

夜《よ》もすがら もの思《おも》ふ《ウ》ころは
明《あ》けやらで
閨《ねや》のひまさへ《エ》
つれなかりけり

俊恵法師《しゅんえほうし》

戸《と》のすきまはあなたの心《こころ》 そのすきまが恨《うら》めしい

この歌《うた》のすぐれたところは「すきまが冷淡《れいたん》だ」という点《てん》です。戸《と》のすきまには本来感情《ほんらいかんじょう》はないはずですが、暗《くら》いまま平然《へいぜん》とする戸《と》のすきまが、いくら待《ま》っても部屋《へや》を訪《たず》ねてこない薄情《はくじょう》な男性《だんせい》の心《こころ》と重《かさ》なって見《み》えてくるのです。作者《さくしゃ》は男性《だんせい》で僧侶《そうりょ》。ひとり寝《ね》をする女性《じょせい》の心境《しんきょう》を想像《そうぞう》し、独特《どくとく》な表現《ひょうげん》で歌《うた》にしました。

出典《しゅってん》 千載和歌集《せんざいわかしゅう》

歌林苑《かりんえん》に集《つど》う豪華《ごうか》な歌人達《かじんたち》

作者《さくしゃ》は自宅《じたく》を「歌林苑《かりんえん》」と呼《よ》び、歌会《うたかい》や歌合《うたあわせ》をよく開《ひら》いていました。そこには藤原為業《ふじわらのためなり》・(90)殷富門院大輔《いんぷもんいんのたいふ》・(92)二条院讃岐《にじょういんのさぬき》・(84)藤原清輔朝臣《ふじわらのきよすけあそん》など豪華《ごうか》メンバーが出入《でい》りしていました。そのような席《せき》で詠《よ》まれたのがこの歌《うた》。実際《じっさい》に恋人《こいびと》へおくった歌《うた》ではありません。

歌《うた》の意味《いみ》

一晩中恋《ひとばんじゅうこい》になやんでいる今日《きょう》このごろは、いつまでも夜《よ》が明《あ》けきらないで、寝室《しんしつ》の戸《と》のすきままでも、つれなく感《かん》じられることよ。

言葉《ことば》の意味《いみ》

◆**夜《よ》もすがら** 一晩中《ひとばんじゅう》、夜通《よどお》し。

◆**閨《ねや》のひまさへ** 寝室《しんしつ》の（戸《と》の）すきまさえも。

カルタをはやく取《と》るコツ！

「よも」ときたら「ねや」を探《さが》せ！

よも すがら

ねやのひまさへ

歌人《かじん》プロフィール

俊恵法師《しゅんえほうし》（1113年《ねん》～没年不明《ぼつねんふめい》）

(71)大納言経信《だいなごんつねのぶ》の孫《まご》で、(74)源俊頼《みなもとのとしより》の子《こ》。若《わか》くして出家《しゅっけ》し東大寺《とうだいじ》の僧《そう》になる。京都《きょうと》の白河《しらかわ》にあった自宅《じたく》を「歌林苑《かりんえん》」と呼《よ》び、歌会《うたかい》や歌合《うたあわせ》を開《ひら》いた。

十七歳《じゅうななさい》で出家《しゅっけ》した俊恵法師《しゅんえほうし》は京都《きょうと》の自宅《じたく》を「歌林苑《かりんえん》」と呼《よ》び、歌会《うたかい》を開《ひら》いていた
今日《きょう》は女性《じょせい》になりきって詠《よ》みますぞ
あの人《ひと》は今日《きょう》も来《き》てくれない――
戸《と》のすきまを見《み》ているだけの夜《よる》…
どうせなら早《はや》く朝《あさ》になってほしいのに
寝室《しんしつ》の戸《と》のすきままでが私《わたし》に冷《つめ》たくしているように思《おも》えるわ――
すばらしい！
男《おとこ》の冷《つめ》たさになげく女性《じょせい》が見《み》えるようだ！
わー

86

CD86

嘆《なげ》けとて 月《つき》やは《ワ》ものを 思《おも》は《ワ》する かこち顔《がほ》《ガオ》なる わが涙《なみだ》かな

西行法師《さいぎょうほうし》

月《つき》を見《み》て涙《なみだ》を流《なが》す修行僧《しゅぎょうそう》 涙《なみだ》を人《ひと》にたとえた歌《うた》

月《つき》を見《み》ると、つい好《す》きだった人《ひと》を思《おも》い出《だ》し勝手《かって》に泣《な》けてくる…。この歌《うた》は、涙《なみだ》を擬人化《ぎじんか》して、その涙《なみだ》が「涙《なみだ》が出《で》るのは月《つき》のせいだよ」と言《い》っているようだと表現《ひょうげん》しています。撰者《せんじゃ》の藤原定家《ふじわらのていか》が、数《かず》ある西行《さいぎょう》の名歌《めいか》からこれを撰《えら》んだのは、百人一首全体《ひゃくにんいっしゅぜんたい》のトーンに合《あ》わせたからではないでしょうか。

出典《しゅってん》 千載和歌集《せんざいわかしゅう》

自分《じぶん》の死《し》に際《ぎわ》を歌《うた》で予言《よげん》していた

西行《さいぎょう》は、自分《じぶん》の死《し》を予言《よげん》したかのような歌《うた》を残《のこ》していました。「ねがはくは花《はな》の下《した》にて春《はる》死《し》なむそのきさらぎの望月《もちづき》のころ」。願《ねが》いが叶《かな》うのなら、桜《さくら》の花《はな》の下《した》で春《はる》に死《し》にたい、涅槃会《ねはんえ》の二月十五日《にがつじゅうごにち》の満月《まんげつ》のころに。という意味《いみ》で、そのとおり二月十六日満月《にがつじゅうろくにちまんげつ》のころ、七十三歳《ななじゅうさんさい》で亡《な》くなりました。

言葉《ことば》の意味《いみ》

◆**嘆《なげ》けとて**
なげけといって。

◆**かこち顔《がほ》なる**
月《つき》のせいのような顔《かお》をして。

カルタをはやく取《と》るコツ！

「なげけ」ときたら「かこち」を探《さが》せ！

なげけ とて

かこちがほなる

歌《うた》の意味《いみ》

なげけといって、月《つき》が私《わたし》にもの思《おも》いさせるのだろうか。いや、そうではない。それなのに、まるで月《つき》のせいであるかのような顔《かお》をして流《なが》れ出《で》る私《わたし》の涙《なみだ》であることよ。

歌人《かじん》プロフィール

西行法師《さいぎょうほうし》（1118～1190年《ねん》）

武士《ぶし》だったが、23歳《さい》で出家《しゅっけ》した。出家前《しゅっけまえ》の名前《なまえ》は佐藤義清《さとうのりきよ》。各地《かくち》を旅《たび》して生《い》きることや信仰《しんこう》を説《と》く和歌《わか》を多《おお》く残《のこ》し、人《ひと》びとの支持《しじ》を受《う》けた。

今宵《こよい》の月《つき》は私《わたし》になげけと言《い》っているかのようだ——
いや　ちがう　この涙《なみだ》は…
武士《ぶし》だったころのつらい恋《こい》を思《おも》い出《だ》すため…
月《つき》よ…　お前《まえ》のせいにしてすまなんだ…
サク…

月の呼び名と暦

昔の暦では、現代と四季や月の呼び名がちがっていたんだよ。

今、私達が使っているカレンダー（暦）は、太陽の動きをもとにつくられているよ。でも、平安時代から明治時代までは、月の満ち欠けをもとにした「太陰太陽暦（旧暦）」が使われていたんだ。十二か月の呼び名も、月そのものの呼び名も、今とちがっていたんだよ。

旧暦のお正月は、今の暦で2月の節分のころだったよ。また、1～3月を「春」としていたので、今と昔では季節にずれがあるんだ。

十二の呼び名

	春			夏			秋			冬		
	1月	2月	3月	4月	5月	6月	7月	8月	9月	10月	11月	12月
	睦月	如月	弥生	卯月	皐月	水無月	文月	葉月	長月	神無月	霜月	師走

月の呼び名

満月のあとは月の出る時間がだんだんおそくなるから、立ったり座ったり寝たりして待ったのよ

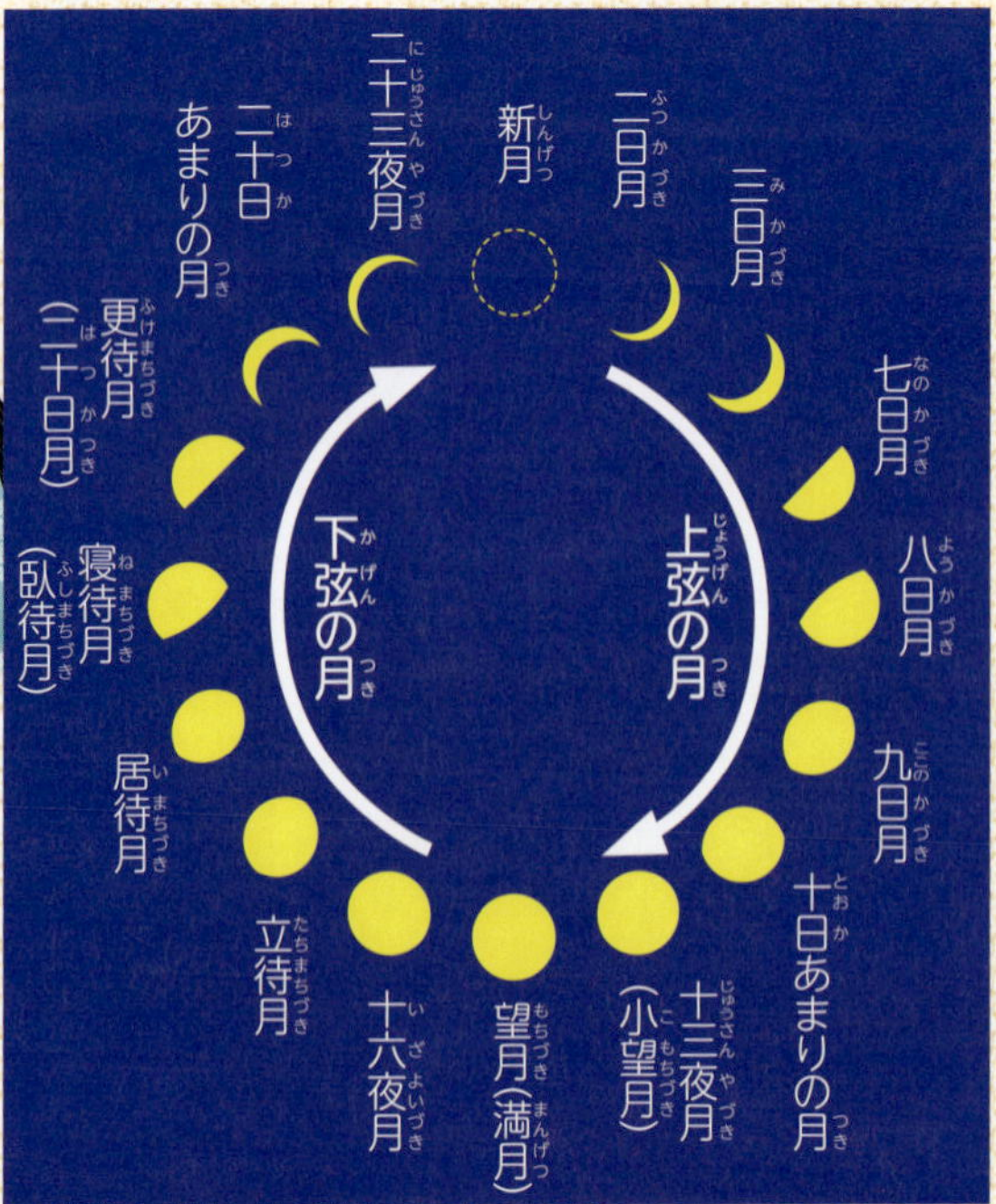

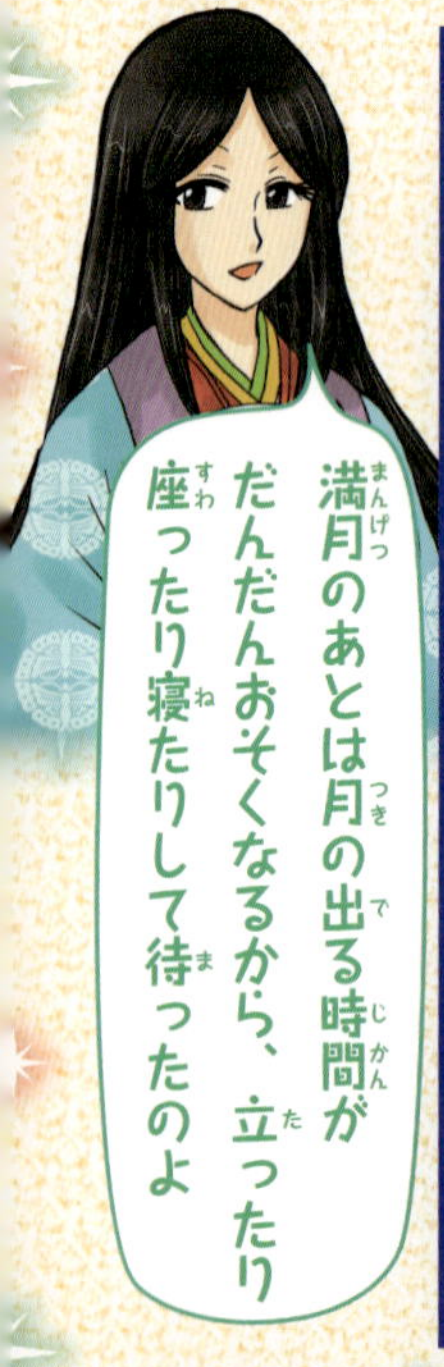

第《だい》5章《しょう》

はかなき世《よ》に想《おも》いをはせて

平安時代後期《へいあんじだいこうき》～鎌倉時代《かまくらじだい》

教《おし》えて実朝《さねとも》さん！～貴族《きぞく》の時代《じだい》の終《しゅう》えん～

一一五六年《ねん》 保元《ほうげん》の乱《らん》
一一五九年《ねん》 平治《へいじ》の乱《らん》
一一六七年《ねん》 平清盛《たいらのきよもり》が太政大臣《だいじょうだいじん》になる
一一八五年《ねん》 平氏滅亡《へいしめつぼう》
一一九二年《ねん》 源 頼朝《みなもとのよりとも》が征夷大将軍《せいいたいしょうぐん》になる
一二二一年《ねん》 承久《じょうきゅう》の乱《らん》
私《わたし》が生《う》まれたのは平安時代《へいあんじだい》の終《お》わりごろ。ちょうど「平治《へいじ》の乱《らん》」の3年後《ねんご》なのだ
だから、私《わたし》が生《い》きた時代《じだい》はまさに戦乱《せんらん》の世《よ》でもあったのだ
この時代《じだい》!!?
えーそうだったの？
そのころは病気《びょうき》も流行《はや》ったりして、和歌《わか》の世界《せかい》では、「何事《なにごと》も永遠《えいえん》に続《つづ》くものはない。この世《よ》ははかない」という歌《うた》がよく詠《よ》まれるようになったのだ
へええ…

彼《かれ》は、鎌倉幕府《かまくらばくふ》を開《ひら》いた源頼朝《みなもとのよりとも》の息子《むすこ》なのだが…
京都《きょうと》の貴族《きぞく》の文化《ぶんか》にずっとあこがれていたのです
蹴鞠《けまり》
和歌《わか》
特《とく》に和歌《わか》は大好《だいす》きで、定家《ていか》さんに先生《せんせい》になってもらったのです
先生《せんせい》見《み》てください
通信添削《つうしんてんさく》
ここはこうしてみるとよいですね……と。
定家《ていか》さんに『万葉集《まんようしゅう》』をもらったときはうれしかったなあ～
※定家《ていか》の家《いえ》で受《う》け継《つ》がれていた『万葉集《まんようしゅう》』をおくった。
彼《かれ》が熱心《ねっしん》だから和歌《わか》の本《ほん》も書《か》いておくったのだよ
※歌論書《かろんしょ》『近代秀歌《きんだいしゅうか》』のこと。

百人一首《ひゃくにんいっしゅ》の最後《さいご》の二首《にしゅ》は、後鳥羽院《ごとばいん》と順徳院《じゅんとくいん》の歌《うた》だ
「院《いん》」とつくから元天皇《もとてんのう》ね
その通《とお》り
カラフルなふちのついた、たたみに座《すわ》っているね
実《じつ》は、後鳥羽院《ごとばいん》は私《わたし》の力《ちから》を認《みと》めてくれた人《ひと》だったのだ
そなたに『新古今和歌集《しんこきんわかしゅう》』の撰者《せんじゃ》になってもらいたい
しかしその後《ご》後鳥羽院《ごとばいん》と私《わたし》は仲《なか》たがいをしてしまった……
そして承久《じょうきゅう》の乱《らん》が起《お》きた——

戦《いくさ》に負《ま》けた後鳥羽院《ごとばいん》は隠岐《おき》に、その息子《むすこ》の順徳院《じゅんとくいん》は佐渡《さど》に流《なが》されてしまったのだ
「流《なが》される」って？
「流罪《るざい》」、いわゆる「島流《しまなが》し」のことで、当時《とうじ》の最高刑《さいこうけい》だったのだよ
武士《ぶし》が力《ちから》を持《も》ち始《はじ》めた平安時代《へいあんじだい》の後半《こうはん》から、争《あらそ》いに敗《やぶ》れた側《がわ》の多《おお》くの天皇《てんのう》や上皇《じょうこう》が流罪《るざい》となったのです
遠流《おんる》
佐渡《さど》・隠岐《おき》・土佐《とさ》など
参議篁《さんぎたかむら》（隠岐《おき》）、後鳥羽院《ごとばいん》（隠岐《おき》）、順徳院《じゅんとくいん》（佐渡《さど》）
近流《きんる》
越前《えちぜん》・安芸《あき》など
中流《ちゅうる》
諏訪《すわ》・讃岐《さぬき》など
崇徳院《すとくいん》（讃岐《さぬき》）
後鳥羽院《ごとばいん》さんと仲直《なかなお》りはできなかったの？
二度《にど》と会《あ》うことはなかったのだ
うむ
でも、百人一首《ひゃくにんいっしゅ》には後鳥羽院《ごとばいん》さんの歌《うた》を撰《えら》んだのね
ケンカしても、後鳥羽院《ごとばいん》さんの和歌《わか》の力《ちから》は認《みと》めていたっていう何《なに》よりの証拠《しょうこ》よね

そして、100番目《ばんめ》の順徳院《じゅんとくいん》の和歌《わか》は…
ももしきや
古《ふる》き軒端《のきば》の
しのぶにも
なほあまりある
昔《むかし》なりけり
栄《さか》えていた昔《むかし》の時代《じだい》をなつかしむ歌《うた》ですね…
佐渡《さど》に流《なが》され、絶望《ぜつぼう》した順徳院《じゅんとくいん》は飲食《いんしょく》を断《た》って死《し》んでしまいます
ぱたり…
うう…
おいたわしや
はなやかな貴族《きぞく》の時代《じだい》が幕《まく》を閉《と》じるところで
百人一首《ひゃくにんいっしゅ》も終《お》わるのだ
はっ
すごいね、百人一首《ひゃくにんいっしゅ》にこんな歴史《れきし》がかくされていたなんて
定家《てい》さんありがとう。
おれ、百人一首《ひゃくにんいっしゅ》が好《す》きになりそうだよ

87

CD87

村雨《むらさめ》の 露《つゆ》もまだ干《ひ》ぬ まきの葉《は》に 霧立《きりた》ちのぼる 秋《あき》の夕暮《ゆふぐ》れ

寂蓮法師《じゃくれんほうし》

まるで水墨画《すいぼくが》のような 霧立《きりた》ちのぼる秋《あき》の風景《ふうけい》

通《とお》り雨《あめ》がまきの葉《は》に露《つゆ》を残《のこ》し、それが乾《かわ》かないうちに、早《はや》くも霧《きり》が立《た》ちこめてくる。秋《あき》の夕暮《ゆうぐ》れの一瞬《いっしゅん》をとらえた歌《うた》です。葉《は》の上《うえ》の雨粒《あまつぶ》から山全体《やまぜんたい》の風景《ふうけい》へと視点《してん》の移動《いどう》がみごとで、湿気《しっけ》を帯《お》びた日《に》本的《ほんてき》な秋《あき》の風景《ふうけい》が水墨画《すいぼくが》のようにイメージできる、すぐれた歌《うた》です。

出典《しゅってん》 新古今和歌集《しんこきんわかしゅう》

「非歌語《ひかご》」で構成《こうせい》した 叙景歌《じょけいか》の名作《めいさく》

歌中《かちゅう》に登場《とうじょう》する「村雨《むらさめ》」「露《つゆ》もまだ干《ひ》ぬ」「霧立《きりた》ちのぼる」という言葉《ことば》は、和歌独特《わかどくとく》の言葉《ことば》「歌語《かご》」ではない「非歌語《ひかご》」。この歌《うた》はおもに非《ひ》歌語《かご》によって構成《こうせい》されており、これらが歌全体《うたぜんたい》を水気《みずけ》でおおい、ぼんやりとくもった風情《ふぜい》をかもし出《だ》しています。これぞまさに幽玄《ゆうげん》の世界《せかい》です。

言葉《ことば》の意味《いみ》

◆村雨《むらさめ》
通《とお》り雨《あめ》、にわか雨《あめ》。

◆まき
ヒノキ・スギ・マキなど常緑樹《じょうりょくじゅ》の総称《そうしょう》。

歌《うた》の意味《いみ》

通《とお》り過《す》ぎていった村雨《むらさめ》が、まだ乾《かわ》ききっていないまきの葉《は》のあたりに、ゆっくりと霧《きり》が立《た》ちのぼってゆく、秋《あき》の夕暮《ゆうぐ》れよ。

カルタをはやく取《と》るコツ！

「む」と「き」の組《く》み合《あ》わせはこれだけ！

む らさめの
きりたちのぼる

歌人《かじん》プロフィール

寂蓮法師《じゃくれんほうし》(1139〜1202年《ねん》)

藤原定長《ふじわらのさだなが》。⑨⑦権中納言定家《ごんちゅうなごんていか》のいとこ。⑧③皇太后宮大夫俊成《こうたいごうぐうのだいぶしゅんぜい》の養子《ようし》になったが、俊成《しゅんぜい》に実子《じっし》(定家《ていか》)が生《う》まれたあと、30代《だい》で出家《しゅっけ》した。

ザザ
おっ にわか雨《あめ》か
もうやんでしまった
まきの葉《は》に露《つゆ》が残《のこ》り
霧《きり》が立《た》ちこめてくる…
秋《あき》の夕暮《ゆうぐ》れは
美《うつく》しくてもの悲《がな》しいなあ
寂蓮《じゃくれん》は藤原俊成《ふじわらのしゅんぜい》の養子《ようし》でしたが三十代《さんじゅうだい》で出家《しゅっけ》。
当時《とうじ》、一流歌人《いちりゅうかじん》の十人《じゅうにん》に選《えら》ばれるほどの歌人《かじん》でした
歌合《うたあわせ》で詠《よ》んだんですよ

88

CD88

難波《なには》《ナニワ》江《え》の 蘆《あし》のかりねの
ひとよゆゑ《エ》
身《み》を尽《つ》くしてや
恋《こひ》《コイ》わたるべき

皇嘉門院別当《こうかもんいんのべっとう》

かりそめとわかっていても苦《くる》しんでしまう女《おんな》の宿命《しゅくめい》

歌題《かだい》は「旅《たび》の宿《やど》で契《ちぎ》りを結《むす》んだ恋《こい》」。旅《たび》のイメージが色濃《いろこ》い、難《なに》波《わ》江《え》を舞台《ぶたい》として、行《ゆ》きずりの恋《こい》を歌《うた》にしています。はかない一夜《いちや》の契《ちぎ》りのせいで一生恋《いっしょうこい》の苦《くる》しみにしばられることになったと、遊女《ゆうじょ》の立場《たちば》から詠《よ》みました。三《みっ》つの掛《かけ》詞《ことば》のほか、難波江《なにわえ》・蘆《あし》・刈《か》り根《ね》・一節《ひとよ》・澪標《みおつくし》・わたると縁語《えんご》がたくさん使《つか》われています。

出典《しゅってん》 千載和歌集《せんざいわかしゅう》

一度《いちど》きりの恋《こい》に身《み》を尽《つ》くす

当時《とうじ》の難波江《なにわえ》にも数多《かずおお》く立《た》っていたと思《おも》われる「澪標《みおつくし》」とは、船《ふね》の通《とお》り路《みち》を示《しめ》すために水上《すいじょう》に立《た》てた杭《くい》・目印《めじるし》のことで、「身《み》を尽《つ》くし（命《いのち》をかける）」とかけています。恋《こい》の苦《くる》しみであふれた水《みず》（涙《なみだ》）の中《なか》に立《た》ち尽《つ》くすしかない女性《じょせい》の状況《じょうきょう》を物語《ものがた》っています。

言葉《ことば》の意味《いみ》

◆難波江《なにはえ》
大阪湾《おおさかわん》の入《い》り江《え》。

◆恋《こひ》わたる
恋《こい》し続《つづ》ける。

歌《うた》の意味《いみ》

難波江《なにわえ》に群生《ぐんせい》している蘆《あし》の刈《か》り根《ね》の一節《ひとふし》（一夜《ひとよ》）のように、たった一晩《ひとばん》かりそめの共寝《ともね》をしたせいで、あの澪標《みおつくし》のように、命《いのち》をかけて恋《こい》し続《つづ》けなくてはいけないのでしょうか。

カルタをはやく取《と》るコツ！

下《しも》の句《く》は「みをつくしてや」まで覚《おぼ》えよう！

なにはえ の
みをつくしてや

歌人《かじん》プロフィール

皇嘉門院別当《こうかもんいんのべっとう》（生没年不明《せいぼつねんふめい》）

源　俊隆《みなもとのとしたか》の娘《むすめ》。⑺崇徳院《すとくいん》の皇后《こうごう》・嘉門院聖子《かもんいんせいし》に仕《つか》え、女官長《にょかんちょう》（別当《べっとう》）の役《やく》についていた。1181年《ねん》ごろに出家《しゅっけ》したという。

旅人《たびびと》と遊女《ゆうじょ》との
たった一夜《いちや》の
短《みじか》い出逢《であ》い――
愛《あい》してるよ
私《わたし》も愛《あい》しています
難波《なにわ》の海《うみ》の「澪標《みおつくし》」のように、
私《わたし》も「身《み》を尽《つ》くし」て
あの人《ひと》のことを想《おも》うのでしょう
この歌《うた》は「旅《たび》の宿《やど》で契《ちぎ》りを結《むす》んだ恋《こい》」
という題《だい》で詠《よ》まれたものです
掛詞《かけことば》を三《みっ》つも入《い》れたのよっ！
どぉ？⁉
みをつくし
かりね
ひとよ
身《み》を尽《つ》くし
澪標《みおつくし》
仮寝《かりね》
刈《か》り根《ね》
一夜《ひとよ》
一節《ひとよ》
おみごと！
ぜぇぜぇ

89

CD89

玉《たま》の緒《を》《オ》よ 絶《た》えなば絶《た》えね
ながらへ《エ》ば
忍《しの》ぶることの
弱《よは》《ヨワ》りもぞする

式子内親王《しょくしないしんのう》

秘密《ひみつ》の恋《こい》がバレるくらいなら死《し》んだほうがマシ！

「忍《しの》ぶ恋《こい》」の歌題《かだい》で詠《よ》まれた、激《はげ》しい恋心《こいごころ》を打《う》ち明《あ》けた歌《うた》です。「玉《たま》の緒《お》」の玉《たま》は魂《たましい》、つまり命《いのち》です。「私《わたし》の命《いのち》よ、死《し》ぬなら死《し》んでしまえ」と、自分《じぶん》の命《いのち》に向《む》かって命令《めいれい》しています。恋心《こいごころ》が人《ひと》に知《し》られると困《こま》る、斎院《さいいん》（神《かみ》に仕《つか》える未婚《みこん》の皇女《こうじょ》）という立場《たちば》でしたが、大切《たいせつ》に想《おも》う人《ひと》がいたのでしょうね。

出典《しゅってん》 新古今和歌集《しんこきんわかしゅう》

斎院《さいいん》を務《つと》め定家《ていか》の父《ちち》に和歌《わか》を学《まな》ぶ

式子内親王《しょくしないしんのう》は、賀茂神社《かもじんじゃ》に仕《つか》える斎院《さいいん》として十年間《じゅうねんかん》を過《す》ごし、病弱《びょうじゃく》だったため退《しりぞ》きました。⑨⑦権中納言定家《ごんちゅうなごんていか》の『明月記《めいげつき》』にも、病弱《びょうじゃく》な作者《さくしゃ》を気《き》づかう様子《ようす》が記《しる》されています。定家《ていか》の父《ちち》・⑧③皇太后宮大夫俊成《こうたいごうぐうのだいぶしゅんぜい》に和歌《わか》を学《まな》んだので、定家《ていか》とも交流《こうりゅう》があり恋仲《こいなか》だったという説《せつ》もあります。

歌《うた》の意味《いみ》

私《わたし》の命《いのち》よ、もし絶《た》えるならば絶《た》えてほしい。このまま生《い》き長《なが》らえていると、こらえ忍《しの》んでいる恋心《こいごころ》が、外《そと》にあらわれてしまうかもしれないから。

言葉《ことば》の意味《いみ》

◆玉《たま》の緒《を》
命《いのち》のこと。

◆忍《しの》ぶることの弱《よは》りもぞする
こらえ忍《しの》ぶ力《ちから》が弱《よわ》って、人《ひと》に知《し》られてしまうから。

カルタをはやく取《と》るコツ！

「たま」ときたら「しの」を探《さが》せ！

たま のをよ
しのぶることの

歌人《かじん》プロフィール

式子内親王《しょくしないしんのう》（1149～1201年《ねん》）

後白河院《ごしらかわいん》の皇女《こうじょ》。1159～1169年《ねん》の間《あいだ》、賀茂神社《かもじんじゃ》の斎院《さいいん》を務《つと》めた。斎院《さいいん》を退《しりぞ》いたあとも、生涯《しょうがい》独身《どくしん》を通《とお》したという。

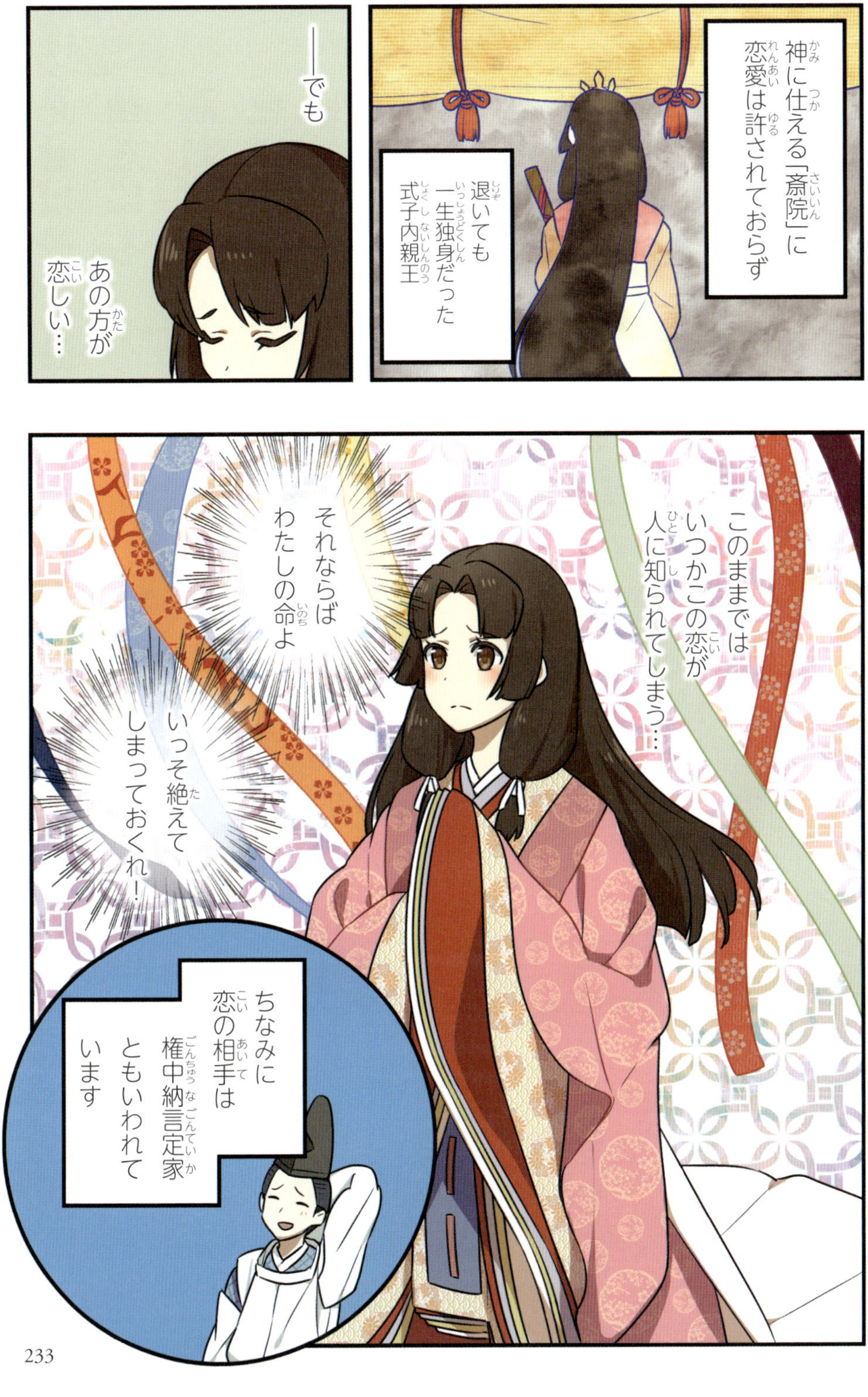
神《かみ》に仕《つか》える「斎院《さいいん》」に恋愛《れんあい》は許《ゆる》されておらず
退《しりぞ》いても一生独身《いっしょうどくしん》だった式子内親王《しょくしないしんのう》
――でも
あの方《かた》が恋《こい》しい…
このままではいつかこの恋《こい》が人《ひと》に知《し》られてしまう…
それならばわたしの命《いのち》よ
いっそ絶《た》えてしまっておくれ!
ちなみに恋《こい》の相手《あいて》は権中納言定家《ごんちゅうなごんていか》ともいわれています

90

CD90

見《み》せばやな　雄島《をじま》《オジマ》の海人《あま》の袖《そで》だにも濡《ぬ》れにぞ濡《ぬ》れし色《いろ》は変《か》は《ワ》らず

殷富門院大輔《いんぶもんいんのたいふ》

涙《なみだ》で色変《いろが》わりした袖《そで》を見《み》せ悲《かな》しみの深《ふか》さをあらわす

この歌《うた》は、左《ひだり》ページのように㊽源重之《みなもとのしげゆき》の歌《うた》を本歌取《ほんかど》りしたものです。涙《なみだ》で濡《ぬ》れた袖《そで》が共通《きょうつう》するところですが、作者《さくしゃ》はその袖《そで》の色《いろ》が変《か》わって、真《ま》っ赤《か》な血《ち》の色《いろ》になったと恨《うら》みをこめてうったえます。そして、血《ち》の涙《なみだ》に染《そ》まった袖《そで》をあなたに見《み》せたいと言《い》うのです。少《すこ》しおどろおどろしく鬼気《きき》せまる歌《うた》です。

出典《しゅってん》 千載和歌集《せんざいわかしゅう》

血《ち》の涙《なみだ》を流《なが》すたとえは漢詩《かんし》の影響《えいきょう》

「血《ち》の涙《なみだ》」という表現《ひょうげん》は、悲恋《ひれん》の象徴《しょうちょう》で恋《こい》のつらさをあらわすときによく用《もち》いられますが、これは漢《かん》詩《し》の影響《えいきょう》を受《う》けたものです。漢詩《かんし》では「紅涙《こうるい》」といい、悲《かな》しみのあまり涙《なみだ》が枯《か》れるまで泣《な》き、ついには涙《なみだ》が血《ち》になるという悲《かな》しみの深《ふか》さを伝《つた》える言葉《ことば》なのです。

言葉《ことば》の意味《いみ》

◆**見《み》せばやな**
あなたに見《み》せたいものだ。

◆**雄島《をじま》**
現在《げんざい》の宮城県松島《みやぎけんまつしま》の小島《こじま》のひとつ。歌枕《うたまくら》になっている。

歌《うた》の意味《いみ》

あなたに血《ち》の涙《なみだ》で真《ま》っ赤《か》に染《そ》まった私《わたし》の袖《そで》をお見《み》せしたいわ。あの松島《まつしま》の雄島《おじま》の漁師《りょうし》の袖《そで》さえも、濡《ぬ》れに濡《ぬ》れたとしても色《いろ》は変《か》わらないというのに。

カルタをはやく取《と》るコツ！

「ぬ」で始《はじ》まる下《しも》の句《く》はこれだけだよ！

みせ　**ばやな**

ぬれにぞぬれし

歌人《かじん》プロフィール

殷富門院大輔《いんぶもんいんのたいふ》（1131年《ねん》ごろ〜1200年《ねん》ごろ）

藤原信成《ふじわらののぶなり》の娘《むすめ》。後白河院《ごしらかわいん》の皇女《こうじょ》である亮子内親王《りょうしないしんのう》（殷富門院《いんぶもんいん》）に仕《つか》えた。鎌倉時代《かまくらじだい》の書物《しょもつ》に「近代《きんだい》の和歌《わか》の上手《じょうず》な人《ひと》」として紹介《しょうかい》されている。

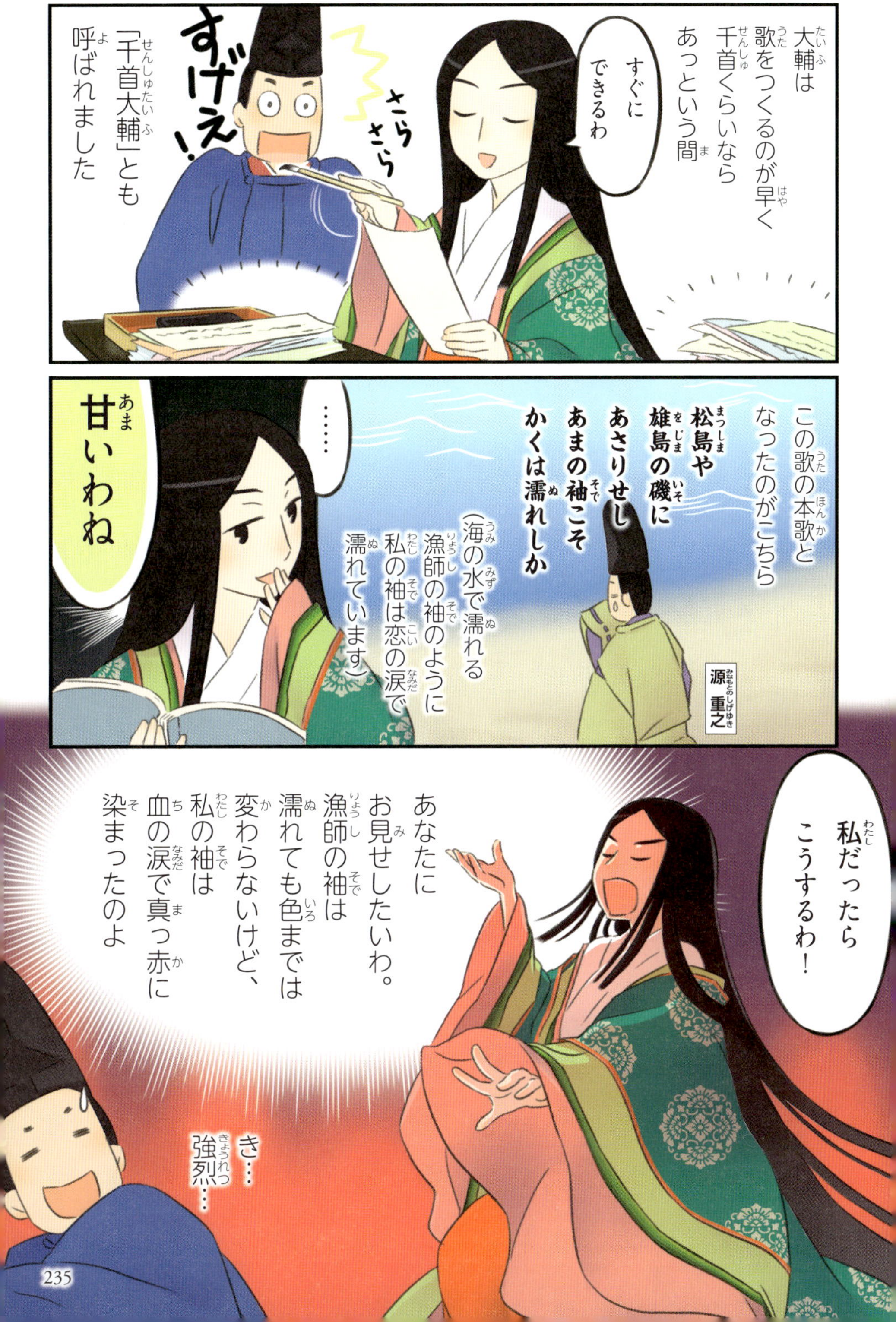
大輔《たいふ》は
歌《うた》をつくるのが早《はや》く
千首《せんしゅ》くらいなら
あっという間《ま》
すぐにできるわ
さらさら
すげえ!
「千首大輔《せんしゅたいふ》」とも
呼《よ》ばれました
この歌《うた》の本歌《ほんか》と
なったのがこちら
松島《まつしま》や
雄島《をじま》の磯《いそ》に
あさりせし
あまの袖《そで》こそ
かくは濡《ぬ》れしか
(海《うみ》の水《みず》で濡《ぬ》れる
漁師《りょうし》の袖《そで》のように
私《わたし》の袖《そで》は恋《こい》の涙《なみだ》で
濡《ぬ》れています)
源重之《みなもとのしげゆき》
……
甘《あま》いわね
私《わたし》だったら
こうするわ!
あなたに
お見《み》せしたいわ。
漁師《りょうし》の袖《そで》は
濡《ぬ》れても色《いろ》までは
変《か》わらないけど、
私《わたし》の袖《そで》は
血《ち》の涙《なみだ》で真《ま》っ赤《か》に
染《そ》まったのよ
き…
強烈《きょうれつ》…

CD91

91

きりぎりす 鳴《な》くや霜夜《しもよ》の さむしろに 衣《ころも》かたしき ひとりかも寝《ね》む

後京極摂政前太政大臣《ごきょうごくせっしょうさきのだいじょうだいじん》

情景描写《じょうけいびょうしゃ》だけでさびしさや悲《かな》しさを伝《つた》える歌《うた》

霜《しも》が降《お》りる晩秋《ばんしゅう》の夜《よる》、ひとり寝《ね》の孤独《こどく》やさびしさを詠《よ》んだ歌《うた》です。きりぎりす（こおろぎ）、霜《しも》夜《よ》、衣《ころも》かたしきなどの言葉《ことば》が、よりいっそう冷《つめ》たさや寒《さむ》さを強調《きょうちょう》しています。この歌《うた》はたくさんの古《ふる》い和歌《わか》を下敷《したじ》きにしつつ、情景描《じょうけいびょう》写《しゃ》だけで心情《しんじょう》を表現《ひょうげん》する新《あら》たな手《しゅ》法《ほう》を使《つか》っています。

出典《しゅってん》 新古今和歌集《しんこきんわかしゅう》

妻《つま》に先立《さきだ》たれた実体験《じったいけん》を入《い》れこむ

この歌《うた》が詠《よ》まれる直前《ちょくぜん》に、作者《さくしゃ》は妻《つま》を亡《な》くしています。全体《ぜんたい》にただよう切実《せつじつ》なさびしさ、悲《かな》しみの深《ふか》さは、良経《よしつね》自身《じしん》の体験《たいけん》をそのまま歌《うた》にこめたのではないでしょうか。彼《かれ》もその後《ご》、三十八歳《さんじゅうはっさい》の若《わか》さで急死《きゅうし》したことを知《し》ると、なおさらこの歌《うた》の悲愴感《ひそうかん》が際立《きわだ》って見《み》えます。

歌《うた》の意味《いみ》

こおろぎが鳴《な》き、霜《しも》が降《お》りる寒《さむ》い夜《よる》、私《わたし》は寒《さむ》ざむとした敷物《しきもの》に自分《じぶん》の衣《ころも》だけをしいて、ひとりさびしく寝《ね》るのだろうか。

言葉《ことば》の意味《いみ》

◆衣《ころも》かたしき 男女《だんじょ》がともに寝《ね》るときは、たがいの袖《そで》を重《かさ》ねて寝《ね》るが、ひとり寝《ね》のときは自分《じぶん》の袖《そで》だけをしいて寝《ね》る。ひとり寝《ね》のさびしさを表現《ひょうげん》している。

カルタをはやく取《と》るコツ！

下《しも》の句《く》が「ころも」で始《はじ》まる歌《うた》は二首《にしゅ》あるよ！

きり ぎりす

ころもかたしき

歌人《かじん》プロフィール

後京極摂政前太政大臣《ごきょうごくせっしょうさきのだいじょうだいじん》（1169~1206年《ねん》）

藤原良経《ふじわらのよしつね》。有能《ゆうのう》な政治家《せいじか》だった一方《いっぽう》、和歌《わか》や漢詩《かんし》を愛《あい》し、多《おお》くの作品《さくひん》を残《のこ》した。⑰権中納言定家《ごんちゅうなごんていか》をはじめ多《おお》くの歌人《かじん》を支援《しえん》した。

「きりぎりす」とは今《いま》のこおろぎのことです
カラリ
リリリ
寒《さむ》いと思《おも》ったら霜《しも》が降《お》りていたのか
私《わたし》はひとり…
着物《きもの》の片方《かたほう》の袖《そで》をしいてさびしく寝《ね》るのだろうか
妻《つま》がいてくれたらなあ…

92

CD92

わが袖《そで》は 潮干《しほひ》《シオヒ》に見《み》えぬ 沖《おき》の石《いし》の 人《ひと》こそ知《し》らね かわく間《ま》もなし

二条院讃岐《にじょういんのさぬき》

歌《うた》の意味《いみ》

私《わたし》の袖《そで》は、引《ひ》き潮《しお》になっても見《み》えない沖《おき》の石《いし》のようなものです。人《ひと》は知《し》らないけれども、乾《かわ》く間《ま》もないのです。

石《いし》をテーマにした恋歌《こいうた》が平安時代《へいあんじだい》に流行《りゅうこう》

歌題《かだい》は「石《いし》に寄《よ》する恋《こい》」という難《なん》題《だい》ですが、実《じつ》は平安時代末期《へいあんじだいまっき》に流《りゅう》行《こう》したテーマです。石《いし》は長《なが》い年月《ねんげつ》をイメージさせ、長《なが》い間《あいだ》持《も》ち続《つづ》ける恋心《こいごころ》と重《かさ》なります。海《うみ》の底《そこ》に沈《しず》み続《つづ》ける沖《おき》の石《いし》は濡《ぬ》れ続《つづ》け、決《けっ》して人目《ひとめ》にふれることがない。涙《なみだ》で乾《かわ》かない袖《そで》を、波《なみ》の下《した》の石《いし》にたとえたところが独特《どくとく》な歌《うた》です。

出典《しゅってん》 千載和歌集《せんざいわかしゅう》

歌枕《うたまくら》になった沖《おき》の石《いし》ってどこに沈《しず》んでいるの？

この歌《うた》の高評価《こうひょうか》により、作者《さくしゃ》は「沖《おき》の石《いし》の讃岐《さぬき》」と呼《よ》ばれ、沖《おき》の石《いし》は有名《ゆうめい》な歌枕《うたまくら》になりました。その石《いし》はどこの石《いし》なのか。宮城県多賀《みやぎけんたが》城《じょう》市《し》の末《すえ》の松山《まつやま》の近《ちか》くだとする説《せつ》と、『平家物語《へいけものがたり》』にある源頼政《みなもとのよりまさ》が怪物《かいぶつ》を退治《たいじ》し、ほうびとしてもらった若狭国《わかさのくに》(現在《げんざい》の福井県《ふくいけん》)沖《おき》にある石《いし》だという説《せつ》があります。

言葉《ことば》の意味《いみ》

◆**潮干《しおひ》** 引《ひ》き潮《しお》。

◆**人《ひと》こそ知《し》らね** ほかの人《ひと》や、恋《こい》している相手《あいて》すら知《し》らないことだけれど。

カルタをはやく取《と》るコツ！

下《しも》の句《く》は「ひとこそし」まで覚《おぼ》えよう！

わがそ では **ひとこそしらね**

歌人《かじん》プロフィール

二条院讃岐《にじょういんのさぬき》(1141年《ねん》ごろ～1217年《ねん》ごろ)

源　頼政《みなもとのよりまさ》の娘《むすめ》。二条天皇《にじょうてんのう》、⑲後鳥羽院《ごとばいん》の中宮任《ちゅうぐうにん》子《し》(藤原兼実《ふじわらのかねざね》の娘《むすめ》)に仕《つか》えた。藤原重頼《ふじわらのしげより》と結婚《けっこん》し、女流歌人《じょりゅうかじん》としても活躍《かつやく》した。

私《わたし》の恋《こい》は
引《ひ》き潮《しお》でも姿《すがた》をあらわさない
沖《おき》の石《いし》のようなもの
あの人《ひと》は知《し》らないけれど
私《わたし》の袖《そで》はいつも恋《こい》の涙《なみだ》で濡《ぬ》れています
この日《ひ》の歌合《うたあわせ》の題《だい》は「石《いし》に寄《よ》する恋《こい》」でした
そうだ！沖《おき》の石《いし》よ！
ナイスアイデアー！
すばらしい！
さすが！
どよ…
この歌《うた》が大評判《だいひょうばん》となり「沖《おき》の石《いし》の讃岐《さぬき》」と呼《よ》ばれるようになりました

CD93

93

世《よ》の中《なか》は 常《つね》にもがもな
渚《なぎさ》漕《こ》ぐ
海人《あま》の小舟《をぶね》《オブネ》の
綱手《つなで》かなしも

鎌倉右大臣《かまくらのうだいじん》

おだやかな世《よ》を願《ねが》う将軍《しょうぐん》のつぶやき

浜辺《はまべ》で海《うみ》をながめ、綱《つな》に引《ひ》かれて進《すす》む小舟《こぶね》をじっと見《み》つめながら、この先《さき》も生《い》きていたいと切《せつ》に願《ねが》う作者《さくしゃ》。「世《よ》の中《なか》は常《つね》にもがもな」と、将軍《しょうぐん》の地位《ちい》にある源実朝《みなもとのさねとも》だからこそ、戦乱《せんらん》のない世《よ》の平和《へいわ》を願《ねが》ったのでしょう。本人《ほんにん》の死生観《しせいかん》を反映《はんえい》した、世《よ》の無常《むじょう》を感傷的《かんしょうてき》に詠《よ》んだ歌《うた》です。

出典《しゅってん》 新勅撰和歌集《しんちょくせんわかしゅう》

生《い》きたいと願《ねが》った悲劇《ひげき》の鎌倉将軍《かまくらしょうぐん》

実朝《さねとも》は兄《あに》・頼家《よりいえ》が追放《ついほう》され十二《じゅうに》歳《さい》で第三代鎌倉幕府将軍《だいさんだいかまくらばくふしょうぐん》になりました。しかし一二一九年《ねん》、参賀《さんが》に訪《おとず》れた鶴岡八幡宮《つるがおかはちまんぐう》で、頼家《よりいえ》の子《こ》、甥《おい》の公暁《くぎょう》に殺《ころ》されてしまいます。二十八歳《にじゅうはっさい》の若《わか》さでした。撰者《せんじゃ》の藤原定家《ふじわらのていか》は彼《かれ》のこの悲劇《ひげき》をふまえた上《うえ》で、歌《うた》を撰《えら》んだのではないでしょうか。

言葉《ことば》の意味《いみ》

◆**常《つね》にもがもな**
永遠《えいえん》であってほしい。

◆**かなし**
いとしい、心惹《こころひ》かれる。

歌《うた》の意味《いみ》

世《よ》の中《なか》は永遠《えいえん》に変《か》わらないものであってほしいなあ。渚《なぎさ》を漕《こ》ぐ漁師《りょうし》の小舟《こぶね》が綱手《つなで》を引《ひ》く風景《ふうけい》のいとおしいことよ。

カルタをはやく取《と》るコツ!

「よのなかよ」と聞《き》きまちがえないように!

よのなかは

あまのをぶねの

歌人《かじん》プロフィール

鎌倉右大臣《かまくらのうだいじん》(1192〜1219年《ねん》)

鎌倉幕府《かまくらばくふ》第《だい》3代《だい》将軍《しょうぐん》、源実朝《みなもとのさねとも》。鶴岡八幡宮《つるがおかはちまんぐう》で、甥《おい》の公暁《くぎょう》により暗殺《あんさつ》された。97権中納言定家《ごんちゅうなごんていか》に和歌《わか》を学《まな》び、『金槐和歌集《きんかいわかしゅう》』を残《のこ》した。

将軍《しょうぐん》にはなったものの…明日《あす》はどうなるかわからない
いつまでもおだやかな日《ひ》が続《つづ》いてほしい…
波《なみ》打《う》ち際《ぎわ》を漁師《りょうし》の小舟《こぶね》が綱《つな》で引《ひ》かれている――
この風景《ふうけい》がしみじみといとおしい
作者《さくしゃ》の源実朝《みなもとのさねとも》は権中納言《ごんちゅうなごん》定家《ていか》に和歌《わか》を学《まな》びました
先生《せんせい》におくって見《み》てもらおう
戦《たたか》いのない日々《ひび》を望《のぞ》んでいましたが、甥《おい》に暗殺《あんさつ》されてしまいました
うわ

94

CD94

み吉野《よしの》の 山《やま》の秋風《あきかぜ》 さ夜《よ》更《ふ》けて ふるさと寒《さむ》く 衣《ころも》うつなり

参議雅経《さんぎまさつね》

晩秋《ばんしゅう》の古都《こと》に響《ひび》く砧《きぬた》の音《おと》に すべてのわびしさを集約《しゅうやく》した歌《うた》

かつての都《みやこ》、栄華《えいが》をほこった吉《よし》野《の》の地《ち》。晩秋《ばんしゅう》の夜《よる》になろうとする時刻《じこく》に、冬《ふゆ》の寒《さむ》い風《かぜ》にのってどこからともなく砧《きぬた》(下記参照《かきさんしょう》)を打《う》つ音《おと》が聞《き》こえてきます。人《ひと》が誰《だれ》も登《とう》場《じょう》しないさびしい風景《ふうけい》の中《なか》におとろえゆくものを集《あつ》め、そこに最上《さいじょう》の価値《かち》と美《うつく》しさを見《み》い出《だ》そうとする歌《うた》です。

出典《しゅってん》 新古今和歌集《しんこきんわかしゅう》

衣《ころも》を打《う》つ砧《きぬた》は女性《じょせい》の仕事《しごと》

砧《きぬた》とは、衣《ころも》をやわらかくするためにたたく板《いた》や木《き》づちのことです。中国《ちゅうごく》では兵士《へいし》として遠征《えんせい》の旅《たび》に出《で》た夫《おっと》を想《おも》って、留守《るす》をあずかる妻《つま》が打《う》つものとされ、もの悲《がな》しい響《ひび》きが詩《し》の題材《だいざい》となってきました。この歌《うた》も同様《どうよう》、砧《きぬた》を打《う》つ音《おと》が効果音《こうかおん》となり、よりいっそうわびしさをかもし出《だ》しています。

言葉《ことば》の意味《いみ》

◆**み吉野《よしの》の山《やま》**
現在《げんざい》の奈良県《ならけん》にある吉野《よしの》山《やま》。

◆**ふるさと**
古都《こと》。ここでは天皇《てんのう》の離《り》宮《きゅう》があった場所《ばしょ》のこと。

歌《うた》の意味《いみ》

吉野山《よしのやま》には冷《つめ》たい秋風《あきかぜ》が吹《ふ》き、夜《よ》が更《ふ》けて、古都《こと》吉《よし》野《の》の里《さと》はしんしんと寒《さむ》く、衣《ころも》を打《う》つ砧《きぬた》の音《おと》が聞《き》こえてくるよ。

カルタをはやく取《と》るコツ!

「みよ」ときたら「ふる」を探《さが》せ!

みよ しのの

ふるさとさむく

歌人《かじん》プロフィール

参議雅経《さんぎまさつね》(1170～1221年《ねん》)

藤原雅経《ふじわらのまさつね》。藤原頼経《ふじわらのよりつね》の息子《むすこ》で、蹴鞠《けまり》の家《いえ》である飛鳥井流《あすかいりゅう》の祖《そ》。鎌倉幕府《かまくらばくふ》の要人《ようじん》・大江広元《おおえのひろもと》の娘《むすめ》と結婚《けっこん》し、鎌倉《かまくら》と京都《きょうと》の仲介役《ちゅうかいやく》を務《つと》めた。

吉野《よしの》——
かつて天皇《てんのう》の離宮《りきゅう》があり
栄華《えいが》をほこった土地《とち》…
さびれることのなんと早《はや》いことよ
ヒュウゥゥゥ……
山《やま》から風《かぜ》が…なんと冷《つめ》たいことだ
トン…
トン…
トン…
この音《おと》は…
トン
トン
衣《ころも》を打《う》つ砧《きぬた》の音《おと》か
トン
トン
夜更《よふ》けに聞《き》くとさびしさがつのる…
もうすぐ厳《きび》しい冬《ふゆ》がやって来《く》るのだなあ…

CD95

95

おほ《オ》けなく 憂《う》き世《よ》の民《たみ》に
おほ《オ》ふ《ウ》かな
わが立《た》つ杣《そま》に
すみ染《ぞめ》の袖《そで》

前大僧正慈円《さきのだいそうじょうじえん》

おそれおおくも…日本《にほん》は私《わたし》にまかせなさい！

作者《さくしゃ》が僧《そう》としての高《たか》い志《こころざし》を述《の》べた歌《うた》です。戦乱《せんらん》の世《よ》を目《ま》の当《あ》たりにし、寺《てら》に務《つと》める僧《そう》として、人民《じんみん》を守《まも》り導《みちび》かなくてはいけないという責任感《せきにんかん》や気負《きお》いが感《かん》じられます。ただ「おほけなく」、つまり「身《み》のほど知《し》らずにも」とけんそんしているところに、慈円《じえん》の人柄《ひとがら》が出《で》ています。

出典《しゅってん》 千載和歌集《せんざいわかしゅう》

生涯《しょうがい》で四度《よんど》も天台座主《てんだいざす》を務《つと》める

慈円《じえん》は十一歳《じゅういっさい》で比叡山《ひえいざん》に入《はい》り、若《わか》くして僧侶《そうりょ》としての最高位《さいこうい》・天台座主《てんだいざす》になりました。その後亡《ごな》くなるまでの間《あいだ》、政変《せいへん》によって三度《さんど》の座主《ざす》を務《つと》めます。慈円《じえん》は学識《がくしき》が高《たか》く、時代《じだい》を見《み》る目《め》もするどかった人物《じんぶつ》で、日本《にほん》で最初《さいしょ》の史論書《しろんしょ》『愚管抄《ぐかんしょう》』を記《しる》しました。

歌《うた》の意味《いみ》

おそれおおくも、私《わたし》は憂《う》き世《よ》の民《たみ》におおいかけるよ。伝教大師《でんぎょうだいし》が「わが立《た》つ杣《そま》」と詠《よ》まれた比叡山《ひえいざん》に住《す》んでいる僧《そう》として、この法衣《ほうえ》の墨染《すみぞめ》の袖《そで》を。

言葉《ことば》の意味《いみ》

◆**おほけなく**
身《み》のほど知《し》らずにも。

◆**わが立《た》つ杣《そま》**
比叡山《ひえいざん》のこと。

カルタをはやく取《と》るコツ！

下《しも》の句《く》は「わがたつ」まで覚《おぼ》えよう！

おほけ なく
わがたつ そまに

歌人《かじん》プロフィール

前大僧正慈円《さきのだいそうじょうじえん》（1155～1225年《ねん》）

㊆法性寺入道前関白太政大臣《ほっしょうじにゅうどうさきのかんぱくだいじょうだいじん》（藤原忠通《ふじわらのただみち》）の息子《むすこ》。11歳《さい》で出家《しゅっけ》し、比叡山《ひえいざん》に入《はい》る。仏教思想《ぶっきょうしそう》による歴史書《れきししょ》『愚管抄《ぐかんしょう》』を記《しる》した。

慈円《じえん》がまだ二十代《にじゅうだい》のころ
戦乱《せんらん》や流行《はや》り病《やまい》、
飢《き》きんなどによって
多《おお》くの人《ひと》びとが亡《な》くなっていた
痛《いた》ましいことだ…
なんとかしなくては…
身《み》のほどをわきまえぬと言《い》われても仕方《しかた》ないが
この墨染《すみぞめ》の袖《そで》で
人《ひと》びとを包《つつ》みこみ
守《まも》ってやりたい
救《すく》ってやりたいと
心《こころ》から思《おも》います

CD96

96

花《はな》さそふ　嵐《あらし》の庭《には》《ニワ》の
雪《ゆき》ならで
ふり《ウ》ゆくものは
わが身《み》なりけり

入道前太政大臣《にゅうどうさきのだいじょうだいじん》

落花《らっか》に死《し》の影《かげ》を見《み》た政治家《せいじか》
自然《しぜん》の風景《ふうけい》から人生《じんせい》を学《まな》ぶ

作者《さくしゃ》は、鎌倉時代初《かまくらじだいはじ》めに栄華《えいが》を極《きわ》めた大物政治家《おおものせいじか》。ぜいたくな暮《く》らしをおくる中《なか》、優雅《ゆうが》に散《ち》る桜《さくら》の花吹雪《はなふぶき》を見《み》てふと、自分《じぶん》の老《お》いや終《しゅう》えんを感《かん》じ取《と》ったのです。豪華《ごうか》絢爛《けんらん》な上《かみ》の句《く》と、一転《いってん》して静《しず》かな下《しも》の句《く》で構成《こうせい》し、繁栄《はんえい》と衰退《すいたい》を表《ひょう》裏一体《りいったい》にした、巧《たく》みな歌《うた》です。

出典《しゅってん》　新勅撰和歌集《しんちょくせんわかしゅう》

小野小町《おののこまち》の歌《うた》との共通点《きょうつうてん》

花《はな》の命《いのち》は短《みじか》くて……。落花《らっか》の風《ふう》景《けい》は人《ひと》の死《し》や老《お》いを連想《れんそう》させ、ある意味《いみ》不吉《ふきつ》です。絶世《ぜっせい》の美女《びじょ》といわれた⑨小野小町《おののこまち》の歌《うた》も、花《はな》と老《お》いを重《かさ》ねたものでした。美貌《びぼう》と権《けん》力《りょく》のちがいはありますが、小町《こまち》と公経《きんつね》が同《おな》じテーマを詠《よ》み百人一首《ひゃくにんいっしゅ》に撰《えら》ばれているのは、面白《おもしろ》いことです。

言葉《ことば》の意味《いみ》

◆雪《ゆき》
散《ち》る花《はな》びらを雪《ゆき》にたとえている。

◆ふりゆくもの
「降《ふ》る」と「古《ふ》る」をかけている。

カルタをはやく取《と》るコツ！

「はなの」と聞《き》きまちがえないように！

はなさ　そふ
ふりゆくものは

歌《うた》の意味《いみ》

落花《らっか》をさそう強《つよ》い風《かぜ》が吹《ふ》く庭《にわ》は、雪《ゆき》のように桜《さくら》の花《はな》びらが降《ふ》るけれども、本当《ほんとう》にふりゆくものは、実《じつ》は私自身《わたしじしん》であったよ。

歌人《かじん》プロフィール

入道前太政大臣《にゅうどうさきのだいじょうだいじん》（1171～1244年《ねん》）

藤原公経《ふじわらのきんつね》。源 頼朝《みなもとのよりとも》の姪《めい》を妻《つま》とし、1221年《ねん》の承《じょう》久《きゅう》の乱《らん》以降《いこう》、栄華《えいが》を極《きわ》めた。京都府北山《きょうとふきたやま》にある金閣寺《きんかくじ》は公経《きんつね》の山荘《さんそう》を改築《かいちく》したものといわれる。

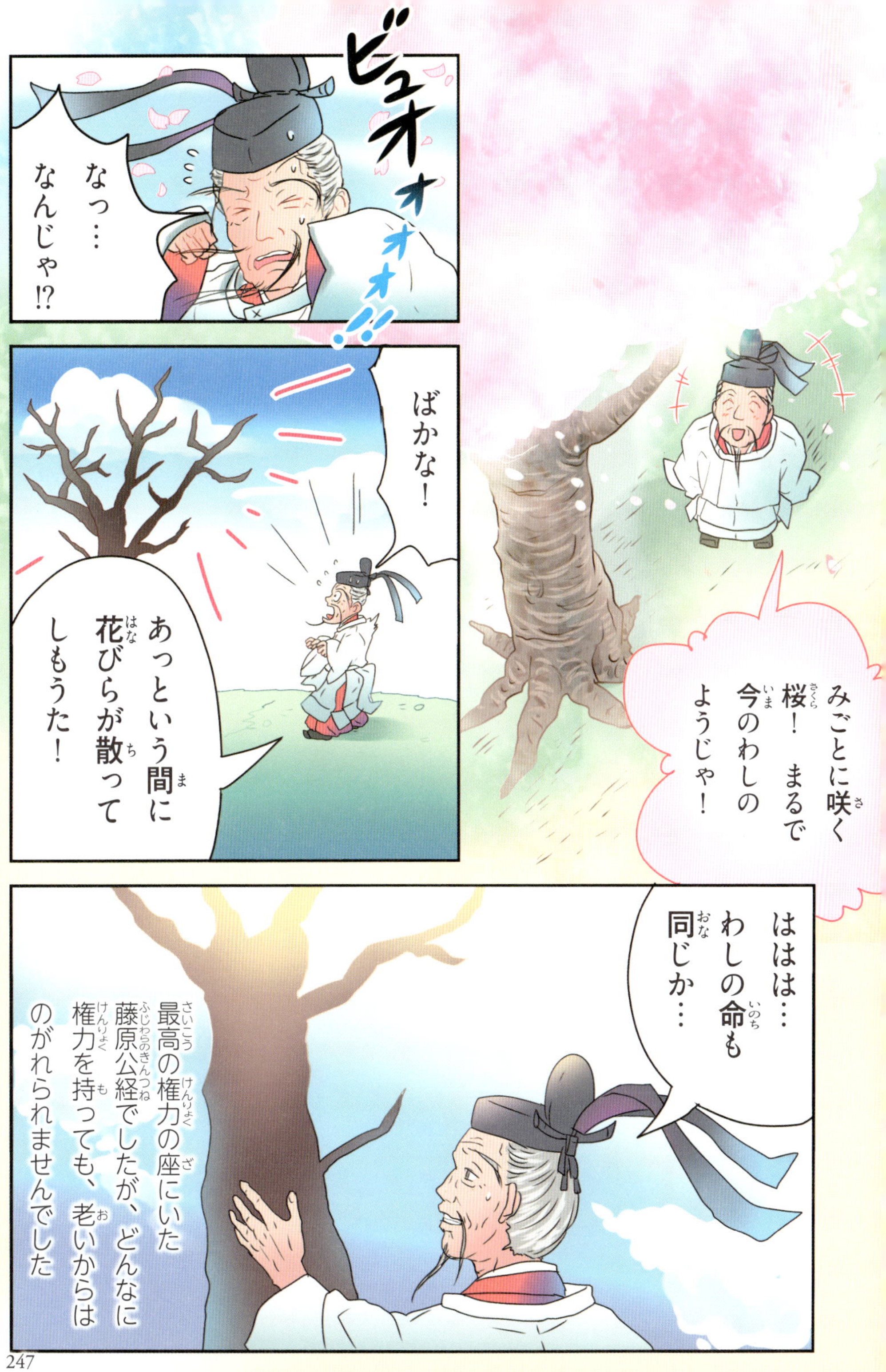
みごとに咲《さ》く桜《さくら》! まるで今《いま》のわしのようじゃ!

ビュオオオオ!!

なっ…なんじゃ!?

ばかな!

あっという間《ま》に花《はな》びらが散《ち》ってしもうた!

ははは… わしの命《いのち》も同《おな》じか…

最高《さいこう》の権力《けんりょく》の座《ざ》にいた藤原公経《ふじわらのきんつね》でしたが、どんなに権力《けんりょく》を持《も》っても、老《お》いからはのがれられませんでした

CD97

来《こ》ぬ人《ひと》を まつ帆《ほ》の浦《うら》の 夕《ゆふ》《ユウ》なぎに 焼《や》くや藻《も》《モ》塩《しほ》《シオ》の 身《み》もこがれつつ

権中納言定家《ごんちゅうなごんていか》

立《た》ちのぼる煙《けむり》に愛《あい》をこめて 来《き》てはくれない恋人《こいびと》を待《ま》つ

撰者自《せんじゃみずか》らが撰《えら》んだ歌《うた》は、やはり恋《こい》の歌《うた》。『万葉集《まんようしゅう》』にある、※藻《も》塩《しお》を焼《や》く海人《あま》の少女《しょうじょ》に恋《こい》をする男性《だんせい》の歌《うた》を本歌取《ほんかど》りしました。定家《ていか》は、その男性《だんせい》に恋《こい》こがれられた海人《あま》の少女《しょうじょ》になりきり歌《うた》を詠《よ》んだのです。彼女《かのじょ》は自《みずか》らが焼《や》く藻塩《もしお》のように、男性《だんせい》を待《ま》つ気持《きも》ちでじりじりと恋《こい》に身《み》をこがしているのです。

出典《しゅってん》 **新勅撰和歌集**《しんちょくせんわかしゅう》

※本歌《ほんか》は「松帆《まつほ》の浦《うら》に朝《あさ》なぎに玉藻《たまも》刈《か》りつつ夕《ゆふ》なぎに藻塩《もしほ》焼《や》きつつ海人少女《あまおとめ》……」という歌《うた》

手間《てま》と根気《こんき》が必要《ひつよう》な藻塩《もしお》づくり

藻塩《もしお》とは、海藻《かいそう》から取《と》る塩《しお》のこと。つくり方《かた》は、海藻《かいそう》を海水《かいすい》で浸《ひた》し天日《てんぴ》で干《ほ》す作業《さぎょう》をくり返《かえ》し、それを焼《や》いて濃《こ》くなった海水《かいすい》にとかし、布《ぬの》でこしてから煮《に》つめて塩《しお》を取《と》り出《だ》す、とても手間《てま》ひまのかかる作業《さぎょう》です。日本《にほん》の塩《しお》の原点《げんてん》ともいわれ、古墳時代《こふんじだい》からこの製法《せいほう》で塩《しお》づくりが行《おこな》われていたようです。

言葉《ことば》の意味《いみ》

◆**まつ帆《ほ》の浦《うら》**
淡路島《あわじしま》の北端《ほくたん》にある海岸《かいがん》。

◆**夕《ゆふ》なぎ**
夕方《ゆうがた》の風《かぜ》がやんで、静《しず》かになった時間帯《じかんたい》。風《かぜ》が止《と》まったことと、恋人《こいびと》との仲《なか》が進展《しんてん》しないことをかけている。

歌《うた》の意味《いみ》

来《き》てはくれない恋人《こいびと》を待《ま》つ、松帆《まつほ》の浦《うら》の夕凪《ゆうなぎ》の時刻《じこく》に、私《わたし》は焼《や》くわ、藻塩《もしお》を。その塩《しお》と同《おな》じように私《わたし》の身《み》も焼《や》きこがしながら。

カルタをはやく取《と》るコツ！

「こぬ」ときたら「やく」を探《さが》せ！

こぬ ひとを

やくやもしほの

歌人《かじん》プロフィール

権中納言定家《ごんちゅうなごんていか》(1162～1241年《ねん》)

藤原定家《ふじわらのていか》。㊸皇太后宮大夫俊成《こうたいごうぐうのだいぶしゅんぜい》の子《こ》。『新古今和歌集《しんこきんわかしゅう》』の撰者《せんじゃ》のひとりで、『新勅撰和歌集《しんちょくせんわかしゅう》』も編《へん》さんした。晩年《ばんねん》、百人一首《ひゃくにんいっしゅ》を撰《えら》んだ。

淡路島《あわじしま》の海辺《うみべ》で
女性達《じょせいたち》が塩《しお》を
つくっています
その女性《じょせい》に
なりきって
詠《よ》んだ歌《うた》——
いくら待《ま》っても
あなたは来《こ》ない
藻塩《もしお》を焼《や》く煙《けむり》は
夕凪《ゆうなぎ》でゆらぎもしない
藻塩《もしお》が
じりじりと
焼《や》かれるように
わたしもじりじりと
恋《こい》の炎《ほのお》に焼《や》かれています
この歌《うた》で順徳天皇主催《じゅんとくてんのうしゅさい》の
歌合《うたあわせ》に
勝利《しょうり》したのです
えっへん

98

CD98

風《かぜ》そよぐ 楢《なら》の小川《をがは》《オガワ》の
夕暮《ゆふぐれ》《ユウグレ》は
みそぎぞ夏《なつ》の
しるしなりける

従二位家隆《じゅにいいえたか》

水無月《みなづき》ばらえの風景《ふうけい》を見《み》て夏《なつ》の終《お》わりを味《あじ》わっている歌《うた》

藤原道家《ふじわらのみちいえ》の娘《むすめ》が入内《じゅだい》するときにおくられた屏風歌《びょうぶうた》で、夏《なつ》の終《お》わりの風物詩《ふうぶつし》、水無月《みなづき》ばらえの風景《ふうけい》を詠《よ》んだものです。時期《じき》は六月末《ろくがつまつ》(旧暦《きゅうれき》では、七月《しちがつ》からが秋《あき》)なので初秋《しょしゅう》を感《かん》じる季節《きせつ》ですが、小川《おがわ》で行《おこな》われている水無月《みなづき》ばらえを見《み》るとまだ夏《なつ》を感《かん》じるなあと、作者《さくしゃ》は季節《きせつ》の微妙《びみょう》な移《うつ》り変《か》わりを味《あじ》わっています。

出典《しゅってん》 新勅撰和歌集《しんちょくせんわかしゅう》

家隆《いえたか》VS《ブイエス》定家《ていか》のライバル対決《たいけつ》!?

家隆《いえたか》は㊹権中納言定家《ごんちゅうなごんていか》と同門《どうもん》のライバルとされていました。この歌《うた》で家隆《いえたか》は、清涼《せいりょう》な小川《おがわ》や水《みず》しぶきなど水《みず》のある風景《ふうけい》を見《み》せ、一方《いっぽう》で定家《ていか》は、藻塩《もしお》を焼《や》き、恋《こい》の炎《ほのお》で胸《むね》をこがす女性《じょせい》をえがきました。定家《ていか》は百人一首《ひゃくにんいっしゅ》の中《なか》で、あえて火《ひ》と水《みず》のライバル対決《たいけつ》を演出《えんしゅつ》したのかもしれません。

言葉《ことば》の意味《いみ》

◆**みそぎ**

ここでは、六月末《ろくがつまつ》の夏越《なごし》のはらえを指《さ》す。川原《かわら》に出《で》て、半年《はんとし》のけがれを水《みず》に流《なが》す行事《ぎょうじ》。

カルタをはやく取《と》るコツ!

「かぜそ」ときたら「みそぎ」を探《さが》せ!

かぜそ よぐ

みそぎぞなつの

歌《うた》の意味《いみ》

風《かぜ》がそよそよと楢《なら》の葉《は》に吹《ふ》いている、この楢《なら》の小川《おがわ》の夕暮《ゆうぐ》れは、まるで秋《あき》のように涼《すず》しいが、みそぎが行《おこな》われているのが、夏《なつ》の証《あかし》であるよ。

歌人《かじん》プロフィール **従二位家隆《じゅにいいえたか》**(1158～1237年《ねん》)

藤原家隆《ふじわらのいえたか》。『新古今和歌集《しんこきんわかしゅう》』の撰者《せんじゃ》のひとり。㊾後鳥羽院《ごとばいん》とは承久《じょうきゅう》の乱後《らんご》も交流《こうりゅう》を続《つづ》けた。温厚《おんこう》で誠実《せいじつ》な人柄《ひとがら》だったと伝《つた》わる。

旧暦《きゅうれき》の六月《ろくがつ》の終《お》わりに行《おこな》う
「水無月《みなづき》のはらえ」は、
半年《はんとし》の間《あいだ》にたまった厄《やく》を
川《かわ》に流《なが》す行事《ぎょうじ》です
この屏風《びょうぶ》に歌《うた》をつけてほしいのです
わかりました
楢《なら》の葉《は》が
すずしい風《かぜ》にそよぎ
すっかり秋《あき》の風情《ふぜい》だが
そよ
そよ
おお水無月《みなづき》のはらえか
いやいや、まだ夏《なつ》だったのだなあ

99

CD99

人《ひと》もを《オ》し　人《ひと》もうらめし
あぢ《ジ》きなく
世《よ》を思《おも》ふ《ウ》ゆゑ《エ》に
物思《ものおも》ふ《ウ》身《み》は

後鳥羽院《ごとばいん》

追《お》いつめられていく中《なか》で複雑《ふくざつ》な心中《しんちゅう》を歌《うた》に詠《よ》む

国《くに》を治《おさ》める帝王《ていおう》の、孤独《こどく》と苦悩《くのう》をはき出《だ》した歌《うた》です。百人一首《ひゃくにんいっしゅ》は冒頭《ぼうとう》①②で古代《こだい》の天皇《てんのう》をたたえ、⑲⑳で現実《げんじつ》に苦悩《くのう》する天皇《てんのう》の姿《すがた》をえがいて終《お》わります。この歌《うた》が詠《よ》まれたのは後鳥羽院《ごとばいん》が三十三歳《さんじゅうさんさい》のとき。鎌倉幕府《かまくらばくふ》の強《つよ》さが増《ま》し、王朝時代《おうちょうじだい》の衰退《すいたい》を感《かん》じ始《はじ》めていました。

出典《しゅってん》 続後撰和歌集《しょくごせんわかしゅう》

和歌《わか》に熱心《ねっしん》すぎるふたり 後鳥羽院《ごとばいん》と定家《ていか》は仲《なか》たがい

後鳥羽院《ごとばいん》は和歌《わか》に熱心《ねっしん》で、㉝皇太后宮大夫俊成《こうたいごうぐうのだいぶしゅんぜい》を祖《そ》とした御子左家《みこひだりけ》の歌風《かふう》を支持《しじ》していました。そして和歌所《わかしょ》を設置《せっち》して㊼権中納言《ごんちゅうなごん》定家《ていか》に編《へん》さんを担当《たんとう》させ、『新古今和歌集《しんこきんわかしゅう》』をまとめます。後鳥羽院《ごとばいん》自《みずか》らも深《ふか》く関《かか》わり和歌《わか》の発展《はってん》に尽力《じんりょく》しましたが、その後意見《ごいけん》が対立《たいりつ》し距離《きょり》を置《お》くことになりました。

言葉《ことば》の意味《いみ》

◆**をし**　いとしい。
◆**うらめし**　にくらしい。
◆**あぢきなく**　苦《にが》にがしく、面白《おもしろ》くなく。

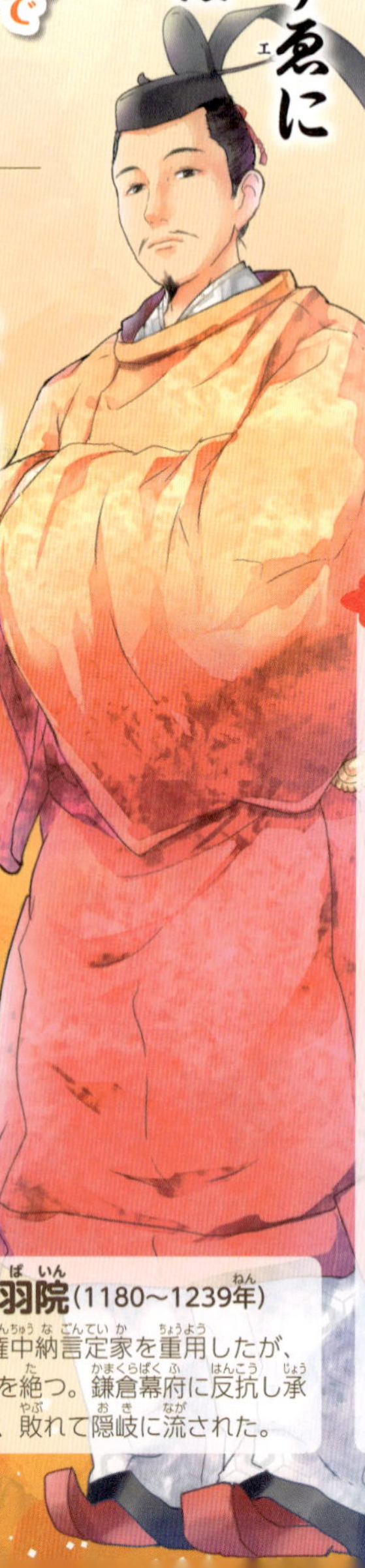

歌《うた》の意味《いみ》

人《ひと》がいとおしくも、また逆《ぎゃく》に恨《うら》めしくも思《おも》われる。苦《にが》にがしい思《おも》いをいだきながら、この世《よ》に思《おも》いをめぐらせ、数《かず》かずのもの思《おも》いをしているわが身《み》には。

歌人《かじん》プロフィール　**後鳥羽院《ごとばいん》**（1180〜1239年《ねん》）
第《だい》82代天皇《だいてんのう》。㊼権中納言定家《ごんちゅうなごんていか》を重用《ちょうよう》したが、のちに衝突《しょうとつ》し交流《こうりゅう》を絶《た》つ。鎌倉幕府《かまくらばくふ》に反抗《はんこう》し承久《じょうきゅう》の乱《らん》を起《お》こすが、敗《やぶ》れて隠岐《おき》に流《なが》された。

カルタをはやく取《と》るコツ！
下《しも》の句《く》が「よを」で始《はじ》まる歌《うた》がもう一首《いっしゅ》あるよ！
ひともをし
よをおもふゆゑに

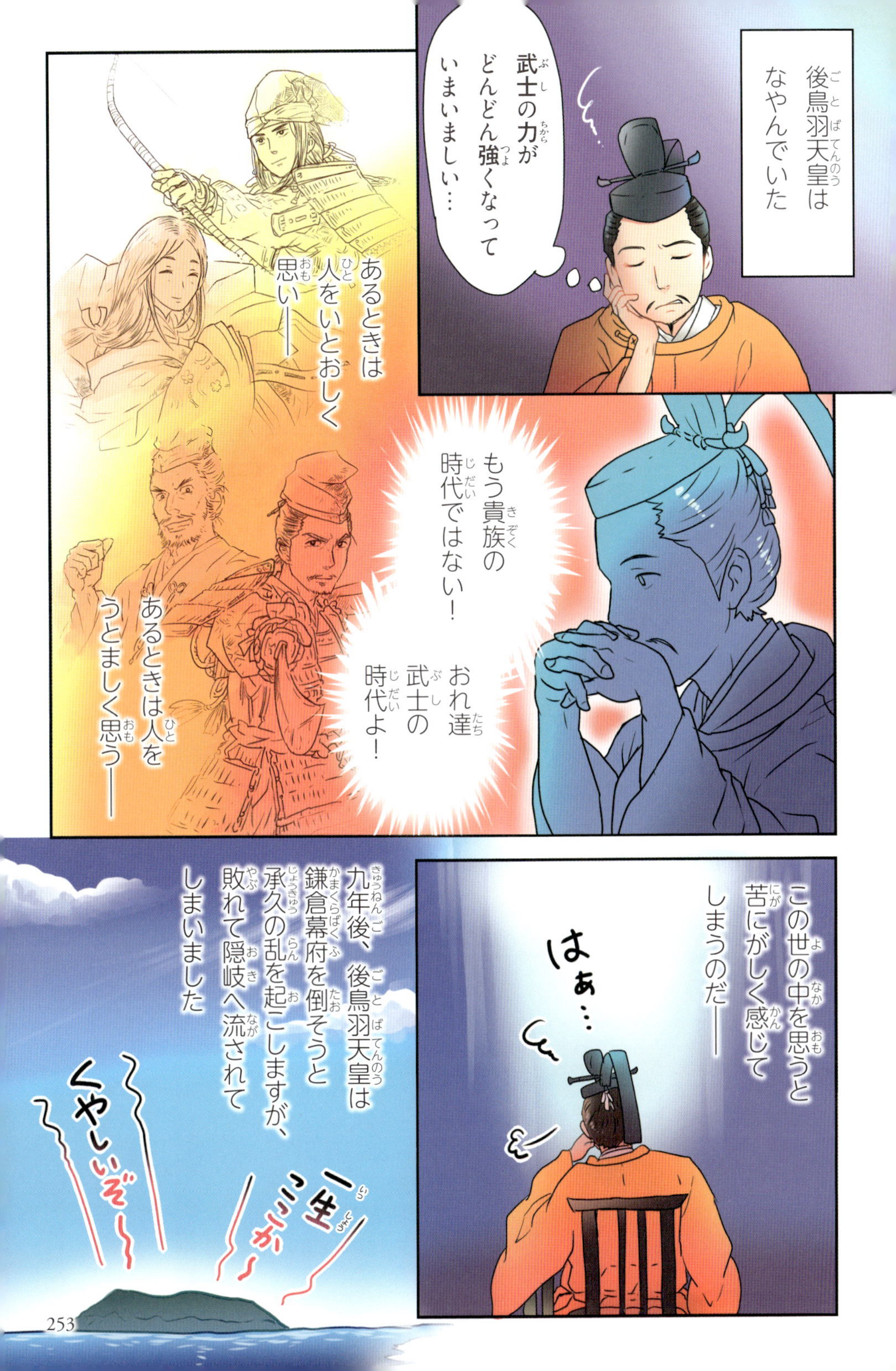

後鳥羽天皇《ごとばてんのう》は なやんでいた
武士《ぶし》の力《ちから》が どんどん強《つよ》くなって いまいましい…
もう貴族《きぞく》の 時代《じだい》ではない！
おれ達《たち》 武士《ぶし》の 時代《じだい》よ！
あるときは人《ひと》をいとおしく思《おも》い――
あるときは人《ひと》を うとましく思《おも》う――
この世《よ》の中《なか》を思《おも》うと 苦《にが》にがしく感《かん》じて しまうのだ――
はぁ…
九年後《きゅうねんご》、後鳥羽天皇《ごとばてんのう》は 鎌倉幕府《かまくらばくふ》を倒《たお》そうと 承久《じょうきゅう》の乱《らん》を起《お》こしますが、 敗《やぶ》れて隠岐《おき》へ流《なが》されて しまいました
一生《いっしょう》 ここか～
～くやしいぞ～～

CD99

100

ももしきや 古《ふる》き軒端《のきば》の しのぶにも なほ《オ》あまりある 昔《むかし》なりけり

順徳院《じゅんとくいん》

昔《むかし》はよかったとふり返《かえ》り 王朝《おうちょう》の衰退《すいたい》を実感《じっかん》する

宮中《きゅうちゅう》の建物《たてもの》はすっかり荒《あ》れ、王《おう》朝《ちょう》の衰退《すいたい》はもはや決定的《けっていてき》。父《ちち》・⑲後鳥羽院《ごとばいん》の歌《うた》と同《おな》じく息子《むすこ》の順徳《じゅんとく》院《いん》も現実《げんじつ》の世《よ》をなげき、天皇《てんのう》が治《おさ》めてきた過去《かこ》へのあこがれが苦《にが》がしく詠《よ》まれています。定家《ていか》はこの親子《おやこ》天皇《てんのう》の歌《うた》で百人一首《ひゃくにんいっしゅ》をしめくくり、華麗《かれい》なる王朝時代《おうちょうじだい》の終《お》わりを示《しめ》したのです。

出典《しゅってん》 続後撰和歌集《しょくごせんわかしゅう》

承久《じょうきゅう》の乱《らん》に敗《やぶ》れ 親子《おやこ》で流罪《るざい》となる

後鳥羽院《ごとばいん》は⑲の歌《うた》を詠《よ》んだ九年《きゅうねん》後《ご》、承久《じょうきゅう》の乱《らん》を起《お》こします。息子《むすこ》の順徳院《じゅんとくいん》は父《ちち》の片腕《かたうで》となって加勢《かせい》しましたが、鎌倉幕府側《かまくらばくふがわ》に負《ま》けて佐渡《さど》へ流《なが》されました。順徳院《じゅんとくいん》は佐《さ》渡《ど》でも和歌《わか》を詠《よ》み続《つづ》け、隠岐《おき》に流《なが》された父《ちち》・後鳥羽院《ごとばいん》と歌《うた》のやりとりをしていたと伝《つた》えられています。

言葉《ことば》の意味《いみ》

◆**ももしき**　宮中《きゅうちゅう》、内裏《だいり》のこと。

◆**軒端《のきば》**　屋根《やね》の端《はじ》の部分《ぶぶん》。

◆**しのぶ**　しのぶ草《ぐさ》と「しのぶ（なつかしむ）」との掛詞《かけことば》。

歌《うた》の意味《いみ》

宮中《きゅうちゅう》の古《ふる》い軒端《のきば》に生《は》えているしのぶ草《ぐさ》のように、いくらしのんでもしのび尽《つ》くせない昔《むかし》の御代《みよ》だなあ。

カルタをはやく取《と》るコツ！

下《しも》の句《く》は「なほあまり」まで覚《おぼ》えよう！

もも　しきや

なほあまりある

歌人《かじん》プロフィール　**順徳院《じゅんとくいん》**（1197〜1242年《ねん》）

⑲後鳥羽院《ごとばいん》の皇子《おうじ》で、聡明《そうめい》で才気《さいき》にあふれる第《だい》84代天皇《だいてんのう》。⑰権中納言定家《ごんちゅうなごんていか》に和歌《わか》を学《まな》んだ。承《じょう》久《きゅう》の乱《らん》で敗《やぶ》れて佐渡《さど》へ流《なが》され、同地《どうち》で亡《な》くなる。

当時《とうじ》、天皇《てんのう》の力《ちから》はすっかり弱《よわ》くなり、宮中《きゅうちゅう》の御殿《ごてん》も荒《あ》れ果《は》ててしまっていました
軒端《のきば》にしのぶ草《ぐさ》が生《は》えている…
栄光《えいこう》は昔《むかし》のこと…なつかしんでもなつかしみきれない
天皇《てんのう》による国《くに》づくり——
すぐれた和歌《わか》の数《かず》かず——
はなやかだったあの時代《じだい》…
もう貴族《きぞく》の世《よ》ではないのだなあ…

歌枕って何?

美しい景色が見られたり、古い歌に詠まれていたりする名所を「歌枕」といい、和歌に詠みこんでイメージをふくらませたよ。

全国の歌枕

歌枕は全国にたくさんあるんだ。数字は、百人一首の歌番号だよ。

※現在の位置で示しています。

- 衣川
- 塩竈
- 末の松山 ㊷
- 信夫 ⑭
- 姨捨山
- 浅間山
- 松島（雄島）㊺
- 白河の関
- 佐野の舟橋
- 勿来の関
- 筑波山 ⑬
- 武蔵野
- 箱根
- 富士山 ④
- 田子の浦 ④
- 小夜の中山
- 二見浦
- 葛城山
- 明石
- 那智
- 鳴門
- 高砂 ㉞
- 淡路島 ㉘
- 伊予の湯桁
- 出雲
- 赤間の関
- 鼓の滝
- 天の橋立 ㊳
- 因幡山 ⑯
- 竹生島
- 伊吹山 ㊶

日本一高い山・富士山

百人一首に登場する富士山。海側から見た富士山。富士山は世界遺産に登録されているよ。

橋のようにのびた砂州・天の橋立

松の林におおわれた砂州が、海の上にのびているよ。百人一首の時代にも有名な場所だったよ。

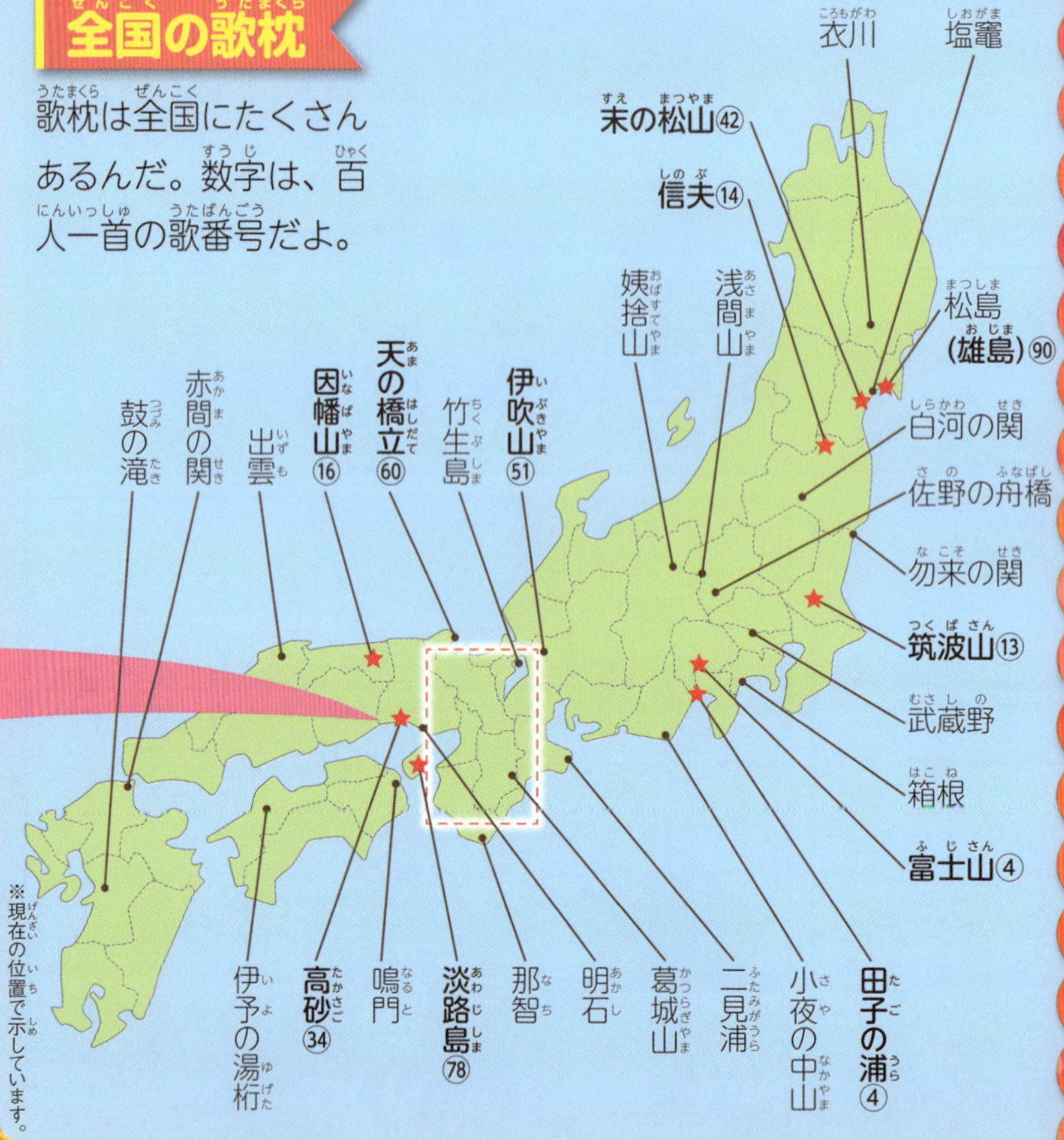

都《みやこ》のまわりの歌枕《うたまくら》

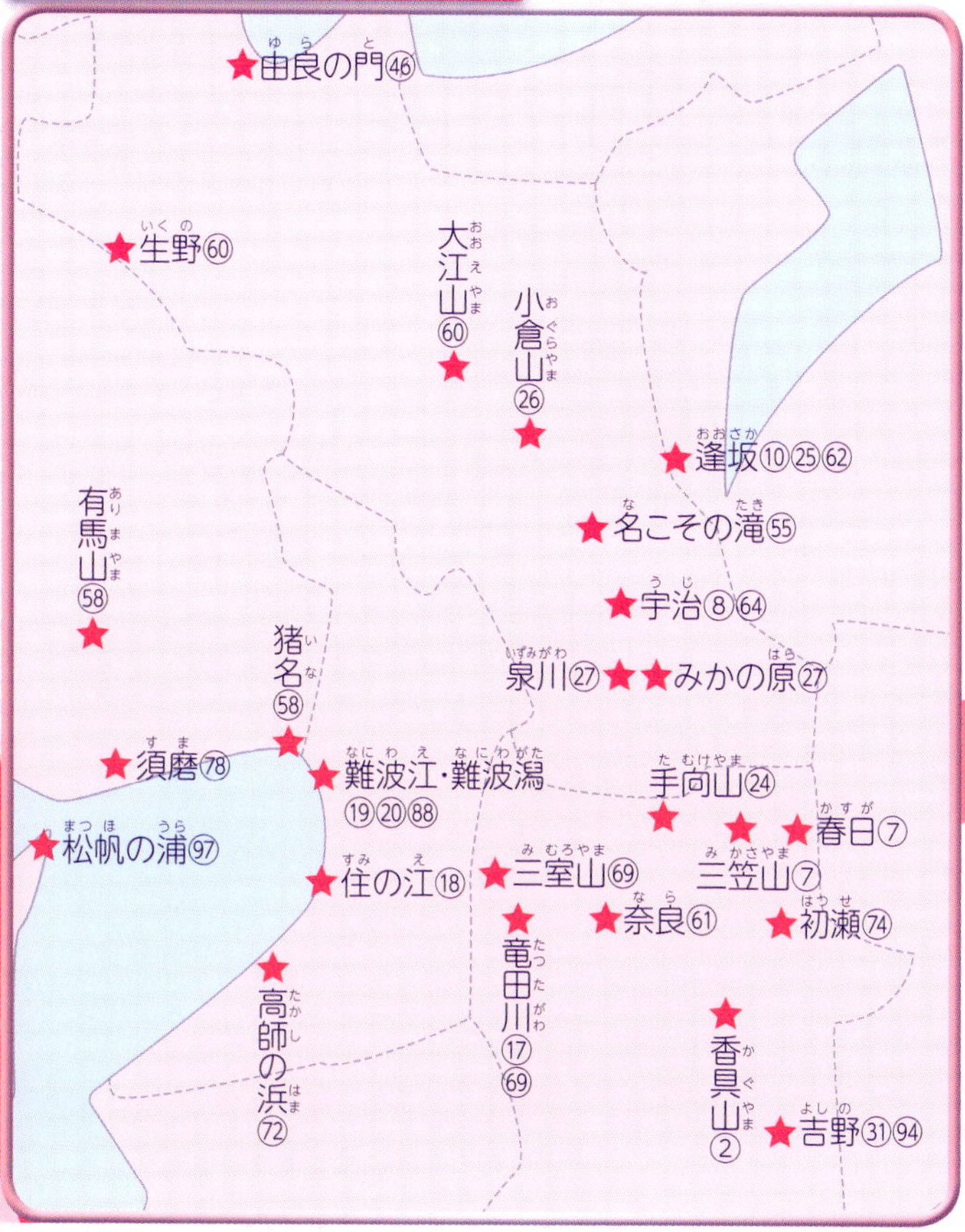

由良《ゆら》の門《と》㊻
生野《いくの》60
大江山《おおえやま》60
小倉山《おぐらやま》26
逢坂《おおさか》⑩25 62
名《な》こその滝《たき》55
宇治《うじ》⑧64
泉川《いずみがわ》27
みかの原《はら》27
有馬山《ありまやま》58
猪名《いな》58
須磨《すま》78
難波江《なにわえ》・難波潟《なにわがた》⑲⑳88
松帆《まつほ》の浦《うら》97
手向山《たむけやま》24
春日《かすが》⑦
三室山《みむろやま》69
三笠山《みかさやま》⑦
住《すみ》の江《え》⑱
奈良《なら》61
初瀬《はつせ》74
高師《たかし》の浜《はま》72
竜田川《たつたがわ》⑰69
香具山《かぐやま》②
吉野《よしの》31 94

京《きょう》の都《みやこ》の周《まわ》りには
和歌《わか》に詠《よ》まれた
歌枕《うたまくら》がたくさんあるのよ

歌《うた》が先《さき》、名所《めいしょ》があとの竜田川《たつたがわ》

17番《ばん》、69番《ばん》に登場《とうじょう》する、紅葉《こうよう》の名所《めいしょ》「竜田川《たつたがわ》」。平安時代《へいあんじだい》にはまだ紅葉《もみじ》はなかったんだって！歌《うた》に詠《よ》まれた通《とお》りの名所《めいしょ》になるように、江戸時代《えどじだい》に紅葉《もみじ》の木《き》が植《う》えられたんだよ。

鬼《おに》のいない大江山《おおえやま》

60番《ばん》の小式部内侍《こしきぶのないし》が詠《よ》んだ大江《おおえ》山《やま》は、現在《げんざい》の京都市西北部《きょうとしせいほくぶ》にある「大枝山《おおえやま》」のこと。鬼退治《おにたいじ》で有名《ゆうめい》な「丹後《たんご》の大江山《おおえやま》」とは別《べつ》の場所《ばしょ》だよ。

百人一首《ひゃくにんいっしゅ》の特徴《とくちょう》

部立《ぶだて》

和歌集《わかしゅう》を編《へん》さんするときは、テーマ別《べつ》に並《なら》べていくのがふつう。テーマごとの分類《ぶんるい》を「部立《ぶだて》」というんだ。百人一首《ひゃくにんいっしゅ》は、「恋《こい》」の歌《うた》がいちばん多《おお》いのが特徴《とくちょう》だよ。

ダントツに多《おお》い！

恋《こい》	43首《しゅ》	春《はる》	6首《しゅ》
別《わか》れ	1首《しゅ》	夏《なつ》	4首《しゅ》
旅《たび》	4首《しゅ》	秋《あき》	16首《しゅ》
雑《ぞう》	20首《しゅ》	冬《ふゆ》	6首《しゅ》

歌《うた》の名人《めいじん》

150ページで紹介《しょうかい》した「六歌仙《ろっかせん》」のほかに、「三十六歌仙《さんじゅうろっかせん》」という、名人《めいじん》といわれる歌人達《かじんたち》がいるよ。百人一首《ひゃくにんいっしゅ》には、三十六歌仙《さんじゅうろくかせん》から25人《にん》が選《えら》ばれているんだ。

- 柿本人麿《かきのもとのひとまろ》③
- 紀貫之《きのつらゆき》㉟
- 凡河内躬恒《おおしこうちのみつね》㉙
- 伊勢《いせ》⑲
- 中納言家持《ちゅうなごんやかもち》⑥
- 山辺赤人《やまべのあかひと》④
- 在原業平朝臣《ありわらのなりひらあそん》⑰
- 僧正遍昭《そうじょうへんじょう》⑫
- 素性法師《そせいほうし》㉑
- 紀友則《きのとものり》㉝
- 猿丸大夫《さるまるたいふ》⑤
- 小野小町《おののこまち》⑨
- 中納言兼輔《ちゅうなごんかねすけ》㉗
- 中納言朝忠《ちゅうなごんあさただ》㊹
- 権中納言敦忠《ごんちゅうなごんあつただ》㊸
- 藤原高光《ふじわらのたかみつ》
- 源公忠《みなもとのきんただ》
- 壬生忠岑《みぶのただみね》㉚
- 斎宮女御《さいぐうのにょうご》
- 大中臣頼基《おおなかとみのよりもと》
- 藤原敏行朝臣《ふじわらのとしゆきあそん》⑱
- 源重之《みなもとのしげゆき》㊽
- 源宗于朝臣《みなもとのむねゆきあそん》㉘
- 源信明《みなもとのさねあきら》
- 藤原清正《ふじわらのきよただ》
- 源順《みなもとのしたごう》
- 藤原興風《ふじわらのおきかぜ》㉞
- 清原元輔《きよはらのもとすけ》㊷
- 坂上是則《さかのうえのこれのり》㉛
- 藤原元真《ふじわらのもとざね》
- 小大君《こだいのきみ》
- 藤原仲文《ふじわらのなかぶみ》
- 大中臣能宣朝臣《おおなかとみのよしのぶあそん》㊾
- 壬生忠見《みぶのただみ》㊶
- 平兼盛《たいらのかねもり》㊵
- 中務《なかつかさ》

勅撰和歌集

天皇や上皇の命令で編さんされた和歌集を「勅撰和歌集」というよ。藤原定家はそれまでに出された勅撰和歌集から、百首を撰んだんだよ。

> 私が編さんしたものが『新古今和歌集』と『新勅撰和歌集』だよ

古今和歌集
913〜914年
醍醐天皇の命で編さん。
24首

後撰和歌集
951年
村上天皇の命で編さん。
7首

拾遺和歌集
1007年
花山院自ら編さん。
10首

後拾遺和歌集
1086年
白河天皇の命で編さん。
14首

金葉和歌集
1126年
白河院の命で編さん。
5首

詞花和歌集
1151年
�77 崇徳院の命で編さん。
5首

千載和歌集
1188年
後白河院の命で編さん。
15首

新古今和歌集
1205年
�99 後鳥羽院の命で編さん。
14首

新勅撰和歌集
1235年
後堀河院の命で編さん。
4首

続後撰和歌集
1251年
後嵯峨院の命で編さん。
2首

百人一首《ひゃくにんいっしゅ》なんでもランキング

百人《ひゃくにん》もの個性的《こせいてき》な歌人《かじん》が集《あつ》められた百人一首《ひゃくにんいっしゅ》。どんな人達《ひとたち》がいたのかな？

モテモテ女《おんな》ベスト3

1 和泉式部《いずみしきぶ》(→158ページ)

百人一首《ひゃくにんいっしゅ》きってのモテ女《おんな》といえば、この人《ひと》でしょう！

2 右近《うこん》(→106ページ)

今《いま》では考《かんが》えられないけれど、五股《ごまた》も六股《ろくまた》もかけていたとか…。

3 伊勢《いせ》(→68ページ)

貞信公《ていしんこう》(→82ページ)のふたりの兄《あに》と同時《どうじ》に付《つ》き合《あ》っていたとか…。

モテモテ男《おとこ》ベスト3

1 在原業平朝臣《ありわらのなりひらあそん》(→56ページ)

あの小野小町《おののこまち》(→40ページ)もメロメロだったというプレイボーイ♡

2 権中納言敦忠《ごんちゅうなごんあつただ》(→124ページ)

和歌《わか》だけでなく音楽《おんがく》の才能《さいのう》もあって美男子《びなんし》で性格《せいかく》がいい…モテないはずがない！

3 河原左大臣《かわらのさだいじん》(→50ページ)

『源氏物語《げんじものがたり》』の光源氏《ひかるげんじ》のモデルのひとり。恋多《こいおお》き男性《だんせい》として有名《ゆうめい》だった。

フラレ大王《だいおう》ベスト3

1 謙徳公《けんとくこう》(→128ページ)

好《す》きな人《ひと》に「もう死《し》んじゃうから！」とすねてみせたけど……ダメでした。

2 源俊頼朝臣《みなもとのとしよりあそん》(→194ページ)

神頼《かみだの》みしてもかなわなかった恋《こい》。なんとも気《き》の毒《どく》な話《はなし》。

3 源重之《みなもとのしげゆき》(→134ページ)

気《き》になる相手《あいて》にまったく相手《あいて》にされず、当《あ》たってくだけ散《ち》ったのでした。

モテる人《ひと》もいればモテない人《ひと》もいるってことだね…

こんなに長生《ながい》きした人《ひと》がいたのね！

長生《ながい》きベスト5

1 道因法師《どういんほうし》（→210ページ）
90歳《さい》を過《す》ぎても歌会《うたかい》に出《で》ていたんだって！

2 皇太后宮大夫俊成《こうたいごうぐうのだいぶしゅんぜい》（→212ページ）
定家《ていか》のお父《とう》さんは90歳《さい》まで生《い》きたそうだよ。

3 清原元輔《きよはらのもとすけ》（→122ページ）
82歳《さい》。かなりの長生《ながい》きだね！

4 藤原基俊《ふじわらのもととし》（→196ページ）
同《おな》じく82歳《さい》。がんばったね〜。

5 権中納言定家《ごんちゅうなごんていか》（→248ページ）
79歳《さい》まで生《い》きたんだって！

※年齢《ねんれい》は満年齢《まんねんれい》で表記《ひょうき》しています。

長《なが》い名前《なまえ》ベスト3

1 法《ほっ》性《しょう》寺《じ》入《にゅう》道《どう》前《さきの》関《かん》白《ぱく》太《だい》政《じょう》大《だい》臣《じん》（↓198ページ）

12文字《もじ》!

2 後《ご》京《きょう》極《ごく》摂《せっ》政《しょう》前《さきの》太《だい》政《じょう》大《だい》臣《じん》（↓236ページ）

10文字《もじ》!

3 祐《ゆう》子《し》内《ない》親《しん》王《のう》家《けの》紀《き》伊《い》（↓190ページ）

3 皇《こう》太《たい》后《ごう》宮《ぐうの》大《だい》夫《ぶ》俊《しゅん》成《ぜい》（↓212ページ）

8文字《もじ》!

それぞれ役職名《やくしょくめい》が長《なが》いんだよね

いとしさ余《あま》って恨《うら》めしさ100倍《ばい》!ベスト3

1 相模《さがみ》（→176ページ）
あなたにフラれたせいで…と恨《うら》みをこめた歌《うた》を詠《よ》んでいるよ。

2 赤染衛門《あかぞめえもん》（→164ページ）
約束《やくそく》をすっぽかされた姉妹《しまい》の代《か》わりに恨《うら》みの歌《うた》をおくったよ。

3 右近《うこん》（→106ページ）
浮気《うわき》な相手《あいて》に、神罰《しんばつ》が下《くだ》るぞとおどすような歌《うた》をおくったよ…。

百人一首《ひゃくにんいっしゅ》チャート

あなたはどの歌人《かじん》タイプ？

質問《しつもん》に答《こた》えながら進《すす》むと、あなたがどの女性歌人《じょせいかじん》タイプかわかっちゃうよ。
その歌人《かじん》と相性《あいしょう》のいい男性歌人《だんせいかじん》もご紹介《しょうかい》！

★①なら → 、②なら ••••> を
たどって進んでね。

自分《じぶん》のイメージはどっちだと思《おも》う？
①月《つき》
②太陽《たいよう》

占《うらな》いを信《しん》じる？
①信《しん》じる
②信《しん》じない

今日《きょう》の服装《ふくそう》は？
①スカート
②ズボン

タイプA《エー》

タイプB《ビー》

タイプC《シー》

タイプD《ディー》

どっちが好《す》き？
①折《お》り紙《がみ》
②あやとり

きょうだいはいる？
①いない
②いる

どっちが得意《とくい》？
①長距離走《ちょうきょりそう》
②短距離走《たんきょりそう》

どっちに住《す》みたい？
①高層《こうそう》マンション
②庭《にわ》付《つ》きの一軒家《いっけんや》

どっちが好《す》き？
①犬《いぬ》
②ねこ

どっちが得意《とくい》？
①国語《こくご》
②算数《さんすう》

今《いま》、見《み》たい映画《えいが》は？
①ラブロマンス
②アクション

おやつに食《た》べるなら？
①ケーキ
②おせんべい

診断《しんだん》は次《つぎ》のページだよ！

あなたのタイプ診断《しんだん》

タイプA《エー》　式子内親王《しょくしないしんのう》

一見大人《いっけんおとな》しそうだけど、実《じつ》は情熱的《じょうねつてき》なあなた。内《うち》に秘《ひ》めた恋《こい》を大切《たいせつ》に育《そだ》てるタイプです。「身分《みぶん》ちがいの恋《こい》」に身《み》をこがすことに、あこがれを持《も》っているのでは？　大好《だいす》きなカレを見守《みまも》るだけ……なんて言《い》っていないで、ときには思《おも》い切《き》って自《じ》分《ぶん》をアピールしても。

タイプB《ビー》　紫式部《むらさきしきぶ》

頭《あたま》の回転《かいてん》が速《はや》く、しかもそれをひけらかさないで周囲《しゅうい》に気《き》を配《くば》れるのがあなたのいいところ。内気《うちき》でさびしがりやな面《めん》も持《も》っています。プライドも高《たか》く、ライバルと認《みと》めた相手《あいて》には厳《きび》しいことを言《い》うこともありそう。ねこをかぶっている、なんて言《い》われないように！

タイプC《シー》　清少納言《せいしょうなごん》

明《あか》るく社交的《しゃこうてき》で機転《きてん》が利《き》き、おまけに負《ま》けず嫌《ぎら》いなあなた。かざり気《け》のない天真爛漫《てんしんらんまん》さがあなたの魅力《みりょく》です。持《も》ち前《まえ》の頭脳《ずのう》とあっけらかんとした話《はな》しぶりで、男女分《だんじょわ》けへだてなく人気《にんき》がありますが、かげでそれをねたんでいる人《ひと》もいるかも。言《こと》葉《ば》づかいに気《き》をつけて。

タイプD《ディー》　小式部内侍《こしきぶのないし》

あなたは、才気《さいき》あふれるしっかりした女性《じょせい》。さまざまな才能《さいのう》にあふれ、多《おお》くの異性《いせい》をひきつけるでしょう。たとえ誰《だれ》かにいやみを言《い》われても、あわてずにズバッと切《き》り返《かえ》すことができ、それがまたチャーミングな魅力《みりょく》になっています。

相性《あいしょう》のいい男性《だんせい》歌人《かじん》タイプ

権中納言《ごんちゅうなごん》定家《ていか》

式子内親王《しょくしないしんのう》タイプと相《あい》性《しょう》がいいのは、少《すこ》し年《とし》下《した》の藤原定家《ふじわらのていか》。こちらも「身分《みぶん》ちがいの恋《こい》」に身《み》をこがすタイプです。おたがいに胸《むね》に秘《ひ》めた思《おも》いをひそかにあたためています。どちらかが一歩《いっぽ》踏《ふ》み出《だ》せば、ハッピーエンドになるかもしれません。

河原左大臣《かわらのさだいじん》

『源氏物語《げんじものがたり》』の主人公《しゅじんこう》、光源氏《ひかるげんじ》のモデルのひとり、源融《みなもとのとおる》。内気《うちき》な紫《むらさき》式部《しきぶ》タイプのあなたには、積極的《せっきょくてき》にアピールしてくる相手《あいて》がぴったり。ただ、カレはとってもモテるので、心配《しんぱい》性《しょう》なあなたはヤキモチでちょっとつかれてしまうかも……。

藤原実方朝臣《ふじわらのさねかたあそん》

クラスでいちばん人気《にんき》なカレ。たくさんのガールフレンドが、いつも取《と》り囲《かこ》んでいることでしょう。あなたもその中《なか》のひとりかもしれません。藤原実方《ふじわらのさねかた》タイプのカレの心《こころ》を射止《いと》めるには、知的《ちてき》な会話《かいわ》が欠《か》かせません。勉強《べんきょう》もがんばりましょう。

権中納言《ごんちゅうなごん》定頼《さだより》

頭脳明晰《ずのうめいせき》なのにちょっとノリの軽《かる》いところがあるカレは、藤原定頼《ふじわらのさだより》タイプ。いっしょにいて楽《たの》しく、ダジャレやものまねなんかも得意《とくい》なのでは？　いつもふざけているように見《み》えますが、実《じつ》はナイーブなところもあるので、よく話《はなし》を聞《き》いてあげて。

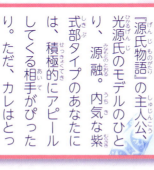

全部《ぜんぶ》わかったら百人一首《ひゃくにんいっしゅ》はかせ!

百人一首《ひゃくにんいっしゅ》クイズにちょうせん!!

百人一首《ひゃくにんいっしゅ》について、この本《ほん》で学《まな》んできたあなたなら、簡単《かんたん》にわかるクイズかも?
全問正解《ぜんもんせいかい》したら、百人一首《ひゃくにんいっしゅ》はかせといっても過言《かごん》ではありません。

1、百人一首《ひゃくにんいっしゅ》を撰《えら》んだ人《ひと》は、次《つぎ》のうち誰《だれ》?

①藤原俊成《ふじわらのしゅんぜい》　②清原元輔《きよはらのもとすけ》　③藤原定家《ふじわらのていか》

2、和歌《わか》の文字数《もじすう》は?

①29文字《もじ》　②31文字《もじ》　③33文字《もじ》

3、百首《ひゃくしゅ》のうち、いちばん詠《よ》まれている数《かず》が少《すく》ない季節《きせつ》は?

①春《はる》　②夏《なつ》　③冬《ふゆ》

4、百人《ひゃくにん》のうち、女性歌人《じょせいかじん》は何人《なんにん》?

①14人《にん》　②17人《にん》　③21人《にん》

5、「さしも草《ぐさ》」は、何《なに》の原料《げんりょう》?

①お灸《きゅう》　②かぜ薬《ぐすり》　③しっぷ薬《やく》

6、秋《あき》は、どんな季節《きせつ》といわれている?

①うかれる季節《きせつ》　②苦《くる》しい季節《きせつ》　③さびしい季節《きせつ》

7、小式部内侍《こしきぶのないし》のお母《かあ》さんは誰《だれ》?

①和泉式部《いずみしきぶ》　②儀同三司母《ぎどうさんしのはは》　③清少納言《せいしょうなごん》

8、清少納言《せいしょうなごん》が仕《つか》えた中宮《ちゅうぐう》は誰《だれ》？

①彰子《しょうし》　②威子《いし》　③定子《ていし》

9、紫式部《むらさきしきぶ》の娘《むすめ》は誰《だれ》？

①相模《さがみ》　②大弐三位《だいにのさんみ》　③伊勢大輔《いせのたいふ》

10、「みかさもり」で始《はじ》まる歌《うた》の、下《しも》の句《く》の始《はじ》まりは？

①ひるはきえつつ　②ひとめもくさも　③ひとこそみえね

11、「有明《ありあけ》の月《つき》」とは、いつごろの月《つき》？

①夕方《ゆうがた》　②真夜中《まよなか》　③明《あ》け方《がた》

12、藤原定家《ふじわらのていか》とケンカしたのは誰《だれ》？

①光孝天皇《こうこうてんのう》　②後鳥羽院《ごとばいん》　③崇徳院《すとくいん》

13、百人一首《ひゃくにんいっしゅ》に撰《えら》ばれなかった六歌仙《ろっかせん》は誰《だれ》？

①大友黒主《おおとものくろぬし》　②文屋康秀《ふんやのやすひで》　③大伴家持《おおとものやかもち》

14、夏《なつ》の訪《おとず》れを知《し》らせる鳥《とり》は？

①鵲《かささぎ》　②ほととぎす　③山鳥《やまどり》

15、景色《けしき》が美《うつく》しい名所《めいしょ》のことを、何《なん》という？

①歌枕《うたまくら》　②手枕《たまくら》　③枕詞《まくらことば》

クイズの答《こた》え

1−③、2−②、3−②、4−③、5−①、6−③、7−①、

8−③、9−②、10−①、11−③、12−②、13−①、14−②、15−①

百人一首《ひゃくにんいっしゅ》かるたで遊《あそ》ぼう

百人一首《ひゃくにんいっしゅ》が「かるた」という形《かたち》で人びとに広《ひろ》まったのは、江戸《えど》時代《じだい》のこと。藤原定家《ふじわらのていか》が鎌倉《かまくら》時代《じだい》に撰《えら》んでから数百年後《すうひゃくねんご》のことでした。

「カルタ」とは、ポルトガル語《ご》で「カード」のこと。鎌倉時代《かまくらじだい》のあとの室町時代《むろまちじだい》に日本《にほん》に伝《つた》わり、定着《ていちゃく》していきました。

もともとふすまに貼《は》るために撰《えら》ばれた百首《ひゃくしゅ》の和歌《わか》が「歌《うた》かるた」となったのは、江戸時代《えどじだい》のはじめごろです。金箔《きんぱく》をちりばめるなど大変高価《たいへんこうか》なもので、貴《き》族《ぞく》の女性《じょせい》の教育《きょういく》や嫁入《よめい》り道具《どうぐ》に使《つか》われていました。

そのころの百人一首《ひゃくにんいっしゅ》かるたは、暗記《あんき》をするための教材《きょうざい》でもあったため、読《よ》み札《ふだ》には上《かみ》の句《く》だけ、取《と》り札《ふだ》には下《しも》の句《く》だけが書《か》かれていました。

▶読《よ》み札《ふだ》

◀取《と》り札《ふだ》
取《と》り札《ふだ》にも美《うつく》しい絵《え》がかかれていた

▲全文《ぜんぶん》が書《か》かれた読《よ》み札《ふだ》

江戸時代後期《えどじだいこうき》から明治時代《めいじじだい》にかけて印刷技術《いんさつぎじゅつ》が発達《はったつ》すると、かるたの大量生産《たいりょうせいさん》ができるようになりました。同《おな》じころ、百首《ひゃくしゅ》暗記《あんき》をしなくても、遊《あそ》びとしてかるたを楽《たの》しめるよう、読《よ》み札《ふだ》に全文《ぜんぶん》が書《か》かれるようになりました。こうして、百人一首《ひゃくにんいっしゅ》かるたは、みんなが楽《たの》しめる遊《あそ》びとして、受《う》け継《つ》がれてきたのです。

読《よ》み札《ふだ》と取《と》り札《ふだ》

百人一首《ひゃくにんいっしゅ》のかるたの札《ふだ》には、「読《よ》み札《ふだ》」と「取《と》り札《ふだ》」が100枚《まい》ずつあります。読《よ》み札《ふだ》は「絵札《えふだ》」、取《と》り札《ふだ》は「字札《じふだ》」とも呼《よ》ばれています。

読《よ》み札《ふだ》（絵札《えふだ》）

後徳大寺左大臣《ごとくだいじのさだいじん》
ほととぎす
鳴《な》きつる
方《かた》を
ながむれば
ただ有明《ありあけ》の
月《つき》ぞ残《のこ》れる

歌人《かじん》の名前《なまえ》と絵《え》、歌《うた》の全文《ぜんぶん》が書《か》いてある

読《よ》み札《ふだ》には、歌人《かじん》の名前《なまえ》と人物《じんぶつ》の絵《え》、歌《うた》の全文《ぜんぶん》が書《か》かれています。

取《と》り札《ふだ》には下《しも》の句《く》だけが、濁点《だくてん》なしの仮名《かな》だけで書《か》かれているのが一般的《いっぱんてき》です。

取《と》り札《ふだ》（字札《じふだ》）

たたありあ
けのつきそ
のこれる

下《しも》の句《く》が、濁点《だくてん》なしの仮名《かな》だけで書《か》かれている

かるたの遊《あそ》び方《かた》で、いちばん一般的《いっぱんてき》なのが「ちらし取《ど》り」です。取《と》り札《ふだ》を散《ち》らして置《お》き、上《かみ》の句《く》を聞《き》いて下《しも》の句《く》が書《か》かれた取《と》り札《ふだ》を取《と》ります。

そのほか「源平合戦《げんぺいがっせん》」や「坊主《ぼうず》めくり」など、さまざまな遊《あそ》びがあります。

次《つぎ》のページから、遊《あそ》び方《かた》について説明《せつめい》していきますので、家族《かぞく》や親《しん》せき、友達同士《ともだちどうし》などで遊《あそ》んでみてください。

百人一首《ひゃくにんいっしゅ》の世界《せかい》を楽《たの》しんでくださいね

百人一首《ひゃくにんいっしゅ》かるたの遊《あそ》び方《かた》①

ちらし取《ど》り

読《よ》み札《ふだ》を読《よ》み、バラバラに散《ち》らした取《と》り札《ふだ》を取《と》る遊《あそ》び。読《よ》み手《て》はひとりだけど、取《と》り手《て》は何人《なんにん》いてもいいよ。

①取《と》り札《ふだ》100枚《まい》を表向《おもてむ》きにして、重《かさ》ならないように散《ち》らして置《お》き、取《と》り手《て》はその周《まわ》りに座《すわ》る。

②読《よ》み手《て》は、読《よ》み札《ふだ》100枚《まい》をよくまぜてから裏返《うらがえ》して重《かさ》ね、いちばん上《うえ》の札《ふだ》から、1枚《まい》ずつ順番《じゅんばん》に読《よ》んでいく。

③取《と》り手《て》は、読《よ》み手《て》が読《よ》んだ札《ふだ》の下《しも》の句《く》を見《み》つけて取《と》る。歌《うた》の途中《とちゅう》で取《と》ってもいいよ。

★お手《て》つきをした人《ひと》は1回休《かいやす》みだよ

④誰《だれ》かが札《ふだ》を取《と》ったら、読《よ》み手《て》は次《つぎ》の札《ふだ》をめくって読《よ》む。

⑤100枚《まい》の札《ふだ》を読《よ》み終《お》わったときに、いちばんたくさん札《ふだ》を取《と》っていた人《ひと》の勝《か》ち。最後《さいご》の1枚《まい》は、読《よ》まないこともあるよ。

百人一首《ひゃくにんいっしゅ》かるたの遊《あそ》び方《かた》②

源平合戦《げんぺいがっせん》

2チームに分《わ》かれてする対戦《たいせん》ゲーム。読《よ》み手《て》はひとり、取《と》り手《て》は同《おな》じ人数《にんずう》ずつの2チームに分《わ》かれよう。

①取《と》り手《て》は2チームに分《わ》かれて、向《む》かい合《あ》って座《すわ》る。それから、取《と》り札《ふだ》100枚《まい》をよくかきまぜ、両方《りょうほう》のチームに50枚《まい》ずつ分《わ》ける。

②チームごとに、50枚《まい》の取《と》り札《ふだ》を自分《じぶん》たちのほうに向《む》けて並《なら》べる。

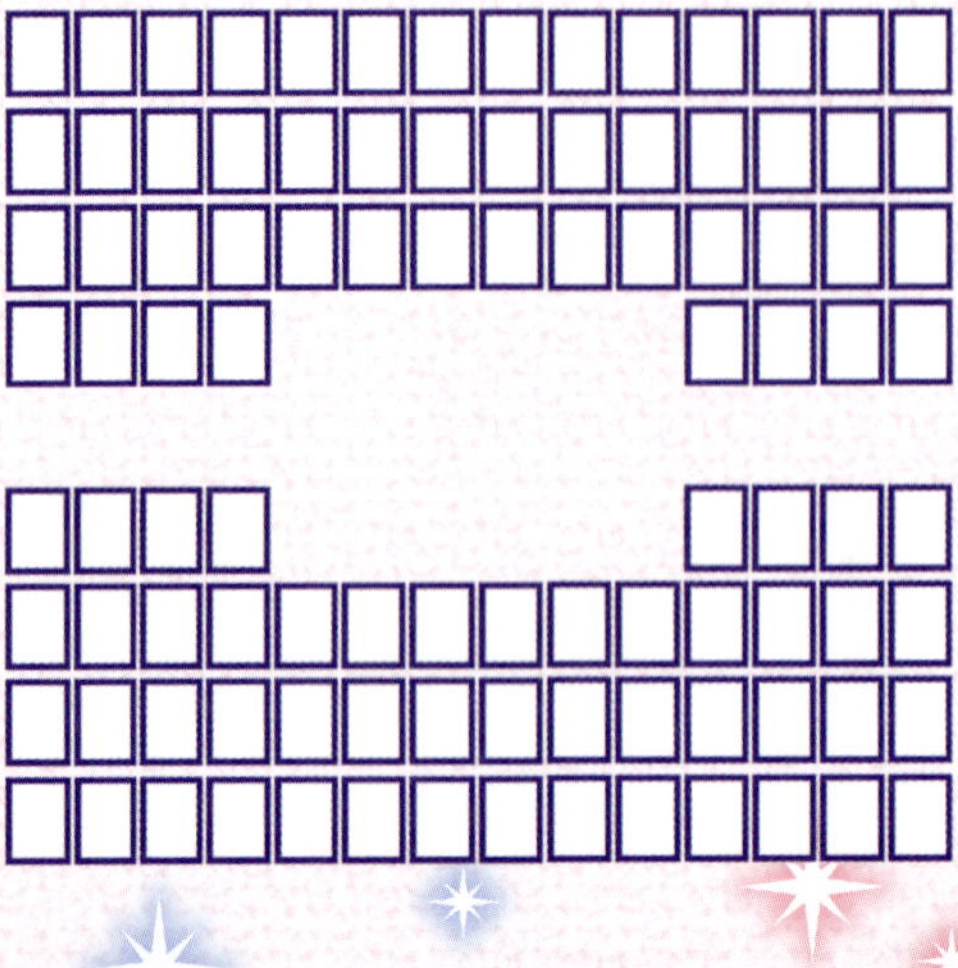

③読み手が読んだ札を見つけて取り合う。自分達の陣地の札だけでなく、相手チームの陣地の札も取っていいよ。
● 自分達の札を取ったら、その札を陣地から取りのぞく。
● 相手チームの札を取ったら、その札を相手の陣地から取りのぞき、自分達の札を1枚相手の陣地に置く（相手の札が1枚増える）。

④チームの札が早くなくなったほうが勝ち。

お手つきをすると、敵陣から札を1枚受け取るルールがあるよ

読み札が残ることもあるよ

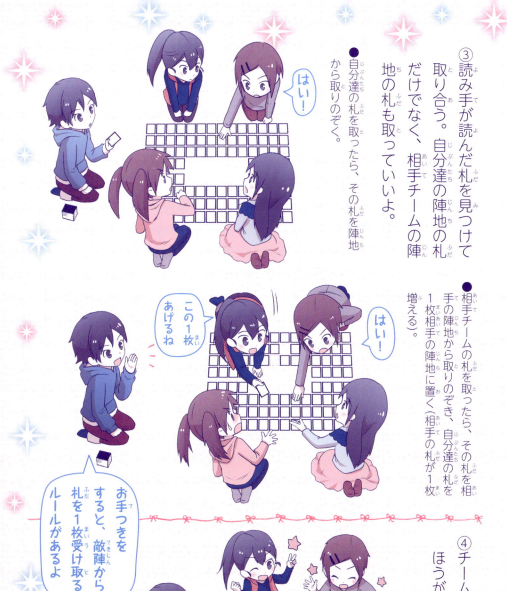

百人一首《ひゃくにんいっしゅ》かるたの遊《あそ》び方《かた》③

坊主《ぼうず》めくり

読《よ》み札《ふだ》だけを使《つか》う遊《あそ》び。和歌《わか》を覚《おぼ》えていなくても、絵《え》で判断《はんだん》できるので、まずは坊主《ぼうず》めくりから始《はじ》めてもいいね。

①読《よ》み札《ふだ》だけをよくまぜ、裏返《うらがえ》して山《やま》にする。

②ひとりずつ順番《じゅんばん》に札《ふだ》をめくっていく。

③男性《だんせい》の絵《え》（殿《との》）なら山《やま》の横《よこ》に置《お》き、女性《じょせい》の絵《え》（姫《ひめ》）なら置《お》いてある札《ふだ》が全部《ぜんぶ》もらえる。

④坊主《ぼうず》の絵《え》が出《で》たら、持《も》っている札《ふだ》を全部《ぜんぶ》手放《てばな》さないといけない。

⑤裏《うら》にした札《ふだ》がなくなるまで順《じゅん》番《ばん》にめくり、持《も》っている札《ふだ》の数《かず》がいちばん多《おお》い人《ひと》の勝《か》ち。

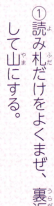

坊主《ぼうず》めくりのローカルルール

坊主《ぼうず》めくりは、自分《じぶん》たちでルールを決《き》めてもいいため、たくさんのローカルルールがあるよ。その中《なか》のいくつかを紹介《しょうかい》しよう。

蝉丸《せみまる》ルール

頭巾《ずきん》をかぶった蝉丸《せみまる》は大人気《だいにんき》！ いろいろなルールがあるんだ。

★蝉丸《せみまる》が出《で》たら全員《ぜんいん》の手札《てふだ》を出《だ》す。
★蝉丸《せみまる》をひいた人《ひと》は1回休《かいやす》み。
★蝉丸《せみまる》をひいた人《ひと》は、その場《ば》でビリ確定《かくてい》。

天皇《てんのう》ルール

カラフルな畳《たたみ》に座《すわ》っている天皇《てんのう》が出《で》ると…

★もう1回《かい》めくれる。
★全員《ぜんいん》の手札《てふだ》をもらえる。

武官《ぶかん》ルール

★弓矢《ゆみや》を持《も》った武官《ぶかん》が出《で》ると反対回《はんたいまわ》りになる。

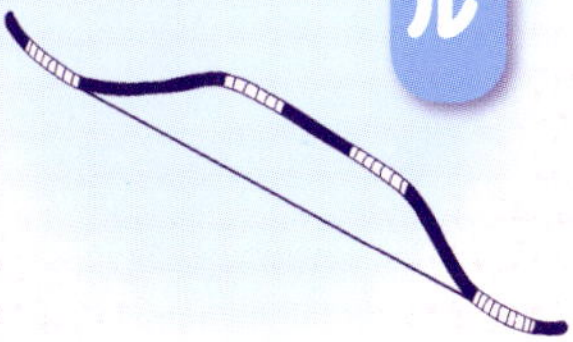

逆転《ぎゃくてん》ルール

★男性《だんせい》の札《ふだ》(殿《との》)は手札《てふだ》になる。
★女性《じょせい》の札《ふだ》(姫《ひめ》)は手札《てふだ》を全《すべ》て出《だ》す。
★坊主《ぼうず》の札《ふだ》は、出《で》ている札《ふだ》が全《すべ》て手札《てふだ》になる。
★手札《てふだ》がいちばん少《すく》ない人《ひと》の勝《か》ち。

百人一首《ひゃくにんいっしゅ》かるたの遊《あそ》び方《かた》④

逆《さか》さまかるた

「ちらし取《ど》り」の逆《ぎゃく》バージョン。読《よ》み手《て》は「取《と》り札《ふだ》」を読《よ》み、取《と》り手《て》は「読《よ》み札《ふだ》」を取《と》るよ。

①読《よ》み札《ふだ》100枚《まい》を表向《おもてむ》きにして、重《かさ》ならないように散《ち》らして置《お》き、取《と》り手《て》はその周《まわ》りに座《すわ》る。

②読《よ》み手《て》は、取《と》り札《ふだ》100枚《まい》をよくまぜてから裏返《うらがえ》して置《お》き、いちばん上《うえ》の札《ふだ》から、1枚《まい》ずつ順番《じゅんばん》に読《よ》んでいく。

③取《と》り手《て》は、読《よ》み手《て》が読《よ》んだ札《ふだ》の読《よ》み札《ふだ》を見《み》つけて取《と》る。

★お手《て》つきをした人《ひと》は1回休《かいやす》みだよ

④誰《だれ》かが札《ふだ》を取《と》ったら、読《よ》み手《て》は次《つぎ》の札《ふだ》をめくって読《よ》む。

⑤100枚《まい》の札《ふだ》を読《よ》み終《お》わったときに、いちばんたくさん札《ふだ》を取《と》っていた人《ひと》の勝《か》ち。

百人一首《ひゃくにんいっしゅ》かるたの遊《あそ》び方《かた》⑤

個人戦《こじんせん》

「源平合戦《げんぺいがっせん》」をチームではなく個人《こじん》で行《おこな》う。競技《きょうぎ》かるたのふんいきを味《あじ》わえるよ。

①取《と》り手《て》は向《む》かい合《あ》って座《すわ》る。取《と》り札《ふだ》100枚《まい》をよくかきまぜ、50枚《まい》ずつ分《わ》ける。

②それぞれ、50枚《まい》の取《と》り札《ふだ》を自《じ》分《ぶん》のほうに向《む》けてならべる。

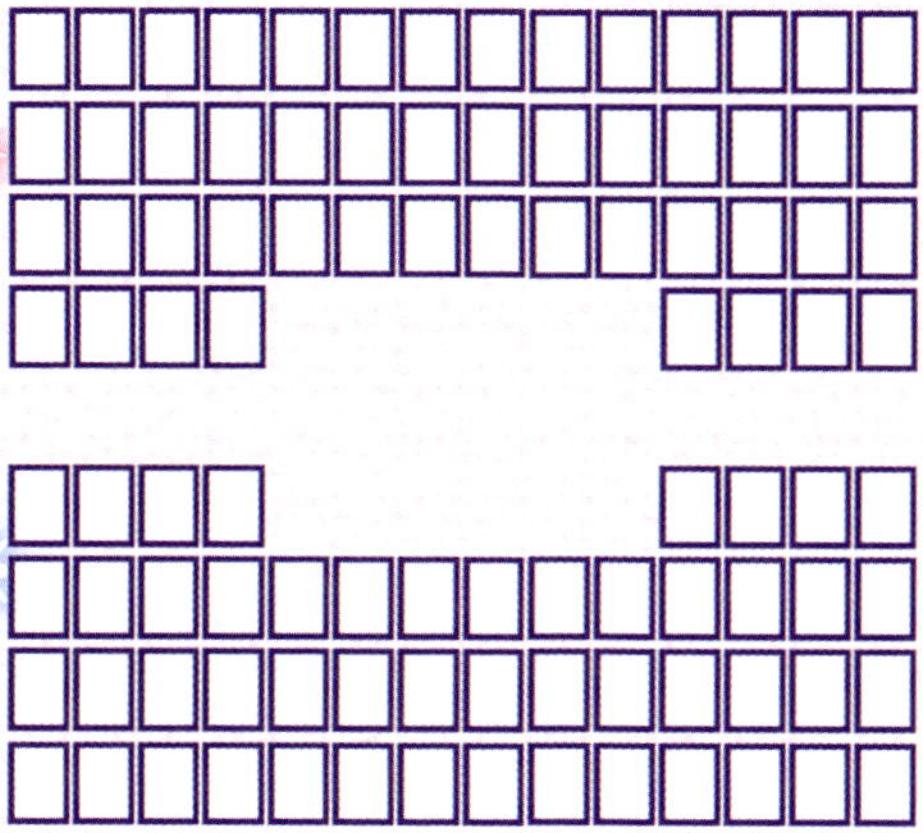

③読《よ》み手《て》が読《よ》んだ歌《うた》の取《と》り札《ふだ》を見《み》つけて取《と》り合《あ》う。自分《じぶん》の陣《じん》地《ち》の札《ふだ》だけでなく、相手《あいて》の陣《じん》地《ち》の札《ふだ》も取《と》れる。

●自分《じぶん》の札《ふだ》を取《と》ったら、その札《ふだ》を陣地《じんち》から取《と》りのぞく。

●相手《あいて》の札《ふだ》を取《と》ったら、その札《ふだ》を相手《あいて》の陣《じん》地《ち》から取《と》りのぞき、自分《じぶん》の札《ふだ》を1枚《まい》相手《あいて》の陣地《じんち》に置《お》く(相手《あいて》の札《ふだ》が1枚《まい》増《ふ》える)。

★お手《て》つきをしたら、相手《あいて》から1枚《まい》受《う》け取《と》る。

④陣地《じんち》の札《ふだ》が早《はや》くなくなったほうが勝《か》ち。読《よ》み札《ふだ》が残《のこ》ることもある。

かるた遊《あそ》びに勝《か》つための 必勝《ひっしょう》テクを伝授《でんじゅ》！

かるた遊《あそ》びで勝《か》つ＝札《ふだ》をたくさん取《と》るということ。そのためには、作《さく》戦《せん》を立《た》てる必要《ひつよう》がある。どうしたら勝《か》てるか伝授《でんじゅ》しよう！

とにかく覚《おぼ》える！

上《かみ》の句《く》を言《い》っている間《あいだ》に下《しも》の句《く》を探《さが》して取《と》る、というのがかるた遊《あそ》びの基本《きほん》。だから、まずはとにかく覚《おぼ》えること！ 百首《ひゃくしゅ》の和歌《わか》をすべて覚《おぼ》えてしまえば、取《と》るスピードも速《はや》くなるよ。取《と》り札《ふだ》を見《み》て上《かみ》の句《く》が浮《う》かんでくれれば、バッチリ！

「決《き》まり字《じ》」をうまく使《つか》う

この本《ほん》に、こんなコーナーがあったのを覚《おぼ》えているかな？

> カルタをはやく取《と》るコツ！
>
> **あきの** **たの**
> **わがころもでは**
>
> 「わがころもで」がもう一首《いっしゅ》あるので注意《ちゅうい》！

これは「決《き》まり字《じ》」をもとに、覚《おぼ》えるコツを紹介《しょうかい》しているコーナーだよ。

かるた遊《あそ》びでは、上《かみ》の句《く》を読《よ》んでいる途中《とちゅう》でも札《ふだ》を取《と》っていいことになっているので、最初《さいしょ》の何文字《なんもじ》かのうちに取《と》ってしまえばいい。そのための覚《おぼ》え方《かた》を「決《き》まり字《じ》」というんだ。決《き》まり字《じ》をうまく使《つか》って、どんどん取《と》ってしまおう。

※決《き》まり字《じ》の一覧表《いちらんひょう》は280ページにあります。

確実《かくじつ》に取《と》れる札《ふだ》を手前《てまえ》に

「源平合戦《げんぺいがっせん》」や「個人戦《こじんせん》」で札《ふだ》を並《なら》べるとき、自分《じぶん》の手《て》が届《とど》きやすいところに「確実《かくじつ》に取《と》れる札《ふだ》」を置《お》こう。札《ふだ》を並《なら》べるときのコツは、「自分《じぶん》に取《と》りやすく、相手《あい》には取《と》りにくい」ように並《なら》べること。相手《あいて》の札《ふだ》を取《と》って1枚《まい》自分《じぶん》の札《ふだ》を渡《わた》すときには、まだ自分《じぶん》が取《と》れなくてもかまわない札《ふだ》をあげてしまおう。

何度《なんど》もゲームをする

和歌《わか》をすべて覚《おぼ》えたとしても、ゲームのときに手《て》がすばやく動《うご》かないと札《ふだ》を取《と》ることができないよ。何度《なんど》もゲームをして、体《からだ》になじませることが大切《たいせつ》なんだ。ゲームをくり返《かえ》すうちに、取《と》りたい札《ふだ》をどこに置《お》いておけば取《と》りやすいか、などコツをつかむことができるよ。

取《と》り方《かた》にもコツがある

札《ふだ》を取《と》る手《て》の動《うご》きにもコツがあるんだ。すばやく動《うご》かして、ほかの人《ひと》がねらっている札《ふだ》を先《さき》に取《と》ってしまおう！

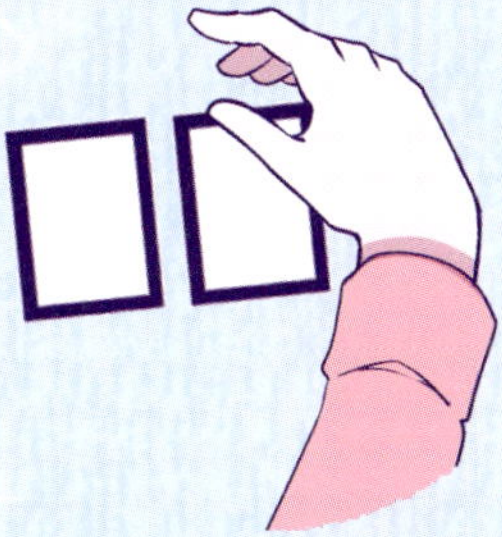

これかな？　と思《おも》った札《ふだ》のそばで、囲《かこ》うように手《て》を出《だ》しておく「囲《かこ》い手《て》」という方法《ほうほう》もあるよ。

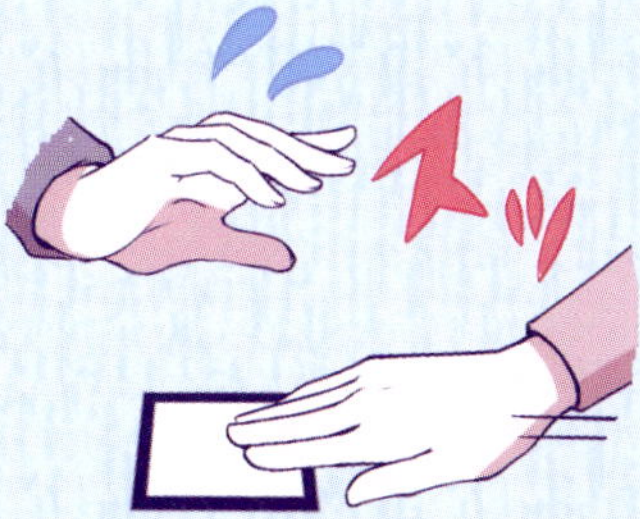

床《ゆか》をすべらせるように手《て》を動《うご》かして、ほかの人《ひと》の手《て》の下《した》に自分《じぶん》の手《て》を入《い》れるのがコツ！

決《き》まり字《じ》一覧表《いちらんひょう》

※五十音順《ごじゅうおんじゅん》

一字決《いちじき》まり（7首《しゅ》）

(70) **さ**びしさに／いづこもおなじ
⑱ **す**みのえの／ゆめのかよひぢ
(77) **せ**をはやみ／われてもすゑに
㉒ **ふ**くからに／むべやまかぜを
(81) **ほ**ととぎす／ただありあけの
(87) **む**らさめの／きりたちのぼる
(57) **め**ぐりあひて／くもがくれにし

一字決《いちじき》まりは「**むすめふさほせ**」と覚《おぼ》えるといいよ！

二字決《にじき》まり（43首《しゅ》）

(52) **あけ**ぬれば／なほうらめしき
③ **あし**びきの／ながながしよを
㊸ **あひ**みての／むかしはものを
㊹ **あふ**ことの／ひとをもみをも
(61) **いに**しへの／けふここのへに
(74) **うか**りける／はげしかれとは
(65) **うら**みわび／こひにくちなむ
⑤ **おく**やまに／こゑきくときぞ
(72) **おと**にきく／かけじやそでの
(82) **おも**ひわび／うきにたへぬは
㉖ **をぐ**らやま／いまひとたびの
(51) **かく**とだに／さしもしらじな
⑥ **かさ**さぎの／しろきをみれば
(91) **きり**ぎりす／ころもかたしき
(97) **こぬ**ひとを／やくやもしほの
㉔ **この**たびは／もみぢのにしき
㊶ **こひ**すてふ／ひとしれずこそ
⑩ **これ**やこの／しるもしらぬも
㊵ **しの**ぶれど／ものやおもふと
㊲ **しら**つゆに／つらぬきとめぬ
(73) **たか**さごの／とやまのかすみ
(55) **たき**のおとは／なこそながれて
④ **たご**のうらに／ふじのたかねに
⑯ **たち**わかれ／まつとしきかば
(89) **たま**のをよ／しのぶることの
㉞ **たれ**をかも／まつもむかしの
⑰ **ちは**やぶる／からくれなゐに
㉓ **つき**みれば／わがみひとつの
⑬ **つく**ばねの／こひぞつもりて
㊱ **なつ**のよは／くものいづこに
㉝ **ひさ**かたの／しづごころなく
(90) **みせ**ばやな／ぬれにぞぬれし
⑭ **みち**のくの／みだれそめにし
(94) **みよ**しのの／ふるさとさむく
(100) **もも**しきや／なほあまりある
(66) **もろ**ともに／はなよりほかに
(59) **やす**らはで／かたぶくまでの
㊼ **やへ**むぐら／ひとこそみえね
(71) **ゆふ**されば／あしのまろやに
㊻ **ゆら**のとを／ゆくへもしらぬ
(85) **よも**すがら／ねやのひまさへ
(62) **よを**こめて／よにあふさかの
⑳ **わび**ぬれば／みをつくしても

三字決《さんじき》まり（36首《しゅ》）

(79) **あきか**ぜに／もれいづるつきの
(1) **あきの**たの／わがころもでは
(39) **あさぢ**ふの／あまりてなどか
(78) **あはぢ**しま／いくよねざめぬ
(45) **あはれ**とも／みのいたづらに
(12) **あまつ**かぜ／をとめのすがた
(7) **あまの**はら／みかさのやまに
(56) **あらざ**らむ／いまひとたびの
(69) **あらし**ふく／たつたのかはの
(30) **ありあ**けの／あかつきばかり
(58) **ありま**やま／いでそよひとを
(21) **いまこ**むと／ありあけのつきを
(63) **いまは**ただ／ひとづてならで
(60) **おほえ**やま／まだふみもみず
(95) **おほけ**なく／わがたつそまに
(98) **かぜそ**よぐ／みそぎぞなつの
(48) **かぜを**いたみ／くだけてものを
(80) **ながか**らむ／みだれてけさは
(84) **ながら**へば／うしとみしよぞ
(53) **なげき**つつ／いかにひさしき
(86) **なげけ**とて／かこちがほなる
(25) **なにし**おはば／ひとにしられで
(96) **はなさ**そふ／ふりゆくものは
(9) **はなの**いろは／わがみよにふる
(2) **はるす**ぎて／ころもほすてふ
(67) **はるの**よの／かひなくたたむ
(35) **ひとは**いさ／はなぞむかしの
(99) **ひとも**をし／よをおもふゆゑに
(49) **みかき**もり／ひるはきえつつ
(27) **みかの**はら／いつみきとてか
(32) **やまが**はに／ながれもあへぬ
(28) **やまざ**とは／ひとめもくさも
(8) **わがい**ほは／よをうぢやまと
(92) **わがそ**では／ひとこそしらね
(38) **わすら**るる／ひとのいのちの
(54) **わすれ**じの／けふをかぎりの

四字決《よじき》まり（6首《しゅ》）

(29) **こころあ**てに／おきまどはせる
(68) **こころに**も／こひしかるべき
(75) **ちぎりお**きし／あはれことしの
(42) **ちぎりき**な／すゑのまつやま
(88) **なにはえ**の／みをつくしてや
(19) **なにはが**た／あはでこのよを

五字決《ごじき》まり（2首《しゅ》）

(93) **よのなかは**／あまのをぶねの
(83) **よのなかよ**／やまのおくにも

六字決《ろくじき》まり（6首《しゅ》）

(31) **あさぼらけ あり**／よしののさとに
(64) **あさぼらけ うぢ**／あらはれわたる
(15) **きみがため はる**／わがころもでに
(50) **きみがため をし**／ながくもがなと
(76) **わたのはら こぎ**／くもゐにまがふ
(11) **わたのはら やそ**／ひとにはつげよ

六字決《ろくじき》まりは「大山札《おおやまふだ》」ともいうよ。六文字目《ろくもじめ》までの間《あいだ》に「山《やま》をはる（予想《よそう》する）」という意味《いみ》があるんだって。

歌人《かじん》さくいん

あ

59 赤染衛門《あかぞめえもん》……164
7 安倍仲麿《あべのなかまろ》……36
17 在原業平朝臣《ありわらのなりひらあそん》……56
56 和泉式部《いずみしきぶ》……158
19 伊勢《いせ》……68
61 伊勢大輔《いせのたいふ》……168
90 殷富門院大輔《いんぷもんいんのたいふ》……234
38 右近《うこん》……106
53 右大将道綱母《うだいしょうみちつなのはは》……144
47 恵慶法師《えぎょうほうし》……132
23 大江千里《おおえのちさと》……76
29 凡河内躬恒《おおしこうちのみつね》……88
49 大中臣能宣朝臣《おおなかとみのよしのぶあそん》……136
9 小野小町《おののこまち》……40

か

3 柿本人麿《かきのもとのひとまろ》……28
93 鎌倉右大臣《かまくらのうだいじん》……240
14 河原左大臣《かわらのさだいじん》……50
24 菅家《かんけ》……78
8 喜撰法師《きせんほうし》……38
54 儀同三司母《ぎどうさんしのはは》……146
35 紀貫之《きのつらゆき》……100
33 紀友則《きのとものり》……96
36 清原深養父《きよはらのふかやぶ》……102
42 清原元輔《きよはらのもとすけ》……122
45 謙徳公《けんとくこう》……128
88 皇嘉門院別当《こうかもんいんのべっとう》……230
15 光孝天皇《こうこうてんのう》……52
83 皇太后宮大夫俊成《こうたいごうぐうのだいぶしゅんぜい》……212
91 後京極摂政前太政大臣《ごきょうごくせっしょうさきのだいじょうだいじん》……236
60 小式部内侍《こしきぶのないし》……166
81 後徳大寺左大臣《ごとくだいじのさだいじん》……208
99 後鳥羽院《ごとばいん》……252
43 権中納言敦忠《ごんちゅうなごんあつただ》……124
64 権中納言定頼《ごんちゅうなごんさだより》……174
97 権中納言定家《ごんちゅうなごんていか》……248
73 権中納言匡房《ごんちゅうなごんまさふさ》……192

さ

86 西行法師《さいぎょうほうし》……218
31 坂上是則《さかのうえのこれのり》……92
65 相模《さがみ》……176
66 前大僧正行尊《さきのだいそうじょうぎょうそん》……178
95 前大僧正慈円《さきのだいそうじょうじえん》……244
79 左京大夫顕輔《さきょうのだいぶあきすけ》……204
63 左京大夫道雅《さきょうのだいぶみちまさ》……172
5 猿丸大夫《さるまるたいふ》……32
11 参議篁《さんぎたかむら》……44
39 参議等《さんぎひとし》……108
94 参議雅経《さんぎまさつね》……242
68 三条院《さんじょういん》……182
25 三条右大臣《さんじょうのうだいじん》……80
2 持統天皇《じとうてんのう》……26
87 寂蓮法師《じゃくれんほうし》……228
98 従二位家隆《じゅにいいえたか》……250

⑧⑤俊恵法師《しゅんえほうし》……216
⑩⓪順徳院《じゅんとくいん》……254
⑧⑨式子内親王《しょくしないしんのう》……232
⑥⑦周防内侍《すおうのないし》……180
⑦⑦崇徳院《すとくいん》……200
⑥②清少納言《せいしょうなごん》……170
⑩蟬丸《せみまる》……42
⑫僧正遍昭《そうじょうへんじょう》……46
㉑素性法師《そせいほうし》……72
④⑥曾禰好忠《そねのよしただ》……130

た

⑧⓪待賢門院堀河《たいけんもんいんほりかわ》……206
⑤⑤大納言公任《だいなごんきんとう》……148
⑦①大納言経信《だいなごんつねのぶ》……188
⑤⑧大弐三位《だいにのさんみ》……162
④⓪平兼盛《たいらのかねもり》……118
④④中納言朝忠《ちゅうなごんあさただ》……126
㉗中納言兼輔《ちゅうなごんかねすけ》……84
⑥中納言家持《ちゅうなごんやかもち》……34
⑯中納言行平《ちゅうなごんゆきひら》……54
㉖貞信公《ていしんこう》……82
①天智天皇《てんじてんのう》……24
⑧②道因法師《どういんほうし》……210

な

⑨②二条院讃岐《にじょういんのさぬき》……238
⑨⑥入道前太政大臣《にゅうどうさきのだいじょうだいじん》……246
⑥⑨能因法師《のういんほうし》……184

は

③②春道列樹《はるみちのつらき》……94
③④藤原興風《ふじわらのおきかぜ》……98
⑧④藤原清輔朝臣《ふじわらのきよすけあそん》……214
⑤①藤原実方朝臣《ふじわらのさねかたあそん》……140
⑱藤原敏行朝臣《ふじわらのとしゆきあそん》……66
⑤②藤原道信朝臣《ふじわらのみちのぶあそん》……142
⑦⑤藤原基俊《ふじわらのもととし》……196
⑤⓪藤原義孝《ふじわらのよしたか》……138
③⑦文屋朝康《ふんやのあさやす》……104
㉒文屋康秀《ふんやのやすひで》……74
⑦⑥法性寺入道前関白太政大臣《ほっしょうじにゅうどうさきのかんぱくだいじょうだいじん》……198

ま

⑦⑧源兼昌《みなもとのかねまさ》……202
④⑧源重之《みなもとのしげゆき》……134
⑦④源俊頼朝臣《みなもとのとしよりあそん》……194
㉘源宗于朝臣《みなもとのむねゆきあそん》……86
④①壬生忠見《みぶのただみ》……120
③⓪壬生忠岑《みぶのただみね》……90
⑤⑦紫式部《むらさきしきぶ》……160
⑳元良親王《もとよししんのう》……70

や

④山辺赤人《やまべのあかひと》……30
⑦②祐子内親王家紀伊《ゆうしないしんのうけのきい》……190
⑬陽成院《ようぜいいん》……48

ら

⑦⓪良暹法師《りょうぜんほうし》……186

上《かみ》の句《く》さくいん

あ

(79) あきかぜに たなびくくもの たえまより もれいづるつきの かげのさやけさ……204
(1) あきのたの かりほのいほの とまをあらみ わがころもでは つゆにぬれつつ……24
(52) あけぬれば くるるものとは しりながら なほうらめしき あさぼらけかな……142
(39) あさぢふの をののしのはら しのぶれど あまりてなどか ひとのこひしき……108
(31) あさぼらけ ありあけのつきと みるまでに よしののさとに ふれるしらゆき……92
(64) あさぼらけ うぢのかはぎり たえだえに あらはれわたる せぜのあじろぎ……174
(3) あしびきの やまどりのをの しだりをの ながながしよを ひとりかもねむ……28
(78) あはぢしま かよふちどりの なくこゑに いくよねざめぬ すまのせきもり……202
(45) あはれとも いふべきひとは おもほえで みのいたづらに なりぬべきかな……128
(43) あひみての のちのこころに くらぶれば むかしはものを おもはざりけり……124
(44) あふことの たえてしなくば なかなかに ひとをもみをも うらみざらまし……126
(12) あまつかぜ くものかよひぢ ふきとぢよ をとめのすがた しばしとどめむ……46
(7) あまのはら ふりさけみれば かすがなる みかさのやまに いでしつきかも……36
(56) あらざらむ このよのほかの おもひでに いまひとたびの あふこともがな……158
(69) あらしふく みむろのやまの もみぢばは たつたのかはの にしきなりけり……184
(30) ありあけの つれなくみえし わかれより あかつきばかり うきものはなし……90
(58) ありまやま ゐなのささはら かぜふけば いでそよひとを わすれやはする……162

い

(61) いにしへの ならのみやこの やへざくら けふここのへに にほひぬるかな……168
(21) いまこむと いひしばかりに ながつきの ありあけのつきを まちいでつるかな……72
(63) いまはただ おもひたえなむ とばかりを ひとづてならで いふよしもがな……172

う

(74) うかりける ひとをはつせの やまおろし はげしかれとは いのらぬものを……194
(65) うらみわび ほさぬそでだに あるものを こひにくちなむ なこそをしけれ……176

お

(5) おくやまに もみぢふみわけ なくしかの こゑきくときぞ あきはかなしき……32
(72) おとにきく たかしのはまの あだなみは かけじやそでの ぬれもこそすれ……190
(60) おほえやま いくののみちの とほければ まだふみもみず あまのはしだて……166
(95) おほけなく うきよのたみに おほふかな わがたつそまに すみぞめのそで……244
(82) おもひわび さてもいのちは あるものを うきにたへぬは なみだなりけり……210

か

(51) かくとだに えやはいぶきの さしもぐさ さしもしらじな もゆるおもひを……140
(6) かささぎの わたせるはしに おくしもの しろきをみれば よぞふけにける……34
(98) かぜそよぐ ならのをがはの ゆふぐれは みそぎぞなつの しるしなりける……250
(48) かぜをいたみ いはうつなみの おのれのみ くだけてものを おもふころかな……134

き

(15) きみがため はるののにいでて わかなつむ わがころもでに ゆきはふりつつ……52
(50) きみがため をしからざりし いのちさへ ながくもがなと おもひけるかな……138
(91) きりぎりす なくやしもよの さむしろに ころもかたしき ひとりかもねむ……236

こ

(29) こころあてに をらばやをらむ はつしもの おきまどはせる しらぎくのはな……88
(68) こころにも あらでうきよに ながらへば こひしかるべき よはのつきかな……182
(97) こぬひとを まつほのうらの ゆふなぎに やくやもしほの みもこがれつつ……248
(24) このたびは ぬさもとりあへず たむけやま もみぢのにしき かみのまにまに……78
(41) こひすてふ わがなはまだき たちにけり ひとしれずこそ おもひそめしか……120
(10) これやこの ゆくもかへるも わかれては しるもしらぬも あふさかのせき……42

さ

(70) さびしさに やどをたちいでて ながむれば いづこもおなじ あきのゆふぐれ……186

し

(40) しのぶれど いろにいでにけり わがこひは ものやおもふと ひとのとふまで……118
(37) しらつゆに かぜのふきしく あきののは つらぬきとめぬ たまぞちりける……104

す

(18) すみのえの きしによるなみ よるさへや ゆめのかよひぢ ひとめよくらむ……66

せ

(77) せをはやみ いはにせかるる たきがはの われてもすゑに あはむとぞおもふ……200

た

(73) たかさごの をのへのさくら さきにけり とやまのかすみ たたずもあらなむ……192
(55) たきのおとは たえてひさしく なりぬれど なこそながれて なほきこえけれ……148
(4) たごのうらに うちいでてみれば しろたへの ふじのたかねに ゆきはふりつつ……30
(16) たちわかれ いなばのやまの みねにおふる まつとしきかば いまかへりこむ……54
(89) たまのをよ たえなばたえね ながらへば しのぶることの よはりもぞする……232
(34) たれをかも しるひとにせむ たかさごの まつもむかしの ともならなくに……98

ち

(75) ちぎりおきし させもがつゆを いのちにて
あはれことしの あきもいぬめり……196

㊷ ちぎりきな かたみにそでを しぼりつつ
すゑのまつやま なみこさじとは……122

⑰ ちはやぶる かみよもきかず たつたがは
からくれなゐに みづくくるとは……56

つ

㉓ つきみれば ちぢにものこそ かなしけれ
わがみひとつの あきにはあらねど……76

⑬ つくばねの みねよりおつる みなのがは
こひぞつもりて ふちとなりぬる……48

な

(80) ながからむ こころもしらず くろかみの
みだれてけさは ものをこそおもへ……206

(84) ながらへば またこのごろや しのばれむ
うしとみしよぞ いまはこひしき……214

(53) なげきつつ ひとりぬるよの あくるまは
いかにひさしき ものとかはしる……144

(86) なげけとて つきやはものを おもはする
かこちがほなる わがなみだかな……218

㊱ なつのよは まだよひながら あけぬるを
くものいづこに つきやどるらむ……102

㉕ なにしおはば あふさかやまの さねかづら
ひとにしられで くるよしもがな……80

(88) なにはえの あしのかりねの ひとよゆゑ
みをつくしてや こひわたるべき……230

⑲ なにはがた みじかきあしの ふしのまも
あはでこのよを すぐしてよとや……68

は

(96) はなさそふ あらしのにはの ゆきならで
ふりゆくものは わがみなりけり……246

⑨ はなのいろは うつりにけりな いたづらに
わがみよにふる ながめせしまに……40

② はるすぎて なつきにけらし しろたへの
ころもほすてふ あまのかぐやま……26

(67) はるのよの ゆめばかりなる たまくらに
かひなくたたむ なこそをしけれ……180

ひ

㉝ ひさかたの ひかりのどけき はるのひに
しづごころなく はなのちるらむ……96

㉟ ひとはいさ こころもしらず ふるさとは
はなぞむかしの かにほひける……100

(99) ひともをし ひともうらめし あぢきなく
よをおもふゆゑに ものおもふみは……252

ふ

㉒ ふくからに あきのくさきの しをるれば
むべやまかぜを あらしといふらむ……74

ほ

(81) ほととぎす なきつるかたを ながむれば
ただありあけの つきぞのこれる……208

み

㊾ みかきもり ゑじのたくひの よるはもえ
ひるはきえつつ ものをこそおもへ……136

㉗ みかのはら わきてながるる いづみがは
いつみきとてか こひしかるらむ……84

(90) みせばやな をじまのあまの そでだにも
ぬれにぞぬれし いろはかはらず……234

⑭ みちのくの しのぶもぢずり たれゆゑに
みだれそめにし われならなくに……50

(94) みよしのの やまのあきかぜ さよふけて
ふるさとさむく ころもうつなり……242

む

(87) むらさめの つゆもまだひぬ まきのはに
きりたちのぼる あきのゆふぐれ……228

め

(57) めぐりあひて みしやそれとも わかぬまに
くもがくれにし よはのつきかな……160

も

(100) ももしきや ふるきのきばの しのぶにも
なほあまりある むかしなりけり……254

(66) もろともに あはれとおもへ やまざくら
はなよりほかに しるひともなし……178

や

(59) やすらはで ねなましものを さよふけて
かたぶくまでの つきをみしかな……164

㊼ やへむぐら しげれるやどの さびしきに
ひとこそみえね あきはきにけり……132

㉜ やまがはに かぜのかけたる しがらみは
ながれもあへぬ もみぢなりけり……94

㉘ やまざとは ふゆぞさびしさ まさりける
ひとめもくさも かれぬとおもへば……86

ゆ

(71) ゆふされば かどたのいなば おとづれて
あしのまろやに あきかぜぞふく……188

㊻ ゆらのとを わたるふなびと かぢをたえ
ゆくへもしらぬ こひのみちかな……130

よ

(93) よのなかは つねにもがもな なぎさこぐ
あまのをぶねの つなでかなしも……240

(83) よのなかよ みちこそなけれ おもひいる
やまのおくにも しかぞなくなる……212

(85) よもすがら ものおもふころは あけやらで
ねやのひまさへ つれなかりけり……216

(62) よをこめて とりのそらねは はかるとも
よにあふさかの せきはゆるさじ……170

わ

⑧ わがいほは みやこのたつみ しかぞすむ
よをうぢやまと ひとはいふなり……38

(92) わがそでは しほひにみえぬ おきのいしの
ひとこそしらね かわくまもなし……238

㊳ わすらるる みをばおもはず ちかひてし
ひとのいのちの をしくもあるかな……106

(54) わすれじの ゆくすゑまでは かたければ
けふをかぎりの いのちともがな……146

(76) わたのはら こぎいでてみれば ひさかたの
くもゐにまがふ おきつしらなみ……198

⑪ わたのはら やそしまかけて こぎいでぬと
ひとにはつげよ あまのつりぶね……44

⑳ わびぬれば いまはたおなじ なにはなる
みをつくしても あはむとぞおもふ……70

を

㉖ をぐらやま みねのもみぢば こころあらば
いまひとたびの みゆきまたなむ……82

下《しも》の句《く》さくいん

あ

㉚ありあけの つれなくみえし わかれより
あかつきばかり うきものはなし……90

(71)ゆふされば かどたのいなば おとづれて
あしのまろやに あきかぜぞふく……188

⑲なにはがた みじかきあしの ふしのまも
あはでこのよを すぐしてよとや……68

(75)ちぎりおきし させもがつゆを いのちにて
あはれことしの あきもいぬめり……196

(93)よのなかは つねにもがもな なぎさこぐ
あまのをぶねの つなでかなしも……240

㊴あさぢふの をののしのはら しのぶれど
あまりてなどか ひとのこひしき……108

(64)あさぼらけ うぢのかはぎり たえだえに
あらはれわたる せぜのあじろぎ……174

㉑いまこむと いひしばかりに ながつきの
ありあけのつきを まちいでつるかな……72

い

(53)なげきつつ ひとりぬるよの あくるまは
いかにひさしき ものとかはしる……144

(78)あはぢしま かよふちどりの なくこゑに
いくよねざめぬ すまのせきもり……202

(70)さびしさに やどをたちいでて ながむれば
いづこもおなじ あきのゆふぐれ……186

㉗みかのはら わきてながるる いづみがは
いつみきとてか こひしかるらむ……84

(58)ありまやま ゐなのささはら かぜふけば
いでそよひとを わすれやはする……162

(56)あらざらむ このよのほかの おもひでに
いまひとたびの あふこともがな……158

㉖をぐらやま みねのもみぢば こころあらば
いまひとたびの みゆきまたなむ……82

う

(82)おもひわび さてもいのちは あるものを
うきにたへぬは なみだなりけり……210

(84)ながらへば またこのごろや しのばれむ
うしとみしよぞ いまはこひしき……214

お

㉙こころあてに をらばやをらむ はつしもの
おきまどはせる しらぎくのはな……88

か

(72)おとにきく たかしのはまの あだなみは
かけじやそでの ぬれもこそすれ……190

(86)なげけとて つきやはものを おもはする
かこちがほなる わがなみだかな……218

(59)やすらはで ねなましものを さよふけて
かたぶくまでの つきをみしかな……164

(67)はるのよの ゆめばかりなる たまくらに
かひなくたたむ なこそをしけれ……180

⑰ちはやぶる かみよもきかず たつたがは
からくれなゐに みづくくるとは……56

き

(87)むらさめの つゆもまだひぬ まきのはに
きりたちのぼる あきのゆふぐれ……228

く

㊽かぜをいたみ いはうつなみの おのれのみ
くだけてものを おもふころかな……134

(57)めぐりあひて みしやそれとも わかぬまに
くもがくれにし よはのつきかな……160

㊱なつのよは まだよひながら あけぬるを
くものいづこに つきやどるらむ……102

(76)わたのはら こぎいでてみれば ひさかたの
くもゐにまがふ おきつしらなみ……198

け

(61)いにしへの ならのみやこの やへざくら
けふここのへに にほひぬるかな……168

(54)わすれじの ゆくすゑまでは かたければ
けふをかぎりの いのちともがな……146

こ

(68)こころにも あらでうきよに ながらへば
こひしかるべき よはのつきかな……182

⑬つくばねの みねよりおつる みなのがは
こひぞつもりて ふちとなりぬる……48

(65)うらみわび ほさぬそでだに あるものを
こひにくちなむ なこそをしけれ……176

(91)きりぎりす なくやしもよの さむしろに
ころもかたしき ひとりかもねむ……236

②はるすぎて なつきにけらし しろたへの
ころもほすてふ あまのかぐやま……26

⑤おくやまに もみぢふみわけ なくしかの
こゑきくときぞ あきはかなしき……32

さ

(51)かくとだに えやはいぶきの さしもぐさ
さしもしらじな もゆるおもひを……140

し

㉝ひさかたの ひかりのどけき はるのひに
しづごころなく はなのちるらむ……96

(89)たまのをよ たえなばたえね ながらへば
しのぶることの よはりもぞする……232

⑩これやこの ゆくもかへるも わかれては
しるもしらぬも あふさかのせき……42

⑥かささぎの わたせるはしに おくしもの
しろきをみれば よぞふけにける……34

す

㊷ちぎりきな かたみにそでを しぼりつつ
すゑのまつやま なみこさじとは……122

た

(81)ほととぎす なきつるかたを ながむれば
ただありあけの つきぞのこれる……208

(69)あらしふく みむろのやまの もみぢばは
たつたのかはの にしきなりけり……184

つ

㊲しらつゆに かぜのふきしく あきののは
つらぬきとめぬ たまぞちりける……104

と

(73)たかさごの をのへのさくら さきにけり
とやまのかすみ たたずもあらなむ……192

な

㊿きみがため をしからざりし いのちさへ
ながくもがなと おもひけるかな……138

③あしびきの やまどりのをの しだりをの
ながながしよを ひとりかもねむ……28

㉜やまがはに かぜのかけたる しがらみは
ながれもあへぬ もみぢなりけり……94

(55)たきのおとは たえてひさしく なりぬれど
なこそながれて なほきこえけれ……148

ぬ

(100) ももしきや ふるきのきばの しのぶにも
なほあまりある むかしなりけり……254

(52) あけぬれば くるるものとは しりながら
なほうらめしき あさぼらけかな……142

(90) みせばやな をじまのあまの そでだにも
ぬれにぞぬれし いろはかはらず……234

ね

(85) よもすがら ものおもふころは あけやらで
ねやのひまさへ つれなかりけり……216

は

(74) うかりける ひとをはつせの やまおろし
はげしかれとは いのらぬものを……194

㉟ ひとはいさ こころもしらず ふるさとは
はなぞむかしの かににほひける……100

(66) もろともに あはれとおもへ やまざくら
はなよりほかに しるひともなし……178

ひ

(92) わがそでは しほひにみえぬ おきのいしの
ひとこそしらね かわくまもなし……238

㊼ やへむぐら しげれるやどの さびしきに
ひとこそみえね あきはきにけり……132

㊶ こひすてふ わがなはまだき たちにけり
ひとしれずこそ おもひそめしか……120

(63) いまはただ おもひたえなむ とばかりを
ひとづてならで いふよしもがな……172

㉕ なにしおはば あふさかやまの さねかづら
ひとにしられで くるよしもがな……80

⑪ わたのはら やそしまかけて こぎいでぬと
ひとにはつげよ あまのつりぶね……44

㊳ わすらるる みをばおもはず ちかひてし
ひとのいのちの をしくもあるかな……106

㉘ やまざとは ふゆぞさびしさ まさりける
ひとめもくさも かれぬとおもへば……86

㊹ あふことの たえてしなくば なかなかに
ひとをもみをも うらみざらまし……126

㊾ みかきもり ゑじのたくひの よるはもえ
ひるはきえつつ ものをこそおもへ……136

ふ

④ たごのうらに うちいでてみれば しろたへの
ふじのたかねに ゆきはふりつつ……30

(96) はなさそふ あらしのにはの ゆきならで
ふりゆくものは わがみなりけり……246

(94) みよしのの やまのあきかぜ さよふけて
ふるさとさむく ころもうつなり……242

ま

(60) おほえやま いくののみちの とほければ
まだふみもみず あまのはしだて……166

⑯ たちわかれ いなばのやまの みねにおふる
まつとしきかば いまかへりこむ……54

㉞ たれをかも しるひとにせむ たかさごの
まつもむかしの ともならなくに……98

み

⑦ あまのはら ふりさけみれば かすがなる
みかさのやまに いでしつきかも……36

(98) かぜそよぐ ならのをがはの ゆふぐれは
みそぎぞなつの しるしなりける……250

⑭ みちのくの しのぶもぢずり たれゆゑに
みだれそめにし われならなくに……50

(80) ながからむ こころもしらず くろかみの
みだれてけさは ものをこそおもへ……206

㊺ あはれとも いふべきひとは おもほえで
みのいたづらに なりぬべきかな……128

⑳ わびぬれば いまはたおなじ なにはなる
みをつくしても あはむとぞおもふ……70

(88) なにはえの あしのかりねの ひとよゆゑ
みをつくしてや こひわたるべき……230

む

㊸ あひみての のちのこころに くらぶれば
むかしはものを おもはざりけり……124

㉒ ふくからに あきのくさきの しをるれば
むべやまかぜを あらしといふらむ……74

も

㊵ しのぶれど いろにいでにけり わがこひは
ものやおもふと ひとのとふまで……118

㉔ このたびは ぬさもとりあへず たむけやま
もみぢのにしき かみのまにまに……78

(79) あきかぜに たなびくくもの たえまより
もれいづるつきの かげのさやけさ……204

や

(97) こぬひとを まつほのうらの ゆふなぎに
やくやもしほの みもこがれつつ……248

(83) よのなかよ みちこそなけれ おもひいる
やまのおくにも しかぞなくなる……212

ゆ

㊻ ゆらのとを わたるふなびと かぢをたえ
ゆくへもしらぬ こひのみちかな……130

⑱ すみのえの きしによるなみ よるさへや
ゆめのかよひぢ ひとめよくらむ……66

よ

㉛ あさぼらけ ありあけのつきと みるまでに
よしののさとに ふれるしらゆき……92

(62) よをこめて とりのそらねは はかるとも
よにあふさかの せきはゆるさじ……170

⑧ わがいほは みやこのたつみ しかぞすむ
よをうぢやまと ひとはいふなり……38

(99) ひともをし ひともうらめし あぢきなく
よをおもふゆゑに ものおもふみは……252

わ

⑮ きみがため はるののにいでて わかなつむ
わがころもでに ゆきはふりつつ……52

① あきのたの かりほのいほの とまをあらみ
わがころもでは つゆにぬれつつ……24

(95) おほけなく うきよのたみに おほふかな
わがたつそまに すみぞめのそで……244

㉓ つきみれば ちぢにものこそ かなしけれ
わがみひとつの あきにはあらねど……76

⑨ はなのいろは うつりにけりな いたづらに
わがみよにふる ながめせしまに……40

(77) せをはやみ いはにせかるる たきがはの
われてもすゑに あはむとぞおもふ……200

を

⑫ あまつかぜ くものかよひぢ ふきとぢよ
をとめのすがた しばしとどめむ……46

監修　谷 知子（たに ともこ）

大阪大学国文学科卒業。東京大学大学院博士課程単位取得。博士（文学・東京大学）。フェリス女学院大学教授。専攻は中世和歌。著書に『和歌文学の基礎知識』『ビギナーズ・クラシックス 日本の古典 百人一首（全）』『カラー版 百人一首』（以上、角川学芸出版）、『愛と生を紡ぐうた 百人一首 いまこそ詠みたい雅のことば』（PHP研究所）など。

カバーイラスト	架月七瀬、桂イチホ、浦稀えんや
カバーデザイン	橋本千鶴
本文デザイン・DTP	大場由紀、桑原亮（株式会社ダイアートプランニング）
本文イラスト・まんが	樹咲リヨコ、TAKA、Aya、架月七瀬、桂イチホ、阿留多、樺月ちよ、二尋鴇彦、長内佑介、十々夜、磯嶺裕、戌村ゆつき、浦稀えんや、田原仁恵
別冊イラスト	坂川由美香
原稿作成	兼子梨花
まんがプロット	菊池麻祐、嵩瀬ひろし
写真	フォトライブラリー
CD制作	一般財団法人 英語教育協議会（ELEC）
読み手	一般社団法人 全日本かるた協会公認読手　奥村準子
音声指導・協力	一般社団法人 全日本かるた協会専任読手　西田好幸
校正	くすのき舎
編集協力	株式会社 童夢
編集担当	澤幡明子（ナツメ出版企画株式会社）

参考文献
PHP研究所『愛と生を紡ぐうた 百人一首 いまこそ詠みたい雅のことば』谷 知子著
角川ソフィア文庫『ビギナーズ・クラシックス 日本の古典 百人一首（全）』谷 知子編
ナツメ社『マンガで楽しむ古典 百人一首』吉海直人監修　すずき出版『はじめての百人一首』吉海直人監修

CD《シーディー》付《つ》き 楽《たの》しく覚《おぼ》える！ まんが百人一首《ひゃくにんいっしゅ》

2017年 1 月 5 日　初版発行
2023年 2 月10日　第14刷発行

監修者　谷《たに》 知子《ともこ》

Tani Tomoko,2017

発行者　田村正隆

発行所　株式会社ナツメ社
東京都千代田区神田神保町1-52 ナツメ社ビル１F（〒101-0051）
電話　03-3291-1257（代表）　FAX　03-3291-5761
振替　00130-1-58661

制　作　ナツメ出版企画株式会社
東京都千代田区神田神保町1-52 ナツメ社ビル３F（〒101-0051）
電話　03-3295-3921（代表）

印刷所　株式会社リーブルテック

ISBN978-4-8163-6143-2　Printed in Japan
〈定価はカバーに表示してあります〉〈落丁・乱丁本はお取り替えします〉

■本書に関するお問い合わせは、書名・発行日・該当ページを明記の上、下記のいずれかの方法にてお送りください。電話でのお問い合わせはお受けしておりません。
・ナツメ社webサイトの問い合わせフォーム
https://www.natsume.co.jp/contact
・FAX（03-3291-1305）
・郵送（上記、ナツメ出版企画株式会社宛て）
なお、回答までに日にちをいただく場合があります。正誤のお問い合わせ以外の書籍内容に関する解説・個別の相談は行っておりません。あらかじめご了承ください。
■本書の一部または全部を著作権法で定められている範囲を超え、ナツメ出版企画株式会社に無断で複写、複製、転載、データファイル化することを禁じます。

ナツメ社Webサイト
https://www.natsume.co.jp
書籍の最新情報（正誤情報を含む）はナツメ社Webサイトをご覧ください。

切《き》り取《と》って使《つか》える！

オリジナル 百人一首《ひゃくにんいっしゅ》かるた

オリジナル 百人一首《ひゃくにんいっしゅ》かるたの使《つか》い方《かた》

❶かるたを――の線《せん》にそって
はさみで切《き》り取《と》る。

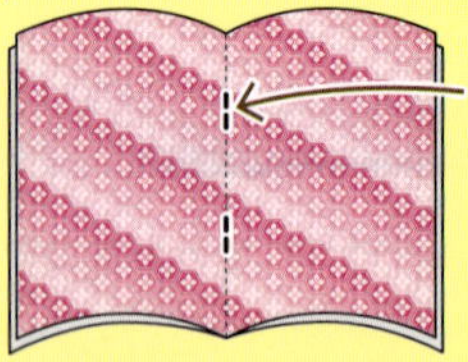

本《ほん》の真《ま》ん中《なか》の
ホチキスを取《と》ると、
切《き》りやすいよ。

※手《て》にささらないよう気《き》をつけてね。

❷29ページからの「はこ」と「ふた」を
切《き》り取《と》って組《く》み立《た》てる。

つくり方《かた》は
27ページを
見《み》てね。

❸切《き》り取《と》ったかるたは、はこにしまっておこう。

歌《うた》の全文《ぜんぶん》

声《こえ》に出《だ》して読《よ》んだり、
暗記《あんき》をしたりするとき
に使《つか》おう。

※歌《うた》の表記《ひょうき》は競技《きょうぎ》かるたに
合《あ》わせています。

歌人《かじん》の名前《なまえ》

歌人《かじん》のイラスト

「坊主《ぼうず》めくり」にも使《つか》えるよ。
遊《あそ》び方《かた》は、本誌《ほんし》の274ページを見《み》てね。

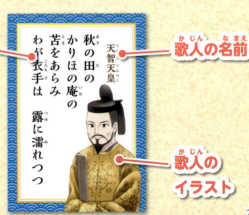

天智天皇《てんじてんのう》

秋《あき》の田《た》の
かりほの庵《いほ》の
苫《とま》をあらみ
わが衣手《ころもで》は　露《つゆ》に濡《ぬ》れつつ

持統天皇《じとうてんのう》

春過《はるす》ぎて
夏来《なつき》にけらし
白妙《しろたへ》の
衣《ころも》ほすてふ　天《あま》の香具山《かぐやま》

柿本人麿《かきのもとのひとまろ》

あしびきの
山鳥《やまどり》の尾《を》の
しだり尾《を》の
ながながし夜《よ》を
ひとりかも寝《ね》む

山辺赤人《やまべのあかひと》

田子《たご》の浦《うら》に
打《う》ち出《い》でてみれば
白妙《しろたへ》の　富士《ふじ》の高嶺《たかね》に
雪《ゆき》は降《ふ》りつつ

猿丸大夫《さるまるたいふ》

奥山《おくやま》に
紅葉踏《もみぢふ》み分《わ》け
鳴《な》く鹿《しか》の
声聞《こゑき》く時《とき》ぞ　秋《あき》は悲《かな》しき

中納言家持《ちゅうなごんやかもち》

鵲《かささぎ》の
渡《わた》せる橋《はし》に
置《お》く霜《しも》の
白《しろ》きを見《み》れば
夜《よ》ぞ更《ふ》けにける

安倍仲麿《あべのなかまろ》

天《あま》の原《はら》
ふりさけ見《み》れば
春日《かすが》なる
三笠《みかさ》の山《やま》に　出《い》でし月《つき》かも

喜撰法師《きせんほうし》

わが庵《いほ》は
都《みやこ》の辰巳《たつみ》
しかぞ住《す》む
世《よ》をうぢ山《やま》と
人《ひと》はいふなり

僧正遍昭《そうじょうへんじょう》
天《あま》つ風《かぜ》
雲《くも》の通《かよ》ひ路《ぢ》
吹《ふ》きとぢよ
乙女《をとめ》の姿《すがた》　しばしとどめむ
参議篁《さんぎたかむら》
わたのはら
八十島《やそしま》かけて
漕《こ》ぎ出《い》でぬと
人《ひと》には告《つ》げよ　海人《あま》の釣《つ》り舟《ぶね》
蟬丸《せみまる》
これやこの
行《ゆ》くも帰《かへ》るも
別《わか》れては
知《し》るも知《し》らぬも
逢坂《あふさか》の関《せき》
小野小町《おののこまち》
花《はな》の色《いろ》は
移《うつ》りにけりな
いたづらに
わが身世《みよ》にふる
ながめせし間《ま》に
中納言行平《ちゅうなごんゆきひら》
立《た》ち別《わか》れ
いなばの山《やま》の
峰《みね》に生《お》ふる
まつとし聞《き》かば
今帰《いまかへ》り来《こ》む
光孝天皇《こうこうてんのう》
君《きみ》がため
春《はる》の野《の》に出《い》でて
若菜摘《わかなつ》む
わが衣手《ころもで》に　雪《ゆき》は降《ふ》りつつ
河原左大臣《かわらのさだいじん》
陸奥《みちのく》の
しのぶもぢずり
誰《たれ》ゆゑに
乱《みだ》れそめにし
我《われ》ならなくに
陽成院《ようぜいいん》
筑波嶺《つくばね》の
峰《みね》より落《お》つる
みなの川《がは》
恋《こひ》ぞ積《つも》りて
淵《ふち》となりぬる

在原業平朝臣《ありわらのなりひらあそん》
ちはやぶる
神代《かみよ》も聞《き》かず
竜田川《たつたがは》
からくれなゐに
水《みづ》くくるとは
藤原敏行朝臣《ふじわらのとしゆきあそん》
住《すみ》の江《え》の
岸《きし》に寄《よ》る波《なみ》
よるさへや
夢《ゆめ》の通《かよ》ひ路《ぢ》
人目《ひとめ》よくらむ
伊勢《いせ》
難波潟《なにはがた》
短《みじか》き蘆《あし》の
節《ふし》の間《ま》も
逢《あ》はでこの世《よ》を
過《す》ぐしてよとや
元良親王《もとよししんのう》
わびぬれば
今《いま》はた同《おな》じ
難波《なには》なる
みをつくしても
逢《あ》はむとぞ思《おも》ふ
素性法師《そせいほうし》
今来《いまこ》むと
言《い》ひしばかりに
長月《ながつき》の
有明《ありあけ》の月《つき》を
待《ま》ち出《い》でつるかな
文屋康秀《ふんやのやすひで》
吹《ふ》くからに
秋《あき》の草木《くさき》の
しをるれば
むべ山風《やまかぜ》を
嵐《あらし》といふらむ
大江千里《おおえのちさと》
月見《つきみ》れば
千々《ちぢ》にものこそ
悲《かな》しけれ
わが身《み》ひとつの
秋《あき》にはあらねど
菅家《かんけ》
このたびは
幣《ぬさ》も取《と》りあへず
手向山《たむけやま》
紅葉《もみぢ》の錦《にしき》
神《かみ》のまにまに

源宗于朝臣《みなもとのむねゆきあそん》
山里《やまざと》は
冬《ふゆ》ぞ寂《さび》しさ
まさりける
人目《ひとめ》も草《くさ》も
かれぬと思《おも》へば

中納言兼輔《ちゅうなごんかねすけ》
みかの原《はら》
わきて流《なが》るる
いづみ川《がは》
いつ見《み》きとてか
恋《こひ》しかるらむ

貞信公《ていしんこう》
小倉山《をぐらやま》
峰《みね》の紅葉《もみぢ》ば
心《こころ》あらば
いまひとたびの
みゆき待《ま》たなむ

三条右大臣《さんじょうのうだいじん》
名《な》にし負《お》はば
逢坂山《あふさかやま》の
さねかづら
人《ひと》に知《し》られで
くるよしもがな

春道列樹《はるみちのつらき》
山川《やまがは》に
風《かぜ》のかけたる
しがらみは
流《なが》れもあへぬ
紅葉《もみぢ》なりけり

坂上是則《さかのうえのこれのり》
朝《あさ》ぼらけ
有明《ありあけ》の月《つき》と
見《み》るまでに
吉野《よしの》の里《さと》に
降《ふ》れる白雪《しらゆき》

壬生忠岑《みぶのただみね》
有明《ありあけ》の
つれなく見《み》えし
別《わか》れより
暁《あかつき》ばかり
憂《う》きものはなし

凡河内躬恒《おおしこうちのみつね》
心《こころ》あてに
折《を》らばや折《を》らむ
初霜《はつしも》の
置《お》きまどはせる
白菊《しらぎく》の花《はな》

清原深養父《きよはらのふかやぶ》
夏《なつ》の夜《よ》は
明《あ》けぬるを　まだ宵《よひ》ながら
雲《くも》のいづこに
月宿《つきやど》るらむ
紀貫之《きのつらゆき》
人《ひと》はいさ
心《こころ》も知《し》らず
ふるさとは
花《はな》ぞ昔《むかし》の　香《か》に匂《にほ》ひける
藤原興風《ふじわらのおきかぜ》
誰《たれ》をかも
知《し》る人《ひと》にせむ
高砂《たかさご》の　松《まつ》も昔《むかし》の
友《とも》ならなくに
紀友則《きのとものり》
ひさかたの
光《ひかり》のどけき
春《はる》の日《ひ》に
花《はな》の散《ち》るらむ　しづ心《ごころ》なく
平兼盛《たいらのかねもり》
忍《しの》ぶれど
色《いろ》に出《い》でにけり
わが恋《こひ》は　ものや思《おも》ふと
人《ひと》の問《と》ふまで
参議等《さんぎひとし》
浅茅生《あさぢふ》の
小野《をの》の篠原《しのはら》
忍《しの》ぶれど
あまりてなどか
人《ひと》の恋《こひ》しき
右近《うこん》
忘《わす》らるる
身《み》をば思《おも》はず
誓《ちか》ひてし　人《ひと》の命《いのち》の
惜《を》しくもあるかな
文屋朝康《ふんやのあさやす》
白露《しらつゆ》に
風《かぜ》の吹《ふ》きしく
秋《あき》の野《の》は　つらぬきとめぬ
玉《たま》ぞ散《ち》りける

中納言《ちゅうなごん》朝忠《あさただ》

逢《あ》ふことの
たえてしなくば
なかなかに
人《ひと》をも身《み》をも
恨《うら》みざらまし

権中納言《ごんちゅうなごん》敦忠《あつただ》

逢《あ》ひ見《み》ての
のちの心《こころ》に
くらぶれば
昔《むかし》はものを
思《おも》はざりけり

清原元輔《きよはらのもとすけ》

契《ちぎ》りきな
かたみに袖《そで》を
しぼりつつ
末《すゑ》の松山《まつやま》
波越《なみこ》さじとは

壬生忠見《みぶのただみ》

恋《こひ》すてふ
わが名《な》はまだき
立《た》ちにけり
人知《ひとし》れずこそ
思《おも》ひそめしか

源重之《みなもとのしげゆき》

風《かぜ》をいたみ
岩《いは》打《う》つ波《なみ》の
おのれのみ
くだけてものを
思《おも》ふころかな

恵慶法師《えぎょうほうし》

八重葎《やへむぐら》
茂《しげ》れる宿《やど》の
寂《さび》しきに
人《ひと》こそ見《み》えね
秋《あき》は来《き》にけり

曾禰好忠《そねのよしただ》

由良《ゆら》の門《と》を
渡《わた》る舟人《ふなびと》
梶《かぢ》を絶《た》え
行方《ゆくへ》も知《し》らぬ
恋《こひ》のみちかな

謙徳公《けんとくこう》

あはれとも
いふべき人《ひと》は
思《おも》ほえで
身《み》のいたづらに
なりぬべきかな

藤原道信朝臣《ふじわらのみちのぶあそん》
明《あ》けぬれば
暮《く》るるものとは
知《し》りながら　なほ恨《うら》めしき
朝《あさ》ぼらけかな
藤原実方朝臣《ふじわらのさねかたあそん》
かくとだに
えやはいぶきの
さしも草《ぐさ》
さしも知《し》らじな
燃《も》ゆる思《おも》ひを
藤原義孝《ふじわらのよしたか》
君《きみ》がため
惜《を》しからざりし
命《いのち》さへ
長《なが》くもがなと
思《おも》ひけるかな
大中臣能宣朝臣《おおなかとみのよしのぶあそん》
御垣守《みかきもり》
衛士《ゑじ》のたく火《ひ》の
夜《よる》は燃《も》え　昼《ひる》は消《き》えつつ
ものをこそ思《おも》へ
和泉式部《いずみしきぶ》
あらざらむ
この世《よ》のほかの
思《おも》ひ出《で》に　いまひとたびの
逢《あ》ふこともがな
大納言公任《だいなごんきんとう》
滝《たき》の音《おと》は
絶《た》えて久《ひさ》しく
なりぬれど　名《な》こそ流《なが》れて
なほ聞《き》こえけれ
儀同三司母《ぎどうさんしのはは》
忘《わす》れじの　ゆく末《すゑ》までは
かたければ
今日《けふ》をかぎりの
命《いのち》ともがな
右大将道綱母《うだいしょうみちつなのはは》
嘆《なげ》きつつ
ひとり寝《ぬ》る夜《よ》の
あくる間《ま》は
いかに久《ひさ》しき
ものとかは知《し》る

紫式部《むらさきしきぶ》

めぐり逢《あ》ひて
見《み》しやそれとも
分《わ》かぬ間《ま》に
雲隠《くもがく》れにし
夜半《よは》の月《つき》かな

大弐三位《だいにのさんみ》

有馬山《ありまやま》
猪名《ゐな》の笹原《ささはら》
風《かぜ》吹《ふ》けば
いでそよ人《ひと》を
忘《わす》れやはする

赤染衛門《あかぞめえもん》

やすらはで
寝《ね》なましものを
さ夜更《よふ》けて
かたぶくまでの
月《つき》を見《み》しかな

小式部内侍《こしきぶのないし》

大江山《おほえやま》
いく野《の》の道《みち》の
遠《とほ》ければ
まだふみも見《み》ず
天《あま》の橋立《はしだて》

伊勢大輔《いせのたいふ》

いにしへの
奈良《なら》の都《みやこ》の
八重桜《やへざくら》
けふ九重《ここのへ》に
にほひぬるかな

清少納言《せいしょうなごん》

夜《よ》をこめて
鳥《とり》のそら音《ね》は
はかるとも
よに逢坂《あふさか》の
関《せき》はゆるさじ

左京大夫道雅《さきょうのだいぶみちまさ》

今《いま》はただ
思《おも》ひ絶《た》えなむ
とばかりを
人《ひと》づてならで
いふよしもがな

権中納言定頼《ごんちゅうなごんさだより》

朝《あさ》ぼらけ
宇治《うぢ》の川霧《かはぎり》
たえだえに
あらはれわたる
瀬々《せぜ》の網代木《あじろぎ》

三条院《さんじょういん》
心《こころ》にも
あらで憂《う》き世《よ》に
長《なが》らへば　恋《こひ》しかるべき
夜半《よは》の月《つき》かな
周防内侍《すおうのないし》
春《はる》の夜《よ》の
夢《ゆめ》ばかりなる
手枕《たまくら》に　かひなく立《た》たむ
名《な》こそ惜《を》しけれ
前大僧正行尊《さきのだいそうじょうぎょうそん》
もろともに
あはれと思《おも》へ
山桜《やまざくら》　花《はな》よりほかに
知《し》る人《ひと》もなし
相模《さがみ》
恨《うら》みわび
干《ほ》さぬ袖《そで》だに
あるものを　恋《こひ》に朽《く》ちなむ
名《な》こそ惜《を》しけれ
祐子内親王家紀伊《ゆうしないしんのうけのきい》
音《おと》に聞《き》く
高師《たかし》の浜《はま》の
あだ波《なみ》は
かけじや袖《そで》の
ぬれもこそすれ
大納言経信《だいなごんつねのぶ》
夕《ゆふ》されば
門田《かどた》の稲葉《いなば》
おとづれて
蘆《あし》のまろやに
秋風《あきかぜ》ぞ吹《ふ》く
良暹法師《りょうぜんほうし》
さびしさに
宿《やど》を立《た》ち出《い》でて
ながむれば
いづこも同《おな》じ
秋《あき》の夕《ゆふ》暮《ぐ》れ
能因法師《のういんほうし》
嵐《あらし》吹《ふ》く
三室《みむろ》の山《やま》の
もみぢ葉《ば》は
竜田《たつた》の川《かは》の
錦《にしき》なりけり

法性寺《ほっしょうじ》入道《にゅうどう》前関白《さきのかんぱく》太政大臣《だいじょうだいじん》
わたの原《はら》
漕《こ》ぎ出《い》でて
見《み》れば
ひさかたの
雲居《くもゐ》にまがふ
沖《おき》つ白波《しらなみ》
藤原基俊《ふじわらのもととし》
契《ちぎ》りおきし
させもが露《つゆ》を
命《いのち》にて
あはれ今年《ことし》の
秋《あき》もいぬめり
源俊頼朝臣《みなもとのとしよりあそん》
憂《う》かりける
人《ひと》をはつせの
山《やま》おろし
はげしかれとは
祈《いの》らぬものを
権中納言匡房《ごんちゅうなごんまさふさ》
高砂《たかさご》の
尾《を》の上《へ》の桜《さくら》
咲《さ》きにけり
外山《とやま》の霞《かすみ》
立《た》たずもあらなむ
待賢門院堀河《たいけんもんいんほりかわ》
ながからむ
心《こころ》も知《し》らず
黒髪《くろかみ》の
乱《みだ》れて今朝《けさ》は
ものをこそ思《おも》へ
左京大夫顕輔《さきょうのだいぶあきすけ》
秋風《あきかぜ》に
たなびく雲《くも》の
たえ間《ま》より
漏《も》れ出《い》づる月《つき》の
影《かげ》のさやけさ
源兼昌《みなもとのかねまさ》
淡路島《あはぢしま》
通《かよ》ふ千鳥《ちどり》の
鳴《な》く声《こゑ》に
いく夜寝覚《よねざ》めぬ
須磨《すま》の関守《せきもり》
崇徳院《すとくいん》
瀬《せ》をはやみ
岩《いは》にせかるる
滝川《たきがは》の
われても末《すゑ》に
逢《あ》はむとぞ思《おも》ふ

後徳大寺左大臣《ごとくだいじのさだいじん》
ほととぎす
鳴《な》きつる方《かた》を
ながむれば
ただ有明《ありあけ》の
月《つき》ぞ残《のこ》れる
道因法師《どういんほうし》
思《おも》ひわび
さても命《いのち》は
あるものを
憂《う》きに堪《た》へぬは
涙《なみだ》なりけり
皇太后宮大夫俊成《こうたいごうぐうのだいぶしゅんぜい》
世《よ》の中《なか》よ
道《みち》こそなけれ
思《おも》ひ入《い》る
山《やま》の奥《おく》にも
鹿《しか》ぞ鳴《な》くなる
藤原清輔朝臣《ふじわらのきよすけあそん》
ながらへば
またこのごろや
しのばれむ
憂《う》しと見《み》し世《よ》ぞ
今《いま》は恋《こひ》しき
俊恵法師《しゅんえほうし》
夜《よ》もすがら
もの思《おも》ふころは
明《あ》けやらで
閨《ねや》のひまさへ
つれなかりけり
西行法師《さいぎょうほうし》
嘆《なげ》けとて
月《つき》やはものを
思《おも》はする
かこち顔《がほ》なる
わが涙《なみだ》かな
寂蓮法師《じゃくれんほうし》
村雨《むらさめ》の
露《つゆ》もまだ干《ひ》ぬ
まきの葉《は》に
霧立《きりた》ちのぼる
秋《あき》の夕暮《ゆふぐ》れ
皇嘉門院別当《こうかもんいんのべっとう》
難波江《なにはえ》の
蘆《あし》のかりねの
ひとよゆゑ
身《み》を尽《つ》くしてや
恋《こひ》わたるべき

二条院讃岐《にじょういんのさぬき》
わが袖《そで》は
潮干《しほひ》に見《み》えぬ
沖《おき》の石《いし》の　人《ひと》こそ知《し》らね
かわく間《ま》もなし
後京極摂政前太政大臣《ごきょうごくせっしょうさきのだいじょうだいじん》
きりぎりす
鳴《な》くや霜夜《しもよ》の
さむしろに
衣《ころも》かたしき
ひとりかも寝《ね》む
殷富門院大輔《いんぷもんいんのたいふ》
見《み》せばやな
雄島《をじま》の海人《あま》の
袖《そで》だにも
濡《ぬ》れにぞ濡《ぬ》れし
色《いろ》は変《か》はらず
式子内親王《しょくしないしんのう》
玉《たま》の緒《を》よ
絶《た》えなば絶《た》えね
ながらへば
忍《しの》ぶることの
弱《よは》りもぞする
入道前太政大臣《にゅうどうさきのだいじょうだいじん》
花《はな》さそふ
嵐《あらし》の庭《には》の
雪《ゆき》ならで
ふりゆくものは
わが身《み》なりけり
前大僧正慈円《さきのだいそうじょうじえん》
おほけなく
憂《う》き世《よ》の民《たみ》に
おほふかな
わが立《た》つ杣《そま》に
すみ染《ぞめ》の袖《そで》
参議雅経《さんぎまさつね》
み吉野《よしの》の
山《やま》の秋風《あきかぜ》
さ夜《よ》更《ふ》けて
ふるさと寒《さむ》く
衣《ころも》うつなり
鎌倉右大臣《かまくらのうだいじん》
世《よ》の中《なか》は
常《つね》にもがもな
渚漕《なぎさこ》ぐ　海人《あま》の小舟《をぶね》の
綱手《つなで》かなしも

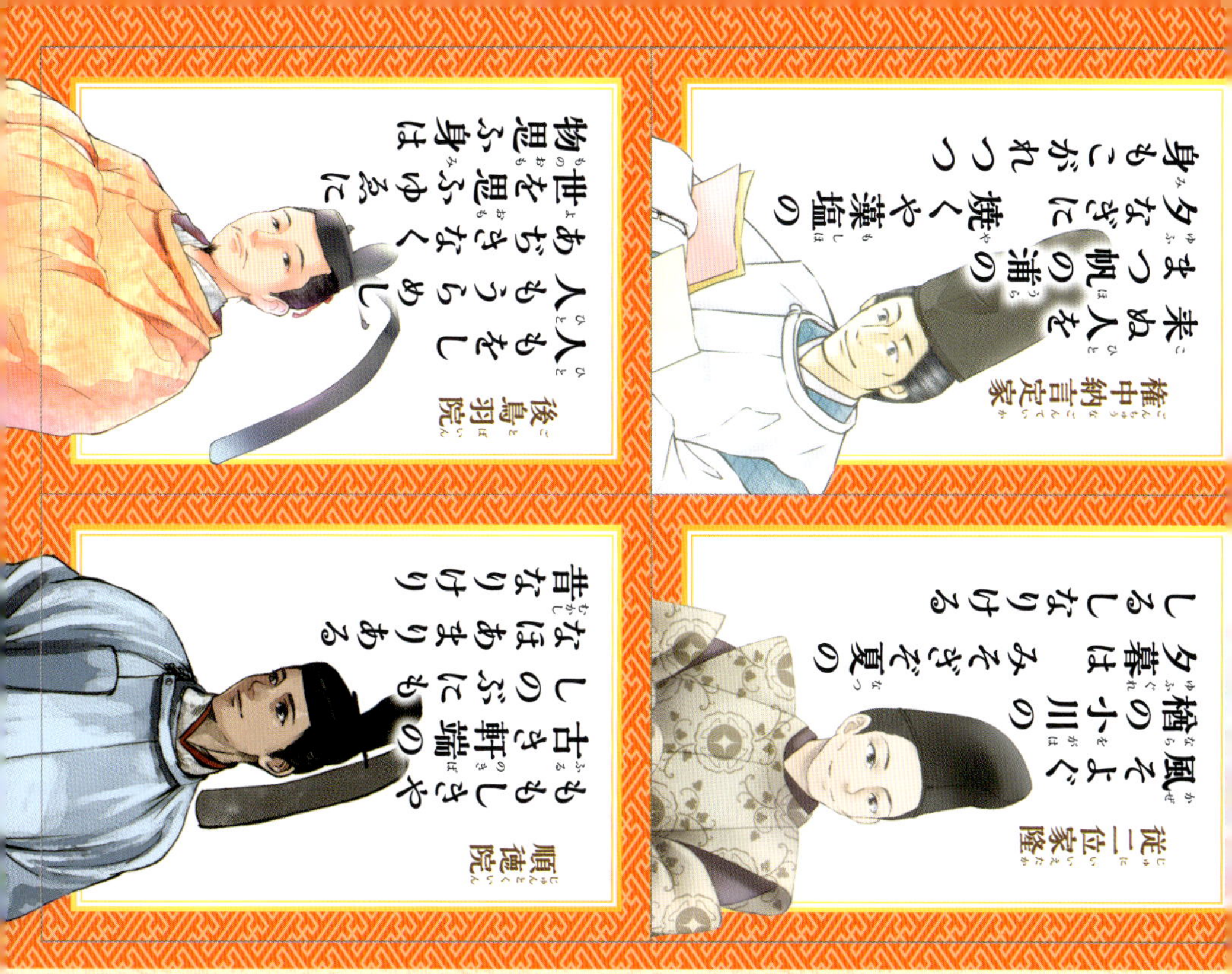

来ぬ人を
まつほの浦の
夕なぎに
焼くや藻塩の
身もこがれつつ

権中納言定家

物思ふ
身はふるさとの
袖ふれて
思ひ思ひに
あはれとも

後鳥羽院

風そよぐ
ならの小川の
夕暮は
みそぎぞ夏の
しるしなりける

従二位家隆

ももしきや
古き軒端の
しのぶにも
なほあまりある
昔なりけり

順徳院

百人一首オリジナルかるたのはこのつくり方

❶「はこ」と「ふた」を、はさみで切り取る。

のりしろ

❷たにおりせんおり、のりではり合わせる。

内側と外側の両をテープでとめと、こわれにくなるよ。

❸ふたをかぶせて、できあがり！

かるたを2枚ならべて入れられるよ！

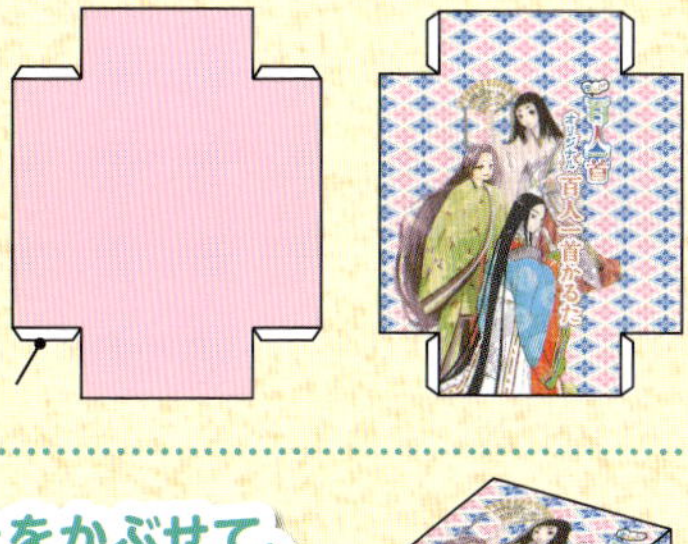

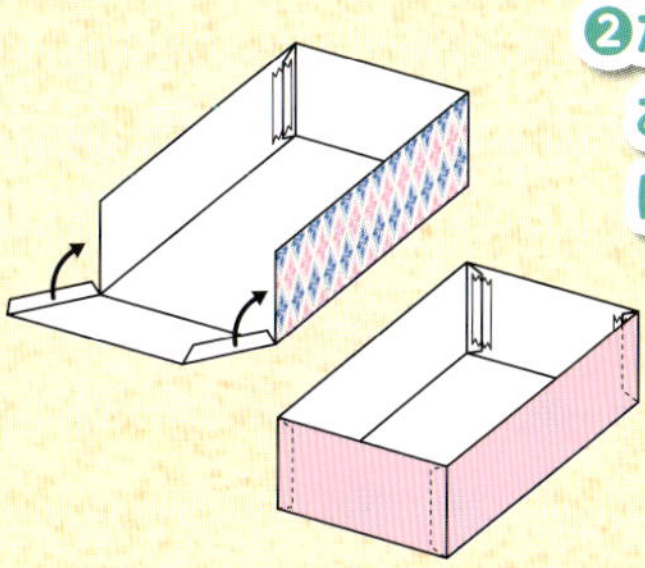

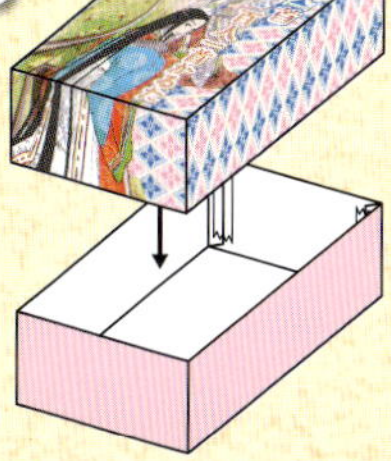

ふた(内側《うちがわ》)

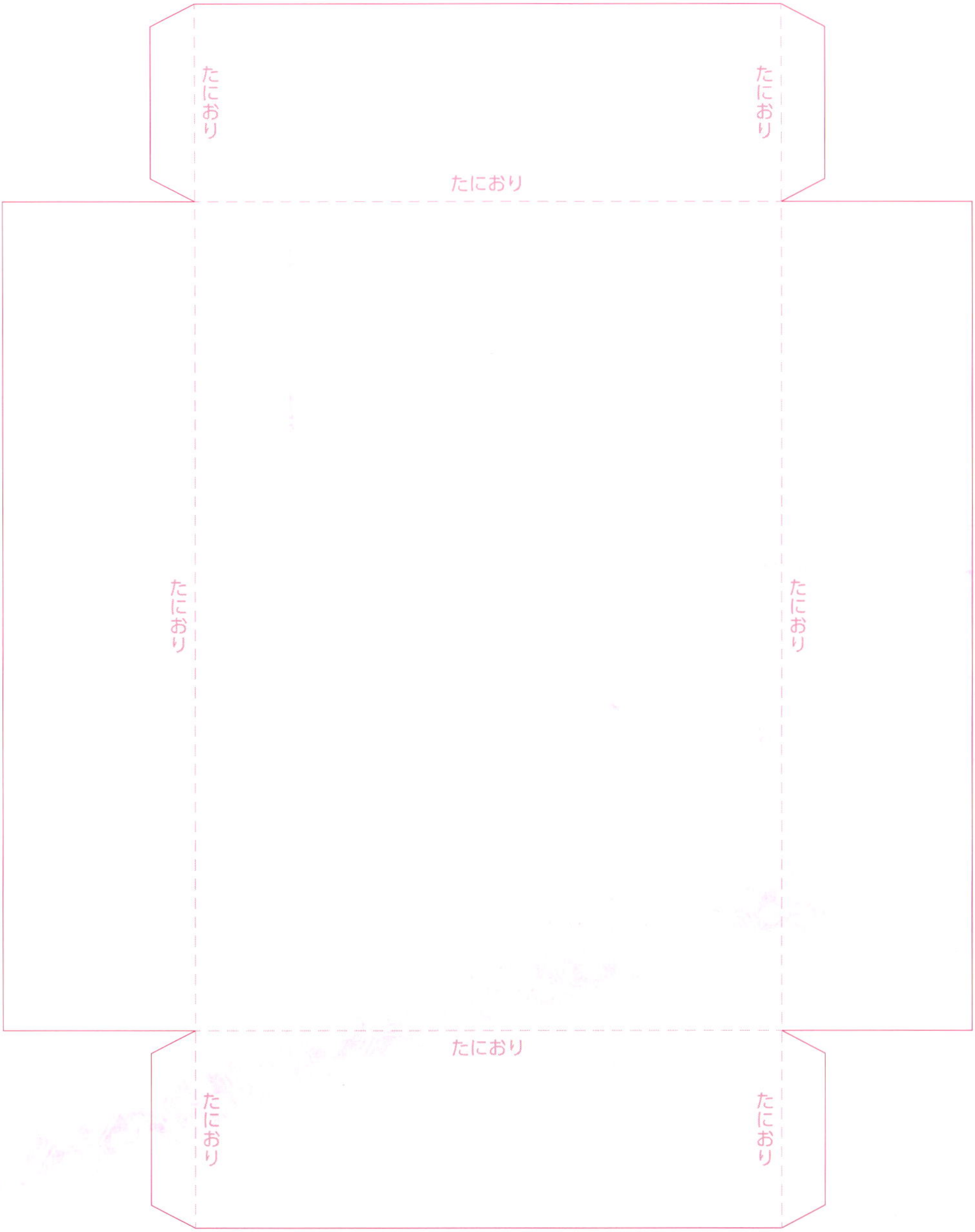

ふた(外側《そとがわ》)

のりしろ
のりしろ
まんが
百人一首《ひゃくにんいっしゅ》
オリジナル
百《ひゃく》人《にん》一《いっ》首《しゅ》かるた
のりしろ
のりしろ

はこ(外側《そとがわ》)

はこ（内側《うちがわ》）

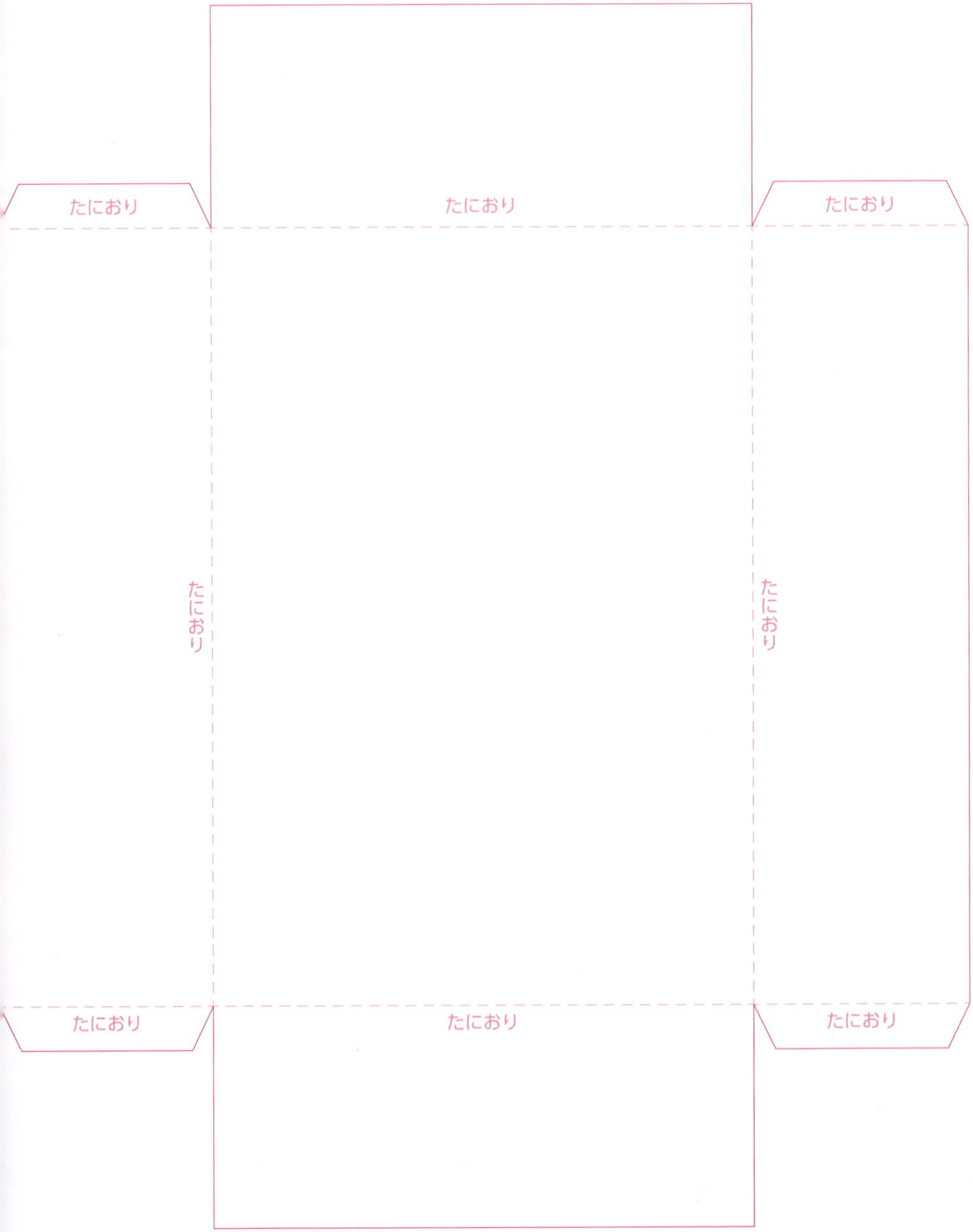